第一生命
最大たるより、「最良」たれ

「人」と「経営品質」で挑む変革の物語

高橋利雄

生産性出版

前書きにかえて

「DSR経営」で挑むグローバル生命保険グループへの道

なぜ「DSR経営」なのか

ある日の午後、黒く大きな津波がやってきて、少年は家族全員を奪われた。

少年は、一人ぼっちになった。

少年は、遠い親戚の家で転々と暮らした。

少年は、アニメキャラクターが描かれていた一本のタオルを手放さなかった。

営業職員の贈ったそのタオルが手掛かりとなって、両親が第一生命の「生命保険」に加入していることがわかった。

コールセンターの担当者と営業職員たちは、途切れかけた絆を結び直すために、この少年に向かい一心になった。

東日本大震災でのことだった。

大災害の時、戦争の時、あるいは何の変哲もない今日も、突然、旅立つ「人」がいて、遺される「人」がいる。

「人」から「人」へ想いが込められた数々の「生命保険」という約束を、第一生命は毎日預かり、毎日届け続けてきた。

一世紀も暮らしに寄り添い、親から子への愛情を「一生涯のパートナー」たちは、届け、つなぎ続けてきた。

人肌の温もり、匂い立つ人間の絆の一部としての「生命保険」をこれからもずっと届け続けるために、希望ある社会を未来も確かに持続させるために、第一生命はおよそ二十年間、先進的な「経営革新」を行ってきた。

その「経営革新」が、本書で取り上げる第一生命の「経営品質経営」であり「ＤＳＲ経営」である。

「経営品質経営」概論及び本書が取り上げる第一生命の「ＤＳＲ経営」論

「経営品質経営」とは、何か。

「組織が継続的に経営革新に取り組み『卓越した経営』を目指す姿」であり、組織変革の思考の枠組みとして「アセスメント基準書」を用い、「基本理念」「重視する考え方」を基に経営プロセス、システムの検討を行い、高めていくことである。

第一生命は「経営品質」の推進母体である「経営品質協議会」（※１）が一九九五年に創設した「日本経営品質賞」に基づく経営枠組みを取り入れ、さらに高度化・最適化を行い、徹底的顧客志向に基づく第一生命独自のマルチステークホルダー型の経営戦略として再構築した。

それが「ＤＳＲ経営」である。

本書は、その「ＤＳＲ経営」の理論と実践について取り上げている。

「序章」では、第一生命が「経営品質経営」「DSR経営」を行うことの革新性と重要性を理解いただくための土台として、「第一生命の本業を通じた社会貢献の歴史」の概要を紹介している。一九〇二年の「本創業」から、二〇一〇年、株式会社化時の「新創業」後も終始一貫した「お客さま第一主義」の精神を守り抜くために「DSR経営」はある。

「第一部」では、歴代三名の社長による「経営品質経営」論を収録した。なぜ、いかなる時代背景の中で、どのように「経営品質経営」が誕生し、今日の「DSR経営」へと継承されていったのかを読み解いていただきたい。

生産年齢人口減少社会の到来をいち早く看破し、第一生命の経営の魂である「生涯設計」を誕生させた背景や、その歴然たる競争力をもたらした経営トップたちの経営哲学、株式会社化をはじめ、第一生命が新時代を切り拓いていく中で、第一生命人を支え続けた不変の経営理念「お客さま第一主義」への想いを理解いただきたい。

「第二部」では、「経営品質経営」「DSR経営」をめぐる現場論を収録した。営業現場や組織において、「DSR経営」がどのように理論化され、意識され、実践されているのか、その実相を記している。

第一生命の人財育成、不変なる徹底的顧客志向の姿勢、地域社会への責任の果たし方、職員に継承され続ける「お客さま志向」「人を大切にする文化」について、是非、知っていただきたい。

「終章」では、「DSR経営」を社内で推進していくための実践方法等を図・表を用いて文章で整理している。「DSR経営」を各現場に具現化するための具体的な方法を紹介し、読者も「経営品質」を学習・実践できる手引きとして掲載している。

本書を読むうえでの三つのポイント

第一生命による「経営品質経営」「ＤＳＲ経営」を理解し、実践の様子を読み進めていただくうえで、ポイントは三つある。

①「経営品質経営」「ＤＳＲ経営」は、第一生命百十余年の歴史において、常に果たされ続けてきた第一生命の骨太な経営理念「お客さま第一主義」の精神を引き継ぐものであり、混沌を極める現代の経営環境において、創業来の「最良」の経営思想をより発展・止揚させるための進化型経営戦略であること。

第一生命は、「相互扶助」の精神による「お客さまのための生命保険」のありようを日本に初めて伝え、生命保険業界を涵養《かんよう》し続けてきた生命保険会社である。

生命保険業界における「顧客志向」の先駆者であり社会の変革者である第一生命が、不確実な未来も持続的に成長し続ける生命保険会社であろうと意思し、そのための原理原則論であり活動論とするものが「ＤＳＲ経営」である。

②第一生命の「経営品質経営」「ＤＳＲ経営」は、広義の「経営品質経営」である一方で、「経営品質」を取り入れる一般的な企業や組織と比べた場合、その規模、その性質において異次元であり、かつ途方も無い挑戦であること。

第一生命が二〇〇一年に受賞した「日本経営品質賞」は、大企業かつ金融機関にとっては、極めて受賞困難と言われている。

海外を含め職員七万名もの第一生命グループにおいて、商品・サービス、全顧客接点及び全活動プロセスが徹底的顧客志向であるかどうかを観察し、評価し、高品質の活動プロセスへのＰＤＣＡサイクル（※２）を回していくための諸活動は、多大なる意識改革及び組織改革、強靭なるリーダーシップが必要となる。

③徹底的顧客志向に基づく経営革新を第一生命が果たしていくための最大の鍵は、職員一人ひとりが起業家精神に立ち還ることによって成し遂げられること。

「ＤＳＲ経営」とは、一言で表現するならば、全職員一人ひとりの力を結集させた「人の力の総和」を大きな組織力とする経営である。

目的と目標、価値観を共有し、組織・営業現場では各個人が卓越したプロフェッショナル性を高め、強固なチームワーク力を創造して、第一生命グループ全体の組織力を立体的に向上させていくものが「ＤＳＲ経営」である。

「起業家精神に立ち還る」とは、「他人」とのつき合い方を問う以前に「自分」とのつき合い方をまず問い、徹底的顧客志向の価値観で意識と行動を革新することである。

二十一世紀、第一生命の「変革」の始まり

「ＤＳＲ経営」を行うことで第一生命が果たそうとするものは、お客さまの「一生涯のパートナー」であり続けるために、社会から信頼され、必要とされ続ける会社になろう、ということである。

そのために「ＤＳＲ経営」で組織の隅々までを徹底的顧客志向の目線で磨き直し、顧客価値を高めようということに他ならない。

「経営品質経営」は、一見、難解な理論と持続困難な実践が伴うものと感じるであろう。

それはある面で事実であるが、本書を読み進めていただくことで、「経営品質経営」以外の理論と方法で、次の百年を生き残ろうとする第一生命のような大企業が、現在の経営環境で持続的な価値創造を図ることが難しいことに気づかれることと思う。

第一生命の本社組織において「経営品質経営」の考えをいち早く根付かせ、組織運営の枠組みとして取り入れている「営業人事部」では、経営学者ピーター・ドラッカーの言葉を引き、「経営品質経営」の思想を「楽譜」に喩え、「DSR経営」で職員が意識的な活動をすることを次のように促している。

「明日の組織のモデルは、オーケストラである。二五〇名の団員はそれぞれが専門家である。チューバだけでは演奏できない。演奏するのはオーケストラである。オーケストラは二五〇人の団員が同じ『楽譜』を持つことによって演奏する」

ある「経営品質経営」専門書には、探偵小説家レイモンド・チャンドラーの有名な言葉で「経営品質経営」の本質を突く記載がある。

「強くなければ生きていけない。優しくなければ生きていく資格がない」

第一生命が志向するマルチステークホルダー型の経営とは、価値創造をし続け、競争力を高め続ける「強い」経営で成長し続けなければ、全ての人・社会の負託に応える、すなわち「優しい」企業たりえないということであろう。

本書の執筆にあたり、「DSR経営」で全てのお客さまを守り、全ての従業員を守り、社会との調和を図りながら一世紀続いた「最良の経営」を、強靭な精神で進めていこうとする各現場の第一生命人たちと私は出会った。

「経営品質経営」「ＤＳＲ経営」は、時にとりとめがなく、幻のようでありながら、確かに第一生命人の心にその精神が広がっていた。「お客さま第一主義」という第一生命人の絶対の不文律と「ＤＳＲ経営」の理論と実践が一体となって、成し遂げられていた。

「ＤＳＲ経営」とは、組織の片隅で「暗黙知化」している知恵や危機感を顕在化、すなわち「見える化」するための取り組みである。第一生命において「見える化」は、意思決定を行うための絶対の条件となるものである。

「ワトソン君、君は見ているが、観察していない」とはシャーロック・ホームズの有名なセリフだが、第一生命という七万名もの陣容を擁する巨大生命保険グループの激しい動的な各現場のありようが、「ぼんやり」でなく、ある視点で冷徹に観察され、「見える化」されなければ、未来永劫お客さまを守り抜くための経営判断を行うことは到底、不可能である。

生命保険業界のおよそ一世紀の歴史を遡れば、明治時代の日本社会に「真にお客さまのための生命保険会社」の理想像である「相互主義」を初めて伝播し、数々の社会貢献的事績を残し続け、変革し続けてきた第一生命の姿が見えてくる。そのような日本の生命保険会社は、第一生命をおいて他にはないと私は考えている。

その第一生命は、二十一世紀に入った今、極めて達成困難な「経営品質経営」「ＤＳＲ経営」という戦略を手にし、日本の生命保険会社の新境地を開拓している。世界でも類を見ない「人の総和による価値創造」を力の根源とする「グローバル生命保険グループ」への挑戦である。

その挑戦は、創業者矢野恒太《やのつねた》の徹底的顧客志向の経営哲学「最大たるより、最良たれ」という遺伝子を引き継ぐ現代の第一生命人による壮大な人・組織変革である。社会事業家たらんとする数々の第一生命人たちによる知られざる社会貢献への情熱の物語である。

その意味において、「DSR経営」とは、真の徹底的顧客志向を携えた生命保険会社による社会貢献・社会変革の新たなる物語である。

過去一世紀にわたり、「生命保険」によって次々と価値創造を起こし、我が国初の「お客さまのための生命保険会社」として日本の生命保険会社の社会貢献の伝統を第一生命は築いてきた。その先覚者たちの意思を継承する現代の第一生命人が再び起業家精神に回帰し、その「人」の力を強大なる組織力に結集させ、世界各地の社会・地域・お客さまを守り続けようと挑んでいる。「DSR経営」とは、未来永劫、いちばん、人を考え、人を守り抜くことを己の使命とする第一生命人の新たなる「変革の始まり」なのだと、私は考えている。

平成二十八年四月吉日

著者　高橋　利雄

※1　「経営品質協議会」　日本企業の競争力を顧客価値で向上させるために経営品質の普及・推進を行う。

※2　「PDCAサイクル」　Plan（計画）、Do（実行）、Check（評価）、Action（改善）の段階を繰り返し、業務を継続的に改善すること。

最大たるより、『最良』たれ

もくじ

第一章　弁証法経営で守り抜く「お客さま第一主義」「矛盾からの止揚」

第一生命保険株式会社［特別顧問］　森田富治郎

第二章　暗黙知を形式知へ「次の百年へ、決断の秋《とき》」

第一生命保険株式会社［会長］斎藤勝利

第三章　人の力の総和による「DSR経営」でグローバル生保へ

「起業家精神への遡上」

第一生命保険株式会社［社長］渡邉光一郎

第二部　「経営品質経営」現場論
「生命保険」本業で果たす社会貢献

第四章　「DSR経営」現場論1　徹底的顧客志向の遺伝子

第五章　「DSR経営」現場論2

第一生命人の「地熱」で向かう「経営品質経営」の未来

終章　「DSR経営」を推進するために
価値創造を生み出す「第二生命の形式知」

（本文中の組織・個人の概要及び名称について）

◆第一生命の組織は、「本社」・「支社」・「営業オフィス」から構成されている。

◆「支社」の組織長は、「支社長」と呼称している。

◆「支社」の傘下にある「営業オフィス」の組織長は、「営業部長」・「オフィス長（旧称・支部長）」と呼称している。

◆「営業オフィス」に所属し、お客さまに営業・ご契約の保全活動を行う営業職員は、「生涯設計デザイナー」と呼称している。

◆「職員」は、営業職員、内勤職員の総称である。

序章

第一生命の肖像

「知られざる変革の社会貢献史」

「最大たるより、最良たれ」

今から一世紀以上昔、「お客さま第一主義」という経営理念を掲げた生命保険会社が、日本に生まれた。「会社の主権は契約者にある」という未知なる経営の精神――「相互主義」を、矢野恒太という医師は、「保険業法」と「小さな会社」に内包させ、「契約者のための保険会社とは何か」を社会に問うた。

その小さな会社は、日本に初めての相互会社として「第一生命保険相互会社」と名付けられた。

利益至上主義の生命保険会社が流行、乱立する明治時代に、その「非営利会員組織」は、生命保険業界、財界から不可解なものとみなされ、不安定な会社とさえ言われた。

経営の品質を上げる「最良」の経営が生命保険会社の本態であるとする思想と価値観を、第一生命は、今から一世紀以上の昔に、その経営の背骨に据えていた。

「最大たるより、最良たれ」

第一生命にとって、「最良」であることが価値であり、「最大」になることは価値ではないと考えた恒太の生命保険事業に対する思想は、現在の第一生命の「ＤＳＲ経営」に引き継がれている。

日本の生命保険の歴史を語るならば、第一生命を、創業者の矢野恒太を語らねばならない。

我が国の近代的生命保険会社の伝統、文化、顧客志向の経営姿勢などを生命保険業界に涵養してきたのは、第一生命創業者の矢野恒太と第一生命である。社会でほとんど知られざる真実であろう。

社内会議で挨拶する矢野恒太（1939 年当時）

その精神の水源は恒太の思想にあり、その恒太が興した第一生命の一世紀の所産が、まさに水が土に次第に染み込み、養分を与えるように、生命保険業界に「相互主義」の魂を涵養した。恒太が「相互主義の父」と言われ、国際保険業界の最高名誉「国際保険名誉賞」を日本人として初めて受賞後、オハイオ州立大学内の「保険殿堂」に肖像画が飾られ、世界からその名声を讃えられる所以である（以降、「保険殿堂」はアラバマ大学に移転）。

日本の生命保険業界に起きた二度の巨大な潮目は、第一生命の変革によって創り出されていると私は考えている。

一度目の潮目は、第一生命が「相互会社」という未知なる保険会社を一九〇二年に創業したことに始まった。

「お客さま第一主義」の模範的姿勢、今でいう「経営品質経営」をその経営で示し続け、今日の全生命保険会社の普遍の精神「相互扶助」という仕組みを、組織形態にかかわらず業界の規範へと第一生命は高めたのである。先行して創業していた株式会社の生命保険会社は、戦後そのほとんどが相互会社へと体制転換し、今日に至っている。生命保険業界のおよそ一世紀の歴史は、第一生命という「社会事業家」による生命保険業界の変革の歴史であったのである。

二度目の潮目は、「相互会社」を業界の規範に至らしめた、その始祖である第一生命の「株式会社化」及びその後の「DSR経営」への挑戦にある。

当時、生命保険後進国だった我が国が欧米を追い、一世紀をかけて辿り着いた二十一世紀のグローバル時代に、その幕を開き、先陣を切って大手生命保険会社初の体制転換に二〇一〇年、第一生命は挑んだ。世界各地へ生命保険事業の本格展開を開始した新創業後の第一生命が果たそうとするものは、人財シナジー型の国内外の「人の総和」を力とする、全く新しい「グローバル生命保険グループ」への挑戦である。

第一生命流の「経営品質経営」であり「DSR経営」という知識経営戦略を武器とし、徹底的顧客志向に基づく、全ての「人」「社会」の負託に応え続けるマルチステークホルダー型の経営によって、またも日本の生命保険会社の歩むべき未来への道筋を第一生命は先駆けている。

すなわち、その思想において、その経営姿勢と体制のありようにおいて、また、その先駆性において、第一生命は、生命保険業界、社会に地殻変動を起こしてきた変革者なのである。

ここまでは、一般論である。誰もが知る一般論として、今後、広く社会に知られてしかるべきだと私は心から期している。

ここからは、生命保険業界のマスコミ記者を二十年以上続けてきた経験をもとに私見を述べたい。

生命保険会社各社の営業現場の生々しい姿を長年取材した専門的経験と、消費者の二つの目線で、公平かつ中立的な立場で見た、「第一生命」とはどんな会社であるのか。

メディアが報じる株価、総資産、企業価値、売上、あるいは雑誌やインターネットが掲載する生命保険会社ランキングや専門家の言葉の中に、私の知る第一生命の実相を、私は一度たりとも見たことはない。

無論、メディアが間違っているということではない。メディアの言葉は、幹ではなく枝葉なのである。企業の価値と本質は、不文律として流れ続ける「文化」や「人」のありようにある。第一生命を第一生命たらしめているものが、その「文化」その「人」のありようなのである。

では、第一生命の本質とは何であろうか。それは、三つある。

一つは、述べてきたように、生命保険業界・社会を「生命保険」という本業を通じて、変革しようと意思し、行動し続けた「社会事業家」としての企業文化にその本質はある。

第一生命は、明治時代、「自由主義型経営」すなわち、利益は株主のものとする株式会社が中心だった時代に、「共同体主義型経営」すなわち、利益は全て契約者に還すものとする相互主義を日本にもたらした。

第一生命は「保険会社は契約者のもの」とする姿勢を、自社のみならず、保険業界の規範へと涵養したのである。その意味その貢献において、真に「契約者のための」生命保険商品、生命保険会社、生命保険業界を創りたいと願い、興された日本の生命保険会社は、第一生命をおいて他にないと私は考えている。

第一生命の相互主義の姿勢は、創業来の経営理念「お客さま第一主義」という不変の志として継承され続けている。

関東大震災、阪神・淡路大震災、東日本大震災では、業界リーダーとしての最大限の契約者保護に尽力した。原子爆弾が投下された広島市で、生命保険会社では第一生命ただ一社だけが、被爆直後に仮の保険金支払所を市内に開設し、膨大な件数の保険金を支払い続け、罹災した広島市民を庇護していたことも推定されている。

その他、日本の結核撲滅のための検査・療養環境を高めるために創設した「保生会・保生館」、戦後の衛生環境の向上に資する人や組織を讃える「保健文化賞」など、大小様々な、数え切れないという形容がふさわしいほどの、独自の価値観による本業を通じた社会貢献事業を行い続けている。本書に収録されている営業現場の取り組みにも「社会事業家たらん」とする強烈な意思は色濃く継承されている。

二つ目の本質は、「経営に徹底した哲学がある」ことである。

哲学とは、「問う」ことである。巷間、経営者が発言する戦略やマーケティング論の多くは、「問い」ではなく、「主義」や「主張」や「願望」であろう。

「世界で日本で最大であれ」「トップであれ」と数値や順位や規模の「目標」が「答え」となって、「問い」に先立つならば、それは、哲学の対極に位置する「宗教」に限りなく等しい。

第一生命の「哲学」とはそのような意味ではない。

第一生命は、「お客さまのための生命保険組織とはいかなるものか」「第一生命の使命は何か」「お客さま第一主義とはいかなる経営を言うのか」「未来永劫、お客さまを守り続けるにはどうしたらよいのか」「相互主義は何で、株式会社は何であるのか」と問い続けてきた。

このような己の仕事の「目的」を果たすために「問い」続けた第一生命に見えたものが、「本業を通じた社会貢献」の数々であったのである。

問われたがゆえに、業界を先駆していく数々の社会事業家たる社会貢献的事績、株式会社化、徹底的顧客至上主義に基づく「最良の経営」すなわち「ＤＳＲ経営」という答えがあったのである。

第一生命の時のリーダーたちは、未だ理想に未到達であるとの不足感と緊張を常に感じ、「理想の社会事業家たれ」と問い続けた。

その過剰なほどの緊張の只中で問い、矛盾する経営課題に答えを導き出し、意思決定は為され、今日の第一生命の成長はある。

本書に経営論を収録する三名の経営者たちは、対立する矛盾を止揚させるための哲学的「弁証法経営」を継承し続けた。生産年齢人口減少時代に突入する一九九〇年代以降の激動期に、「経営品質経営」と「生涯設計」の二大戦略を打ち出し、トップダウンしていく姿に、私は経営者たちの強靭な「哲学」を感ずる。

三つ目の本質は、類い稀なる情緒豊かな「物語を持つ会社」「顔を持つ会社」ということである。

生命保険会社は、一般に、「どれも同じような組織・会社」として連想されるものであろう。また、その評価は、商品の性格上、保険金を受け取った契約者から大きく語られないものである。

保険会社の価値が「格付け」と称され、「商品」「価格」だけでメディアに評価されるなど、ある一面を持って「生命保険会社の全て」として受け入れられ続けることが、社会や消費者の生命保険会社への偏向した意識を物語っている。全くのナンセンスだと言わざるを得ない。

生命保険とは、保険金が支払われて初めて生命保険である。ただ加入すればいいものではない。

加入時の損得だけを問うのではなく（厳密に言えば、生命保険はいつ何が起こるかわからない人間を対象にしている以上、基本的な意味において損得など測り得ないに等しいであろう）、「支払い」への体制や支払いを行う「人」

についてこそを問うべきである。支払体制やそれを行う「人」までを考慮した時、最も低価格の商品を販売する会社は最も優れた会社なのか。最も合理的な商品と思われる商品を販売する会社は、最も合理的な会社なのか。

契約において、支払いにおいて、営業職員を軽んじてはならないのである。

生命保険という商品は、多くの健康な契約者集団を作ることで、公平に保険料を支払い、万一の時、保険金を受け取ることができるという多くの人々の「助け合い」「相互扶助」の精神で成立している。

相互扶助の精神によって、民間生命保険会社が社会保障制度を一世紀もの間補完し続け、多くの国民生活を守ることができたのは、多くの営業職員たちがいたからだった。あるいは、多くの営業職員を擁する第一生命のような生命保険会社があったからであった。

すなわち、日本の国民に安心と健康を届けてきた生命保険は、営業職員の存在が不可欠であった。営業職員によって契約が募集され、営業職員によって平時も大災害時も契約者に正しく、早く保険金は届けられてきたのである。これまでもそうであったし、これからも間違いなくそうである。

生命保険会社の究極の本態を論じるならば、「支払いの体制」、責任を持って支払い手続きを行うプロフェッショナルの「営業職員」「支払体制」への視点を忘却してはならないのである。生命保険が「人」を守っているのではなく、「人」が「人」を守っているという事実に留意すべきであろうと私は思う。

生命保険会社の「物語」と「顔」とは、まさにそのような募集活動と支払い活動を大切に行い、契約者に寄り添ってきた営業職員の「物語」であり「顔」と言い換えることができる。

生命保険業界各社の営業職員二千名以上に私はこれまで出会った。

お客さまを守り抜こうとする高い職業意識を持つ「人」が多数いたと同時に、そうでない「人」も少なからずいたこともまた事実であった。様々な「物語」「顔」があった。

では、第一生命の営業職員はどうであったのか。

対面し、数々の「お客さまとの物語」を多くの営業職員から聞き、私は執筆してきた。それらは皆、多様な個性がありながらも、一様に「お客さま第一主義」の仕事であった。企業文化の力とは恐ろしいものである。

いくら理屈を言おうとも、営業職員とお客さまとの間に起きた出会いや保険金支払いまでの心の交流の物語の数々を、一言で言い表すことはできようもない。それらがとても心が温まり、哀しく、人間的で豊かなものであったと述べる他ない。

第一生命が類い稀なる情緒豊かな「物語を持つ会社」であり「顔を持つ会社」であることの理由とは、あらゆる現場の第一生命人の「お客さま第一主義」の精神に基づく心のありようにある。その心に基づく、数々の社会貢献的事績にある。生命保険を通じて、契約者に「心」を届けようとしてきた第一生命の企業文化にある。

「お客さま第一主義」の志で「一生涯のパートナーたれ」と願い、お客さまと「安心の絆」を結ぼうという「人を考える」想いをリレーし続けてきたその文化にこそ、第一生命の本質はある。

無論、「人」も「企業」も過ちを犯すこともあれば失敗もする。第一生命とて同じである。

だが、「お客さま第一主義であれ」「一生涯のパートナーたれ」という生命保険会社の真髄とも言える規範と文法を一世紀にもわたり決して手放さずに大切に継承し続け、「お客さまのための保険会社であろう」

という理想を追いかけ続ける日本の生命保険会社は、第一生命をおいて他にないであろう。

内に秘めたる第一生命の本懐は、「お客さまのための組織であれ」とする実に純粋な理想主義的姿勢の中にある。

それは、人間的な温かみのあるものである。

経営者から営業職員まで、組織の隅々にその精神を通底させようとする知られざる意思は、温かな人間の情緒を結集させ、第一生命グループの総力を高めようとする「ＤＳＲ経営」として、世界各地にそのつながりを広げている。巨大な生命保険グループによる「ひとりの人」をいちばん考え、守り続けるための未知なる地平への挑戦である。

〈創業者・矢野恒太の肖像〉

孤高の革命家

日本の生命保険業界のグランドデザインを引いたのは、第一生命創業者の矢野恒太だった。「相互主義」「相互扶助」という未知なる精神で、契約者本位の生命保険会社のありようを日本にもたらし、規範へと高らしめた。

保険会社を取り締まる法律「保険業法」を立法し、保険業界を契約者の立場で監督した。その後、日本初の相互会社である「第一生命」を創業、経営することで、利益至上主義に傾き、荒廃した明治時代の日本の生命保険業界を革新したのである。

「生命保険会社は契約者のための組織でなければならない」との理想を追い、「日本の生命保険」を設計し、その壮大な所業を成し遂げた恒太は、孤高の革命家だった。

この一世紀余りの日本の生命保険の歴史で、初めて「契約者のための生命保険会社」であるための経営のありようについて発見し、瞠目し、研究し、業界の規範とすべく全身全霊の活動を行ったのは、もともと医師であった恒太である。

創業者　矢野恒太

恒太は、日本で初めて欧米各国へ外遊した生命保険人だった。ドイツ初の相互会社であるゴータ生命、世界最古の生命保険相互会社であるイギリスのオールド・エクイタブル社に、相互主義に基づく生命保険会社の現実的な理想像を見て、それを日本にもたらした。

日本生命の社医を勤め、その後、銀行王と呼ばれた安田善次郎が運営する共済組織の設計を行ったのちに任じた農商務省で、恒太は一九〇〇年に「保険業法」を起草、施行させた。この「保険業法」は、生命保険会社の経営を監督し、業法や命令に違反した時、事業の停止や免許の取り消しができる保険会社に対する法律である。明治、大正、昭和と逐次改正されながら、「保険業法」には生命保険会社の事業形態、商品の開発と販売、保険料率、意思決定、募集方法等のありようが規定され、今日に至っている。

「保険業法」が公布される以前の生命保険会社の取締法規は、「法規らしきもの」でしかなく、生命保険を全く知らない者が作った全文わずか五カ条の省令だった。株式会社は前年度の収支一覧表、貸借対照表、財産目録の基礎書類の届け出は必要なく、違反に対する制裁、処分の規定すら無い、効力が無きに等しい無力なものだった。この五カ条しかない省令を、恒太は「保険業法」で百十五条とし、契約者が保護されるよう生命保険会社に善処させるための絶対的な法律を作ったのである。

この「保険業法」における最大の特徴が「相互会社」の規定を盛り込んだことだった。「相互会社」とは、契約者を社員とし、利益は社員に帰するものとする「非営利組織」である。「相互主義」に基づく「知られざる非営利組織」が生まれる環境を、株式会社が中心の生命保険業界に恒太は整備し、革新した。

明治時代、株式会社が主流の企業経営の常識では、利益は、株主、資本家に帰すべきものだった。そこに、利益の全てを契約者のものとし、すなわち会社の所有者は契約者とする「相互会社」の道を恒太は日本に創造したのである。欧米にすでに存在していた「相互会社」は、日本では異端中の異端で、その本質は全く人々に理解されず、後年、第一生命の創業にあたっても、株式会社であれば容易に集められた設立基金の収集に大変な苦労をしなければならなかった。

この黎明期の生命保険業界は「模倣濫行時代」と言われた。先行会社であった明治生命（現在の明治安田生命）、帝国生命（現在の朝日生命）、日本生命の隆盛に感化され、無法状態をいいことに利益追求のみに傾く不良会社が乱立し、現れては消えを繰り返していた。こうした生命保険業界の荒廃した様相を恒太は嘆いた。国民が安心して生命保険に加入でき、正しく守られる環境を創り出すべく、農商務省の官吏時代の恒太は、保険業法を立法し、またその監督者として生損保各社の検査に明け暮れ、保険業界の健全化に心血を注いだ。

「誰もが商売で金儲けをするのは良い。しかし、生命保険のように、保険会社の経営によって、加入者が死亡すれば経営者の損、存命の場合は経営者の利得、というのは納得できぬ。とにかく自分が死亡したらば、家内か子供にその保険金を渡してくださいと頼まれた者が、それを金儲けの対象にするのは感心できぬ」ということを第一生命創業後、恒太は語っている。

恒太は、晩年まで財産らしきものを持たない完璧なまでに無私の人で、自らが儲け、私利を求める思いは微塵もなかった。理想の生命保険会社像も、利益は全て契約者に還元する非営利組織と考えたのは、当然のことだった。

日本における相互主義の第一人者だった恒太の遺した社会貢献的事績は、生命保険事業を通じたもの、またそれ以外のものにおいても、あまりにも甚大かつ膨大である。生命保険事業に類するものでは、第一生命創業以前には、今日の明治安田生命の前身である安田生命の起源となる共済五百名社を改組し、のちの共済生命を設計したのは恒太である。

共済生命の設計にあたり、先行会社が使用していた保険料算定の基礎となる「生命表」は不完全であるとし、より精度の高い「矢野氏第一表」を恒太は、作成した。共済生命時代の外遊により、アメリカ、フランスのアクチュアリー会フェロー（正会員）に、国際アクチュアリー会議常置委員会の評議員に推薦され、海外保険界と日本の架け橋となり、生涯、その連絡役に尽力した。

国際アクチュアリー会議の日本代表となると、日本アクチュアリー会を恒太は創設した。第一生命創業後は、永らく理解を得られず奮闘した相互主義の普及活動は無論のこと、生命保険業界の指導者・リーダーとして、生命保険会社と税の問題、官営保険と民間生命保険の問題などで当局と常に陣頭で闘い、生命保険の国民への普及、生命保険業界の成長のために挺身した。

生命保険事業以外で恒太が社会に資した功績及び社会貢献、社会的つながりもまたおびただしい。

一例を挙げれば、東京、田園調布の都市計画及び造成は、田園都市株式会社社長であった恒太の仕事で、東京横浜電鉄、目黒蒲田電鉄社長をはじめ、官民で数々の重職、役員、委員に任じた。政治・経済・統計・文化などあらゆる分野に広がる論文、著作物は人間業を超越する量に達し、経営者であるとともに、厳命なる数理に基づいた統計学、経済学、社会学、文化人類学の泰斗であった。

それらについては別の場所に譲るが、全てに共通することは、恒太の意思は、日本という国の繁栄と国民の幸福を願っていたという一点に尽きる。

「一人一業」を信条とした恒太は、その鬼気迫る熱情を生命保険で、また第一生命という会社を通じ一生を賭して果たそうとした。文明開化が起こった明治時代の日本に、「真に契約者のための生命保険とは何か」を問い、日本の近代的生命保険のありようについてのグランドデザインを引いた。恒太は、百年先、二百年先の未来へ向けて生命保険業界の内容を規定したのである。

恒太がそのグランドデザインに内包したコンセプトが、「生命保険会社は、契約者のためでなければならない」という意志である相互主義であり、その精神を体現する相互会社で、「お客さまのための生命保険会社たれ」というその精神、その理想を最も高濃度に具現化したのが第一生命である。今では株式会社となった第一生命だが、その精神をいささかも変えることなく継承し続け、今日に至っている。

恒太は、第一生命を創造する前に、生命保険業界を創造した。恒太は、「第一生命の矢野恒太」であり「日本の生命保険の矢野恒太」なのである。

〈生命保険業界の先駆による社会貢献の軌跡〉

「変革者たれ、契約者の盾たれ」

「原爆投下から一週間と数日を診療活動に明け暮れていた植田は、己斐を通行した八月十五日前後、実に奇妙な光景を目撃した。

保険会社である第一生命が、いつの間にか保険金支払所を開設し、契約者に保険金支払い活動を行っているのである。

——なんと不思議な社会現象であろうか……。

植田は思った。

様子をうかがえば、第一生命は、死亡証明書、保険証券がなくとも、請求通りの保険金を、署名と拇印のみで無制限に支払っていた。

その陣頭指揮を取っていたのは、支社長の菊島であった。

保険金支払い活動にあたる菊島や職員たちの姿は、植田の目に、奇跡のように映った。荒れ果て、絶望と死に満ちた広島市の社会に一条の光が放たれたように、それは神々しかった」。

（「第一生命『変革の盾《シールド》』〈原爆投下後、奇跡の保険金支払い〉」より抜粋）。

第一生命の歩んだおよそ一世紀の歴史は、戦争と災害による激動の日本の歴史とともにあった。「お客さまのための生命保険会社」であろうとの意思を揺るがせなかった第一生命は、戦争、自然災害の惨禍にも屈することなく、常に業界の指導者として、必ず契約者を守る生命保険会社としてその本分を全うした。

戦中、戦後には、日本軍とアメリカ軍主体のＧＨＱ（連合国総司令部）の両軍により、日比谷本社「第一生命館」が利用、接収された。「日本国憲法」が同館の一室で作られるなど「戦後日本の民主化」の象徴たる数奇な物語を持つ会社として、歴史の表舞台に立つことにもなった。マッカーサー元帥の部屋は今も、当時のまま第一生命に保存されている。

第一生命の「物語」とは、言うなれば、戦争や災害に遭遇した日本国民の復興、健康・安心への切実な想いとともに、「人」を支える存在であろうと生きた歴史でもあった。

結核撲滅を願い、創業者矢野恒太が一九三四年、設立した**「保生会」**は、あまりにも第一生命らしい国民の健康と幸福を願った壮大な社会貢献事業であった。

大正初期から、結核は日本の国民病として猛威を振るい、壮年者を多く含む、年間八万人がこの病により命を落としていた。

生命保険事業者である第一生命は、国民の幸福を願うとともに、国力と生命保険制度の安定を図るために、当事者として動き出す。なんと独力で国民病である結核の撲滅を期し、結核患者の早期発見を目指した無料相談施設の**「保生会館」**、東洋一のサナトリウム（主に結核患者の療養所）と呼ばれた、巨大な長期

「保生会館」（当時・東京都神田区）

結核療養施設**「保生館」**を設けたのである。

第一生命の最大にして最良、そして最長ともいうべき社会貢献事業は、保健衛生環境向上に寄与する組織・人を讃える**「保健文化賞」**である。

一九五〇年の創設から現在まで同賞の取り組みは継続され、受賞者は皇居にて天皇皇后両陛下の拝謁を賜ることができるという、極めて栄誉ある褒賞である。二〇一五年現在、これまでの受賞者数は、団体六五四、個人三三六の計九九〇件にも上っている。

「保健文化賞」を創設したのは、第一生命創業者、矢野恒太の嫡流である第四代社長、矢野一郎である。

戦後の混乱のさなか、営業体制の再構築に追われ、会社の収支の苦しい時期での同賞の創設を一郎は決断した。衣食住に事欠き、衛生環境が著しく悪化している日本の再建と復興を一刻も早く進めるため、第一生命は、保健衛生分野で活躍する功労者を個社で讃えようとしたのである。

国にその余力がないのならば、第一生命がそれをやるのだという意志であった。父から「お客さま第一主義」の精神を受け継いでいた一郎にとって、社会に資することは自らの無形の富に帰するものであり、第一生命の富であると信じたのである。

第一生命が「お客さま第一主義」という精神を不変の経営理念とし、どのような過酷な環境にあっても

第1回「保健文化賞」贈呈式（1950年）

第67回「保健文化賞」贈呈式（2015年）

広島支社長時代の菊島奕仙

契約者との約束を全うすることを証明したのが、**太平洋戦争で原子爆弾が投下された広島市における奇跡的な保険金支払い**の所業である。

　第一生命広島支社は、原爆投下時、他の会社と同様に、契約関係書類など重要書類と人の疎開を各地に進めていたが、一九四五年八月六日午前八時十五分の爆発により、木造三階建の社屋は跡形もなく消滅し、職員およそ二百六十余名は爆死、あるいはその他の原因により命を奪われた。

　原子爆弾が投下された後、八月十日に人類の歴史上、最も凄惨な被害を受けたと形容すべき広島市に舞い戻った男が、広島支社長の菊島奕仙《きくしまえきせん》であった。菊島は、疎開準備の一環として原爆投下時には東京に出張していたため、無事だった。

　菊島は、養女一人を除く、家族全員の生命を原子爆弾によって奪われていた。

　八月十日、破壊された自宅で愛しき人たちの亡骸を見て彼は悲涙にくれたが、その後すぐに壊滅した広島市中心街に向かった。

　破壊され、焼け、放射能に汚され、遺体と怪我人が溢れた広島市で、生き残った人たちを守るために、生存していた職員を探し集め、菊島は広島支社の保険金支払い体制の構築の支度を始めた。

　菊島は、被爆後一週間内に広島市内の己斐で仮設の保険金支払所を開設し、罹災した広島市民に、署名と拇印のみで無制限に請求通りの保険金を黙々と支払っていった。翌月には、廿日市に事務所を移転させ、保険金支払いを続けた。加えて、職員は、持っていた契約手控えをもとに、契約者の自宅などを訪ね歩き、生存確認を行いながら必要な支払いを続けていった。

翌年六月末までの十カ月間の支払い件数は、東日本大震災の約一三〇〇件を大きく上回る三一三三件という途方もなき数にのぼった。

焼失のため、現金・小切手は手元になく、一般の領収書を小切手として代用し、急場をしのぐという菊島の独断と機知によって保険金は支払われていた。

のちに確認すれば、契約者による請求額は皆、契約通りの金額であった。この支払いが可能であったのは、日本銀行広島支店長、吉川知恵丸の尋常ならざる努力によって市中銀行の営業再開が為され、金融が再開されていたからで、両者の英雄的行為によって、多くの広島市民は救済された。

この広島の原爆投下後における広島支社の仕事及び菊島の仕事は、第一生命の役職員の心にある想いを刻み込んでいる。

生きるとは何か。死とは何か。生命保険とは何か。第一生命人の仕事とは何か。「私に同じことができるのか――」。

菊島に己を重ね、問う「人」が第一生命にいる。

「第一生命人として生きることとは何か」。

その一つの答えを、菊島たちの行為に第一生命人は見ている。契約者と交わした約束を完全に果たそうとし、渾身の力で己の使命を果たそうとした社会事業家の姿を理想像として胸に刻み込んでいる。

「只今がその時。その時が只今――」。「葉隠《はがくれ》」の言葉である。

生ある「只今」に、「その時」すなわち死す時は訪れる。そう考えよ、そう考え、覚悟を決めて生きよということである。

菊島の為した仕事とは、生やさしい想いで行い得るものではなかったはずである。あまりにも過酷で現実的な死のそばで、生を完全燃焼させたのであろう。

数々の「死」に遇する生命保険事業に携わる者は、生の有限性をどの職業人よりも想わねばならない。「いちばん、人を考える会社になる。」という第一生命のグループビジョンの「いちばん、人を考える」とは、契約者の生と死を問い、己の使命に目を背けないことに他ならない。

菊島の魂の仕事は、「第一生命人として只今を生き切ること」を、その「誇りと覚悟」を、多くの第一生命人に伝えた。

関東大震災、阪神・淡路大震災、東日本大震災の三度の激甚地震災害において、契約者を庇護するべく生命保険業界を率いたのは、常に第一生命であった。

三度の震災時の全てで、生命保険業界の協会長会社は、第一生命であった。つまり、業界各社の意思と対応策を統一し、前例を覆す契約者保護のあらゆる取り決めを行ったのは、第一生命だったのである。

一九二三年に発生した**関東大震災**時に生命保険会社協会理事会会長を務めたのは、時の社長、矢野恒太であった。

相模湾を震源とするマグニチュード七・九を観測したこの巨大地震は、日本の災害史上、最大級の被害をもたらした。一府六県で死者・行方不明者数は十万五千名余りにものぼった。被害の中心となった東京市はおびただしい人的・物的被害を受け、都市機能を失った。京橋にあった第一生命の本社「第一相互館」も激震に揺さぶられた。

大混乱のさなかで生命保険業界の陣頭指揮をとった恒太は、契約者を庇護すべく二つの対応策を打ち出した。

第一に、政府が発したモラトリアム（債務の支払猶予令。支払期限を一カ月延長した）期間中も各社が保険金を完全に支払うこと。第二に、保険約款による猶予期間と政府のモラトリアム期間に加え、契約者の保険料支払猶予期間を二カ月間延長することだった。これらを各社の契約者に対する非常時対応策として規定し、契約者を「生命保険」という商品で守り、さらには契約者からの生命保険会社に対する信頼維持に徹したのである。

恒太は、水面下では、生命保険会社が巨額な支払いで倒れることがないよう、必要があれば日本銀行から融資を受けられるという内諾をも得て、盤石の態勢も備えていた。

一九九五年一月十七日、マグニチュード七・三の直下型地震が兵庫県南部に発生した。この巨大地震は、神戸地域を中心とした街を壊滅的被害に陥れ、死者数六千名を超える戦後最大の惨禍をもたらした。**阪神・淡路大震災**である。

高層ビルは倒壊し、民家は押しつぶされ、瞬く間に電気、水道、ガス、交通は破壊され、近代都市の機能は失われた。

圧死による多数の犠牲者を生んだこの阪神・淡路大震災において、生命保険業界を先導したのは第十代社長、故・櫻井《さくらい》孝頴《たかひで》であった。

救援物資を運搬した緊急車両

＜阪神・淡路大震災＞

櫻井は、財界、生命保険業界の偉人として称えられると共に、激動期の第一生命を躍進に導く数々の偉勲を遺した人物であった。

櫻井は震災発生即日から「大地震対策本部長」に就任し、生命保険業界のリーダーとしてこれ以上ないほどの指揮を凛然と振るっていった。被災地の支援と復興を第一とする、契約者保護のための数々の特別措置の決断を、逡巡なく櫻井は下していった。

櫻井の独断による「見舞金一億円の寄贈」をはじめ、「保険料払い込み猶予期間の延長」「保険金・給付金・契約者貸付手続きの簡易取り扱い」を業界規範のものとし、第一生命としては、地震による免責事項を適用せずに、「災害保険金、災害特約給付金の全額支払い」などを決し、各社の追従するところとした。

この時、櫻井が為した大災害時における生命保険会社のリーダーたるあらゆる行動は、第一生命人だけに、または櫻井だけに即断できた意思決定であった。

なぜならば、櫻井が従ったリーダーとしての手本は、関東大震災時に生命保険業界を指揮し、全ての生命保険契約者を守ろうとした第一生命創業者、矢野恒太の行為にあったからである。櫻井は、「お客さま第一主義」の経営理念に徹し抜いた、恒太の第一生命の精神と哲学を継承していただけでなく、大災害の非常時における意思決定の全てを知り尽くしていたのである。

被災地の営業現場では、迅速に安否確認活動、保険金支払い活動が行われ、さらには自発的な契約者への見舞い訪問が為されていった。同時に、会社のあらゆる部門が条件反射的に立ち上がり、社内外への支援活動が全社運動と化した。これを見た櫻井は、「危機に強いのは、組織図やマニュアルではなく、それを実行する人々の文化だということを痛感した」という言葉を遺した。

二〇一一年三月十一日に発生した**東日本大震災**は、戦後最大と言われた阪神・淡路大震災を大幅に上回る甚大な人的・物的被害をもたらした。

岩手県、宮城県、福島県、茨城県、千葉県の各地を激震させた国内観測史上最大規模となるマグニチュード九・〇の地震は、巨大津波を陸地へと運び、原子力発電所事故をも発生させ、放射能汚染問題も引き起こした。地域の住居問題、健康問題、漁業・農産問題などは、人と経済に深刻な悪影響を及ぼし続けている。

激震後、太平洋沿岸には波高十メートル以上、海岸から内陸では、駆け上がる遡上高四十メートルもの巨大津波が襲来し、多数の水死者を発生させた。その被害者数・行方不明者数は一万八千名を超え、これに避難生活中の震災関連死を合わせれば、二万名を超すおびただしい数の犠牲者を生み出した。

被災地への物資支援の様子

＜東日本大震災＞職員によるお客さまへの安否確認活動

この史上最大級の甚大な被害をもたらした東日本大震災で、被災地の生命保険契約者に対し、生命保険業界による被災者支援、復興支援、そして契約者保護のための圧倒的な特別な対応策を主導したのが、二〇一〇年に「新創業」として新たなスタートを切った第一生命保険株式会社の初代社長、渡邉光一郎であった。

渡邉は「阪神・淡路大震災で行ったことを全てやる。しかもスピードアップを図れ」と断然たるリーダーシップを発揮し、生命保険協会の「大地震対策本部長」として、また、第一生命の「災害対策本部長」として、両者の「災害救助法適用地域の特別取り扱い」の措置のほぼ全てについて、即日に決した。

第一生命における「特別な取り扱い」は次のものとなった。

「保険料払い込み猶予期間の延長（最長六カ月間。のちに九カ月間に延長）」「保険金・給付金・契約者貸付等の簡易迅速な支払い」「災害死亡保険金・災害入院給付金の全額支払い」「被災地支援のためのタオル・飲料水等の物資支援と本社からの応援チームの派遣」そして、第一生命として業界最高額の義援金一億円の寄贈を発表し（生命保険業界として三億円の寄贈）、生命保険協会としての契約者に対する特別取り扱いの内容は、第一生命に準じたものとした。

このほか、生命保険協会における画期的な取り組みを実施していった。

「災害地域生保契約照会制度」「業界共通データベースの構築」「震災孤児への支援ネットワークの構築」「生命保険協会と会員各社との連携」である。これらは東日本大震災という未だ経験したことのない激甚災害に被災した契約者及び児童を庇護すべく企図された、極めて細かな配慮の行き届いた施策であった。

強靭なるリーダーシップを発揮し、全ての生命保険契約者を庇護しようとした渡邉の胸にあったものは、一体何であったのか。

関東大震災時における創業者矢野恒太、阪神・淡路大震災時における櫻井孝頴という二人の模範たる先覚者の姿に「理想たるリーダー像」を渡邉は見た。その揺るぎのない確信ゆえにいささかの逡巡もなく、威風堂々たる姿勢を保ち、前例を超える規模、機動性で被災地を守ろうと、業界及び第一生命グループを即断即決で指揮した。

また、東北という地が、瞬く間に無残な姿へと変わり果てたこと、東北の人々が哀しみ、狼狽《うろた》え、希望を欲していることへの言い知れぬ特別な想いも渡邉の胸に去来していた。

渡邉にとって東北は、学生時代を過ごした故郷に等しい場所であった。

すなわち「東北」の絶望は、渡邉の絶望でもあった。

この絶望を希望に変えるのだ、という「人」の願いが、被災地の生命保険契約者や職員への圧倒的な支援・復興活動へと渡邉を駆り立てていた。

震災発生から一カ月後の四月十一日、社会の自粛ムードの中で定例の「総合経営会議」を渡邉は開催させ、「復興と成長」への想いを役職員と共有した。

「今回の震災では、被保険者が亡くなられ、ご契約者、受取人も行方がわからなくなっているケースも考えられます。ご遺族のため、迅速なお支払いにつなげて、『とにかく全力でお役に立つのだ』という強い気持ちで取り組んでいく——」

未曾有の大災害を前に全く怯む事のない「被災地支援」を訴える、渡邉によるリーダーシップが発揮され、各現場では職員の自発的な意思決定によって被災地支援、職員支援への圧倒的な体制が構築され、第一生命グループの全六万名は一体となった。

全グループによる圧倒的な支援体制のもと、被災地の営業職員は全社平均を上回る速度で、既契約者の安否確認活動を行っていった。震災発生から四カ月後、第一生命は、被災地のほぼ全ての契約者に保険金等の支払いを終えた。さらに、保険料の支払いが困難な被災した契約者への自動的な支払猶予期間の延長を行い、契約の継続推進活動に営業現場、本社関係所管などが一丸となり、大手生命保険会社中、トップの保障継続率で契約者に安心を届けた。

被災地の営業現場で営業職員たちが行った数々の活動は全て、人が人と「安心の絆」を結ぼうとする物語だった。

愛する家族を失った人がいた。家族全てを失った人がいた。愛する人を探して彷徨い続ける人がいた。

愛する人を失ったことが認められず、保険金受け取りの手続きを拒む人がいた。

第一生命の営業職員が震災において行ったこととは、日常の暮らしを突如失い、絶望する人に対し、生命保険を通じて、静かに心を通わせていくことだった。理不尽に命を奪われた契約者を想い、その悲しみを遺族と一緒に悲しみ、自分の持つ力で、絶望する人に何か温かなものを届けようとした。

第一生命がこの震災以降、「安心の絆」という言葉を掲げ、お客さま、地域の人に届けようとしているものとは、「共に生きよう」という想いであろう。すなわち、「安心の絆」という運動は、「活動」ではなく純粋なる「精神」なのである。

第一生命がこの一世紀余に行い続けてきた数々の社会貢献事業は、生命保険という本業を通じて「人を守りたい」とする人肌の温もりがこもった想いに支えられていたと私は思っている。

その百年という永きにわたる所産は、日本の各地で、多くの先輩職員から後輩職員へ「お客さま第一主義」という精神が綿々と継承し続けられ、日本人に貢献し続けた第一生命人の偉業であった。

なぜ、第一生命人はそのような偉業を成し続けることができるのだろうか。

それは、「第一生命という企業」に、「第一生命人」に流れ続ける普遍なる遺伝子なのだ、という人は多い。

きっと、そうなのであろう。

「人を守りたい」という想いに、理由など問うべきでないのであろう。「人を守りたい」という想いに、理由などあってはならないのだ。多くの第一生命の職員たち、第一生命人を見てきた私は、そのように思う。

第一部

軟体動物に背骨を通す

「経営品質経営」経営論

「品質とは、誰も見ていないときに、きちんとやることである」

（フォード・モーター創設者　ヘンリー・フォード）

「市場において目指すべき地位は、最大でなく、最適である」

（思想家、経営コンサルタント　ピーター・ドラッカー）

「我が社の本領は最大の会社足らんとするにあらずして、常に最良の会社足らんとするにあり」

（第一生命創業者　矢野恒太）

「お客さま第一主義」なる社会変革論

二〇〇一年、第一生命は「日本経営品質賞」を受賞した。二度と不可能と言われる「金融機関初の」受賞であった。その意味で、第一生命の受賞は、他の受賞機関とは、明確に一線を画すべき偉業中の偉業、巨歩である。

日本の生命保険業界における「顧客志向」の経営すなわち、「最良」経営の開拓者であった第一生命は、「経営品質経営」戦略で真の経営改革に挑んだ。

「顧客価値」「人財価値」の創造を遂げ続け、グローバル生命保険グループの位相にまでその企業価値を高めた。徹底的顧客志向の経営を取り入れ、「お客さま第一主義」の経営理念の純度を高め、かつ、相対優位性を盤石たるものとした。

黎明期から二十年近い歳月をかけ、自己革新し続ける組織へと成長し、後続の追随を許さぬ加速度で、未知なる「世界」の地平へと「経営品質経営」の歩みを着々と進めているのである。

一九九〇年代後半以降の強烈な逆風の経営環境下に、「お客さまに選ばれ続ける会社」となるべく経営革新を粛々と進め、変革的な成長戦略の意思決定が次々と為された。

高品質のお客さま接点のありよう、画期的な業務提携、株式会社化、数々の国内外子会社の設立と成長等の社会的事象にそれらは結実した。卓越した経営革新の短期的成果は、業績としても顕在化した。

なぜ「経営品質」か。「経営品質経営」の未来像は何か。

森田富治郎、斎藤勝利、渡邉光一郎の歴代社長の経営思想の中に、その答えは語られている。

三つの文脈で、「経営品質」を巡る三者の経営論を是非、読まれたい。

一つ目は、「経営品質経営」の継承論である。

森田社長時代に誕生した「経営品質経営」は、止揚を意図し継承され続けた。徹底的ＰＤＣＡサイクルによる高品質の活動プロセス、広範かつ厳格かつ戦略的なアセスメント基準に基づく全組織の構造革新の真価は、長年にわたる持続的研鑽によって、発揮された。

二つ目は、戦略論である。

三経営者の共通項を三点挙げる。絶対矛盾を解決するための「弁証法」。巨大組織の職員を統率する明快かつ強力な「レトリック（言葉）」。組織の総力を一点に集中させる「目的の明確化」である。強力なリーダーシップと戦略的な意思決定が「経営品質経営」を成就させるための基本条件であった。

三つ目は、社会貢献の追求という大目的に執念を燃やし続ける「社会変革論」である。

一九〇二年の本創業そして二〇一〇年、株式会社化とともに新創業を経た第一生命は、百年を超えて生命保険事業を通じた変革に挑み、「お客さま第一主義」を希求し続けてきた。三人の経営者の意思決定に必ず滲んでいたものは、その歴史を背負う者の強靭なる徹底的顧客主義の精神であった。「ＤＳＲ経営」戦略に至る第一生命の一世紀は、勇気ある変革の社会貢献史であったことが、経営者たちの言葉に顕れている。

第一生命の創業来の本懐は、時代が変わろうとも、創業者、矢野恒太の志である「最大たるより、最良たれ」の徹底的顧客主義の精神に基づく「本業を通じた社会貢献」に他ならない。

矛盾と混沌に満ちた現代において、あらゆる経営課題を克服し、未来永劫にわたりお客さまを守り続け、社会に資してゆく生命保険会社であり続けるための第一生命の答えが、「経営品質経営」であり「ＤＳＲ経営」であった。三人の経営者による経営論は、その「最良」の精神と活動とを第一生命という巨大組織の隅々へ行き渡らせ、神経を通わせてゆくための壮大なる挑戦の軌跡である。

第一生命保険株式会社
［特別顧問］
森田富治郎

第一章

弁証法経営で守り抜く
「お客さま第一主義」
「矛盾からの止揚」

1「経営品質」「生涯設計」戦略の黎明

第一生命と生保神話の終焉

私が第一生命の社長に就任し、同時に日産生命が破綻した一九九七年は、第一生命が新たな変革に歩み出した一つの屈折点であったと思う。「経営品質」「生涯設計」という、第一生命の背骨となる二つの経営戦略は、この年に生まれた。

日産生命の破綻は、私が社長に就任したその四月に起きた出来事であった。

その後、二〇〇一年度までの四年間に、東邦、第百、大正、千代田、協栄、東京の計七社の生命保険会社が相次ぎ倒れていった。戦後の日本の高度成長期に躍進し、「不倒」「安全」神話を名に負う「ザ・セイホ」の突如の崩壊であった。

連鎖的な生命保険会社の破綻問題は、保険契約者をはじめとするステークホルダーに多大な悪影響を及ぼし、社会に大きな衝撃と不安を与えた。

経営破綻の連鎖は銀行、証券会社にも生じ、一大金融不安を引き起こした。一九九七年には、苦境にあえぐ我々生命保険業界の至近で、三洋証券、山一證券、北海道拓殖銀行が経営破綻した。翌一九九八年は、日本長期信用銀行（現・新生銀行）、日本債券信用銀行（現・あおぞら銀行）が続けざまに倒れた。あろうことか、全て第一生命は大株主であった。

世は騒然とした。

第一生命にとってもそれは同じであった。

日産生命の破綻処理問題は、生命保険協会長担当会社である第一生命に無関係ではなかった。一連の破綻処理は、将来の破綻に備えるための「生命保険契約者保護機構」の設立（一九九八年十二月一日設立）に発展したが、これら破綻処理の新たな枠組み作りは、当時の大蔵省により保険管理人に指名された生命保険協会が公認会計士、弁護士とともに担った。第一生命は一九九九年から業界各社をとりまとめる生命保険協会長会社の立場にあった。

すなわち、戦後初の生命保険会社の破綻によって生じた諸々の処理における主幹事として、第一生命は業界に対し、リーダーシップを発揮しなければならない重任を負っていたのである。

協会長の私は、この役に文字通り、挺身《ていしん》した。

生命保険会社の破綻処理にあたっては、一九九七年の日産生命の破綻に際し、生命保険契約者保護の資金援助のための二〇〇〇億円が「生命保険契約者保護基金」として設定され、一九九八年の「生命保険契約者保護機構」の設立以降は、さらに新たな資金援助枠が設けられた。これらの資金援助に対する保険会社全社の負担金は原則として事前拠出とされたが、積み立てを上回る支払いが行われる場合は、機構の借入れで対応することとされた。その借入れ限度額は四六〇〇億円であった。

しかし、この仕組みは一九九九年の東邦生命の破綻処理によって、早くも資金枠枯渇の危機に見舞われ、追加出資をめぐる財源問題が発生した。

私は未来の破綻に備え、各社を糾合し、激論をまとめた。業界として一〇〇〇億円の追加出資を想定し、これで不足が生じた際には、国庫補助四〇〇〇億円が受けられる仕組みとした。

東邦生命の破綻処理を巡っては、ジャック・ウェルチ（東邦生命の受け皿となったGEグループの最高責任者）との厳しい交渉のテーブルにも私は着き、業界代表として対峙《たいじ》した。

二〇〇三年には、二度目の協会長として、再び経営破綻の後処理に携わった。

振り返れば、業界代表たる協会長として行ったこの一連の処理は、実に多大な労力を要するものであった。再度、同様の事態が起きた際、協会長会社が同じ苦労を負わずに済む処理方法の整備、各社間の協働体制構築の必要性を私は感じた。

この一連の金融破綻の原因とは、果たして何であったのか。

それは、単純化すれば、バブル崩壊の後遺症であった。それが一九九七年に一気に顕在化したのである。

本当の危機は何か

ところで我々、第一生命は、破綻処理に追われていたこの時期に、別の激しい危機感を抱いていた。その危機感とは、金融破綻に類する問題でも、経済環境の問題でもなかった。

我々は「本当の危機」を凝視していた。

「本当の危機」は、より深刻で、第一生命の長期的な経営戦略に多大なる変革を促す、重大なものであった。日本の財政、経済成長、社会保障制度を揺るがす変化はすでに始まっていたが、一九九七年時点の日本で、未だその正体に気づくものは少なかった。

「本当の危機」の正体とは、日本の少子化の進行と人口減少問題であり、企業経営に大打撃を与える「生産年齢人口の減少問題」である。今日の日本では、この人口減少問題が社会の様々なマイナス現象の元凶になっている。

人口減少社会の影響は未来の問題などではなく、一九九七年当時、すでに不可避のものとして顕在化していた。

一九九六年から日本の生産年齢人口は減少に転じたが、これと時を同じくして、全国の百貨店、スーパー、自動車などの国内販売は、生産年齢人口の減少カーブと同じ下降線をたどって、毎年連続の減少に転じていた。少子化、人口減少問題は、下方圧力として現実の経済にその姿を現していたのである。

生産年齢人口の減少やそれが引き起こす問題について、当時、本質的な経営課題ととらえる企業は少なかったが、我々は気づいた。

何十年にも及ぶ、超長期契約の生命保険という商品を販売する我々は、常に十年、二十年先の未来を見ている。

すでに生命保険業界では、一九九六年以前に人口減少の前兆現象は現れていた。一九九二年に業界の新契約業績は毎年連続のマイナスに転じ、一九九七年には保有契約もマイナス基調に陥った。

業績低迷の恒常化は、第一生命だけの固有の現象ではなかったが、当初、私はこれに気づけなかった。

資産運用部門から副社長として営業部門に戻った一九九六年当初、私は第一生命がマイナス成長に陥った原因として、経営の巧拙の問題を疑ったが、事実は違った。経済情勢の問題でもなかった。

根本原因は、人口の構造的な問題にあったのである。

お客さまに選ばれる会社であるための「経営品質」「生涯設計」

一九九七年から七年間、社長を務め、二〇〇四年から会長を、そして二〇一一年から特別顧問として、私は第一生命の経営に携わってきた。

第一生命での職歴、特に社長時代を一言で表現するならば、「激甚な環境」の一語に尽きる。冗談めかして人にも言うが、私の関わった仕事は、「火消し」「穴埋め」役に終始したに等しい。社長就任以前の一九九〇年から始まる「失われた二十年」の間には、バブル崩壊、その後遺症により連鎖的に起きた経営破綻、デフレ経済、超低金利のあおりを受けた逆ザヤ問題等を抱え、業界は長期の低迷に陥った。さらには保険金支払い問題、リーマンショック、株式会社化、東日本大震災という試練と挑戦もあった。

これら生命保険の歴史上最悪期と言ってもよい困難や課題を一つずつ乗り越え、一九九七年当時、我々が念じた成長を続ける会社として現在、第一生命は存在し、一定の存在感を示すに至っていると私は考えている。

我々は決して歓喜も慢心もしなかったが、一般企業の売上高に当たる保険料等収入において、第一生命が初めて日本の生命保険業界首位の座に立つに至った時、マスコミはそれを大きく報じた。

生命保険業界はざわついたが、日本の生命保険業界の首位の座にあろうともなかろうとも、我々はほとんど意に介さない。

それはなぜか。

我々の目指す目的は何か。いかなる道の途上にいるのか。それらについては後に述べたい。

第一生命はいち早く海外進出を果たし、成長軌道に乗せている。他社でも本格的な海外進出をし始めた観もある。

契約者から預かった保険料を原資に経営し、生じた利益は剰余金として社員である契約者に還元することが建前の、相互会社による企業買収も相次いだ。

ともあれ今日、第一生命の国内における相対優位は、客観的事実と言えるのではないか。

グローバル生命保険グループへの歩みを可能とした第一生命の相対優位は、一朝一夕に出来上がったのではない。一九九七年当時から漸進し続け、今日の成長に至っている。

なぜ、それができたのか。

どう、それをしたのか。

それについて、これから私見を述べてみたいと思う。

我々の新たな闘いは、一九九六、七年に始まっていた。

それを可能としたものとして、一つには、第一生命に脈々と受け継がれて来た「お客さま第一主義」の精神が支えていたことは間違いない。

もう一つの要因は、約二十年前の当時、今日の第一生命が進むグローバル生命保険グループへの道筋を目指すに至る、明確な意思決定があったからに他ならない。

今日の第一生命があるのは、我々自身の眼で、「生産年齢人口の減少問題」という大きな課題に気づき、いち早くこれを見据えた戦略を打ち出し、実際的な方策に動き出したからであると私は思っている。

生命保険の世帯普及率は高く、生産年齢人口が減少して消費は大きく落ち込み、販売自由化は加速し、ますます競争激化が必至となる時代が訪れた時、我々はどうすればいいのか。

その解が、「お客さまに選ばれる会社であろう」ということだった。

我々は「お客さまに選ばれる会社であるためにはどうすればよいのか」という問いを持ち続けてきた。その解を求め、行動してきた。

第一生命の通奏低音に流れていたものとは、このような危機感と不屈の意志であった。

およそ二十年前の時代背景の只中で、我々は「お客さまに選ばれる会社」であるための経営戦略を打ち出した。無論、私の力だけで生み出されたものではないが、社長在任中の七年間に我々の戦略は生まれ、我々はこれに精魂を傾けた。

その経営戦略が「経営品質」と「生涯設計」の二つであった。手前味噌になるが、この二大戦略がなければ、今日の第一生命の姿はなかったのではないかと思う。

「生涯設計」戦略の命題1

「全世代のお客さまへ」の意識変革

お客さまに選ばれるための経営戦略である「経営品質」と「生涯設計」の二大戦略とは何か。両戦略が生まれた背景となった人口減少問題、生産年齢人口減少問題とは、生命保険業界にいかなる影響を与えるものであったのか。まず、そこから見ていきたいと思う。

「経営品質経営」戦略と「生涯設計」戦略を私が打ち出したのは、いずれも一九九七年のことであった。この二つをほぼ同時期に経営の柱に私は据えた。

二大戦略の核心を端的に申し上げておく。

「経営品質経営」とは、徹底的顧客志向に基づく総合的な経営のありようであり、「生涯設計」とは、お客さまの一生涯にわたる生活設計に万全を期す、総合的な商品・サービス提供のありようである。

この二つの戦略のうち、「生涯設計」戦略が何で、いかなる手順を踏んで取り入れられたのかを最初に明らかにしていきたい。「生涯設計」戦略がどのような意図で設計され、実際にどのような効果をもたらしたのか。そして「経営品質経営」戦略との相関、連動していく様子を理解いただきたい。

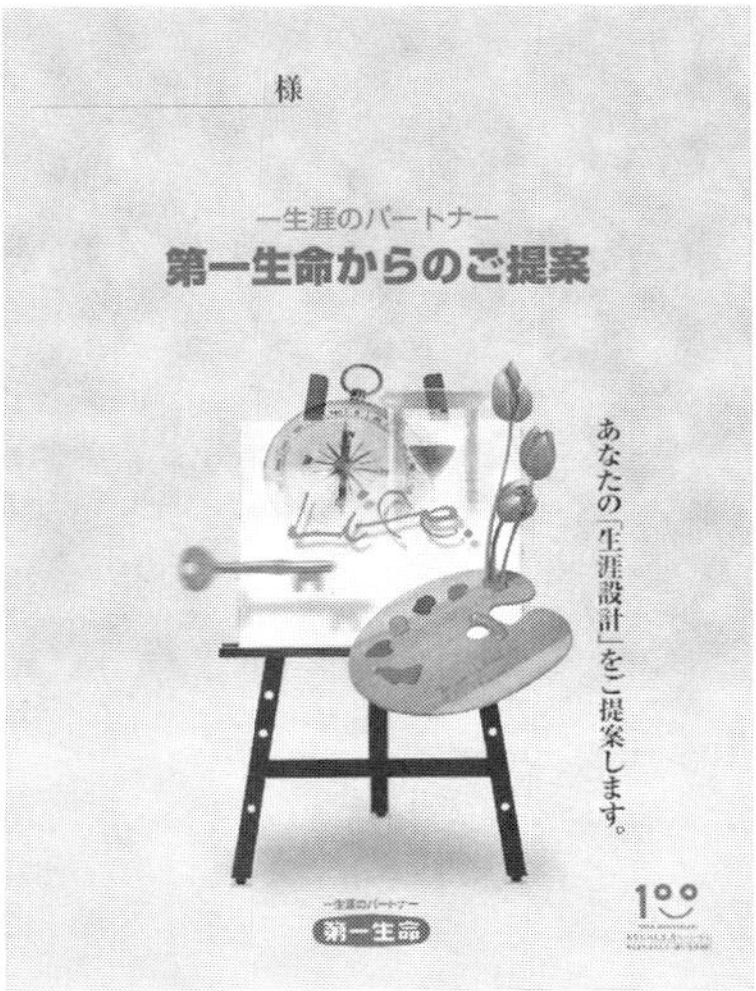

当時の「生涯設計」ご提案書

「生涯設計」を新たな戦略として社内に定着させるための作業は、大きく二つであった。

一つ目は、職員の意識改革である。二つ目は商品改革である。

この二つを並行して行っていったが、まず、一つ目の意識改革の背景と過程から見ていく。

一九九六年、副社長時代に「生涯設計」の準備作業を進めるよう、私は社内の事務局に命じた。これが「生涯設計」戦略への取り組みの第一歩になる。

我々が「生涯設計」という総合的な商品・サービス提供のありようの設計に着手した背景は、先に述べたように、生産年齢人口減少が我々の未来を間違いなく揺さぶる大問題であることに気づいたからであった。

前述の通り、未来どころか、すでにその影響は現れていた。

一九九五年をピークに生産年齢人口は減少局面に入り、これに足並みを揃えるようにして、一九九七年頃から百貨店、スーパー、自動車などの国内販売がマイナスに転じた。

生命保険業界も新契約業績、保有契約業績ともにマイナス基調に陥った。

第一生命の業績も無論、例外ではなく、毎年連続の減少を余儀なくされていた。

その原因の本質は将来にわたり、確実に進行し続ける人口減少社会の到来および生産年齢人口減少にあると私は判断した。商品戦略や営業体制等、経営の技術論の問題ではなく、社会の人口構造という、より広大な視点を持つことが問題の本質であると私は認識した。

これを看破できたのは、一九九六年、副社長時代の業績分析が直接の要因であったが、その後、私は経済同友会や経団連で経済政策の議論に携わっていくことになり、この問題への危機感はますます高まることとなった。

余談だが、経済同友会や経団連で国の経済政策に関わってきた私は、人口減少問題を色々な場所で警告、提言した。我々のシナリオ通りに進めば、財政、経済成長、社会保障制度は近い将来に計算不能となる可能性が強かった。事実、予測は次々に的中していくことになる。

しかし、私の提言は当時、ほとんど相手にされなかった。

この当時の国、経済界の人口減少に対する危機感は薄く、人口減少への認識はあっても「人口が一億人を切っても、日本人は優秀だから、何とかなる」とのおおらかな楽観論が社会の趨勢《すうせい》であった。

世間の認識が変わり始めたのは、二〇一〇年以降であったように思う。

二〇〇六、七年当時、経済同友会の「人口一億人時代の日本委員会」の運営を任された私は、第一生命経済研究所で、将来の人口動向をシミュレーションした。戦慄するような結果が出た。

「現在の将来人口推計と現状の経済諸指標を前提とすれば、二〇二〇年代から三〇年代に日本はマイナス成長に入り、財政、社会保障制度は破綻の可能性がある」

その報告を聞いた経済同友会の幹部たちは驚愕した。

生産年齢人口が減少し続けるということは、すなわち、生命保険の契約は今後、毎年必ず減少していくことを意味し、そこに経済の沈下が加われば、日本の生命保険マーケットも危機に瀕するだろうということが明白となったのである。

ならば、とにかくまずは既契約を守ることと、新規契約の獲得力を強化することに全力を挙げなければ、と私は考えた。

あらゆる方法でお客さま接点を増やし、お客さまの第一生命への満足度を高めて解約等の契約の減少を食い止め、同時に新たな契約を獲得していかなければ、我々は倒れるかもしれない。ここで手を打たねば、お客さまを守り続ける会社たりえず、我々に未来はないと私は考えた。

このような強い危機感から「生涯設計」というコンセプトは生まれたのである。

「生涯設計」戦略とは、働き盛りの世帯主を販売対象とする従来の営業活動習慣を見直し、子供からお年寄りまでのあらゆる世代を販売対象に拡大し、それぞれの「生涯設計」をきちんと行っていくことへの意識・活動の変革および商品戦略・販売体制の変革であった。

従来の生命保険業界の募集活動は、働き盛りの世帯主に定期的な面談と提案を行い、死亡保障の契約を主として、一定の期間経過後の適時に、より大きな保険金額、より大きな安心を提案するというものであった。

このような募集活動は、戦後の常に右肩上がりの日本経済では機能した。提案先となる世帯の所得が上がり続けていたからである。

ところがバブルが崩壊し、人口減少社会・生産年齢人口減少社会がこれに重なった。経済は低迷し、所得は下がり、かつての生命保険業界の方法論は通用しなくなったのである。

こうした時代認識から、我々は、あらゆるお客さまに選ばれるための商品の提案・サービスの提供を行うための改革として「生涯設計」の導入を決意したのである。

社内の意識改革は「生涯設計」戦略を軌道に乗せるために、大変重要な条件だった。

我々の置かれている状況と、これから取り組まねばならない仕事、その仕事をした先にある未来について明らかにし、信頼を得て、ついて来てもらわねばならないからである。

経営層や全国の支社長たちとの会議は無論のこと、私のメッセージを全職員に向けて発信する「ネットワーク社長室」や各種イベント・発表会等で、様々な表現を用いて、私は職員に意識変革を促した。

「我々は北極のシロクマである」という例え話は、折に触れて幾度となく語りかけた話だった。

この例え話で、我々の置かれた危機的状況は一刻の猶予も許さぬものであり、速やかな意識変革が必要であることを訴えた。

「日本は止まることのない人口減少社会に入った。生命保険業界は、第一生命は、絶滅危惧種の北極のシロクマである。このまま氷が溶けるとともに、シロクマは絶滅する。しかし、シロクマと違い、我々には頭脳がある。我々は頭脳を使い、氷が溶け始めたのなら、新たな陸地を探すのだ」

そう私は言葉を発した。

この北極のシロクマの例え話は、第一生命が株式会社化に挑む際にも、会長として職員に伝え、いち早くグローバル生命保険グループを目指す論拠にもした。

第一生命は、歴史を遡れば、第一番目の相互会社として創業してから今日まで、何度も未知なるものに第一番目に挑んできた企業である。

今という時代の第一生命を継承する我々は、過去の先覚者と同様に、創始主義の精神で、生産年齢人口減少問題をはじめ、バブル崩壊による国内経済の低迷という困難を必ず乗り越え、お客さまを守り続けなければならないと訴え、職員の意識改革を行っていった。

戦略とは、目的の明確化である

一九九〇年代後半に、私が思い描いた生産年齢人口減少時代における生命保険会社の未来図は、今日、全くと言って良いほどに想像通りのものになった。このおよそ二十年間は生命保険会社にとって、いかなる時代であったか。

一九九六年を百とすると、大手国内生命保険会社は二〇一四年までに、五〇%あるいはそれ以上もの保有契約高の減少を余儀なくされたのである。

生命保険業界全社では、一九九五、六年から二〇一四年にかけて、ピーク時の八七〇〇万人から七八〇〇万人以下にまで減少していく生産年齢人口の減少カーブを見事にトレースしながら、保有契約高は減少した。これはつまり、生産年齢人口の減少が、生命保険会社の業績低迷の直接的要因であることを明白に物語っている。

では、第一生命はどうであったのか？　生産年齢人口が減少し続ける市場で、いかなる成果を収めたのか。

第一生命は「生涯設計」戦略によって、既契約をできる限り減らさないという目的に対し、はっきりとその成果を残し、相対的に保有契約高の減少を抑制することができた。あくまで相対評価にすぎないものの、第一生命と、その他の大手生保の失ったお客さまの数がもたらす潜在的損失の差は大きいと思う。

第一生命が、なぜ相対的に保有契約の減少を抑制できたのか。

それは、明確な戦略があったからに他ならない。

長期的視点、また正当性の観点から、明確な戦略を持たずに経営を行えば、その企業は「出たとこ勝負」を選択したことになり、成果は運に任せるほかなくなる。

我々は、明確な戦略を持って臨んだということである。生産年齢人口減少問題に危機意識を持ち、「生涯設計」戦略を打ち出すことで「契約を守る」という一点に、意識と活動の焦点を絞り込んだ。

戦略とは、目的の明確化なのである。

「生涯設計」戦略とは、言うなれば、「今、我々は保有契約を守っていくのだ」という、これから未来に向かっていく己の活動の、真の目的の明確化であった。

ただし、戦略だけで良いというものではない。

保有契約高の減少抑制の度合いに大きな差が生じているのは、明確な戦略のもとに、営業職員の意識と活動を綜合(＊3)できたか否かの差でもある。

「生涯設計」というコンセプトは、営業職員の活動を通じ、お客さまに受け入れられたが、この成功は、そのコンセプトが適切であったという要因だけで説明しきれるものではない。

第一生命の営業職員の潜在的な能力が、戦略遂行力として大いに発揮されていたと私は考えている。

第一生命の営業体制と営業職員が、お客さま接点の増大を求める「生涯設計」戦略を支えるだけの強靭な基礎体力を有していた理由をここで明記しておきたい。

これには歴史に裏打ちされた理由がある。

大きな要因は、「新制度」と「オールアタック活動」の二つの営業体制の改革である。

第一生命は、一九七四年に「新制度」という画期的な組織・営業体制の改革を行い、人財の採用、教育、マーケティングを本社が戦略的に統括・指揮できる新体制を構築した。

この運動の背景には、一九六五年当時、日本の生命保険（簡保、農協を含む）の世帯普及率が九〇％を超え、それまで経済成長を大きく上回っていた生命保険の新契約高の伸びが鈍化し始めて、我々が危機感を抱いたことにあった。世帯普及率が九〇％を超えるというのは、世界でも極めて特異な現象だったのである。

現在の生命保険会社で、本社トップダウン型の経営は当然の仕組みだが、「新制度」発足以前の当社では、全国各地の支社、支部（現・営業オフィス）、個人単位の「請負型」による運営と営業活動が主であった。人財教育、活動習慣の指導、販売戦略は、その組織、その個人の能力と才覚に左右されていたのである。

抜本的に営業体制の変革を行ったこの「新制度」の発足により、営業職員の活動基盤は戦略的に整備され、お客さま接点の増大・生産性の向上につながる新たな活動習慣を定着させ、第一生命の営業職員の営業力・基礎体力は増大した。近代的生命保険事業の営業体制のあり方として生命保険業界全体に示唆を与えもした。

さらに、一九八六年に打ち出した「オールアタック活動」は、営業職員の生産性を再び向上させた。

「オールアタック活動」とは、営業職員の教育・管理を担う支部長（現・オフィス長）と営業職員に対し、科学的根拠に基づいた平準的活動習慣を定着化させ、生産性を高めるための改革であった。いわば現在、我々が志向する「経営品質」向上に向けた取り組みの端緒とも言える活動である。

営業職員の能力に応じた目標を定め、営業職員個々の采配で行われがちな営業活動の詳細を「アタックノート」に記録・管理し、これをもとに規律的な活動習慣への改善、提案先の明確化・最適化、提案技術の向上等について緻密な教育を実施した。

こうした営業現場における新たな教育・販売のあり方を全社的に定型化し、営業活動量の増大およびコンサルティング技術の高度化を図った。

「オールアタック活動」は、全国拠点の営業現場の活動を抽象論ではなく、科学的具体論として通底させた、当時としては画期的な取り組みであった。

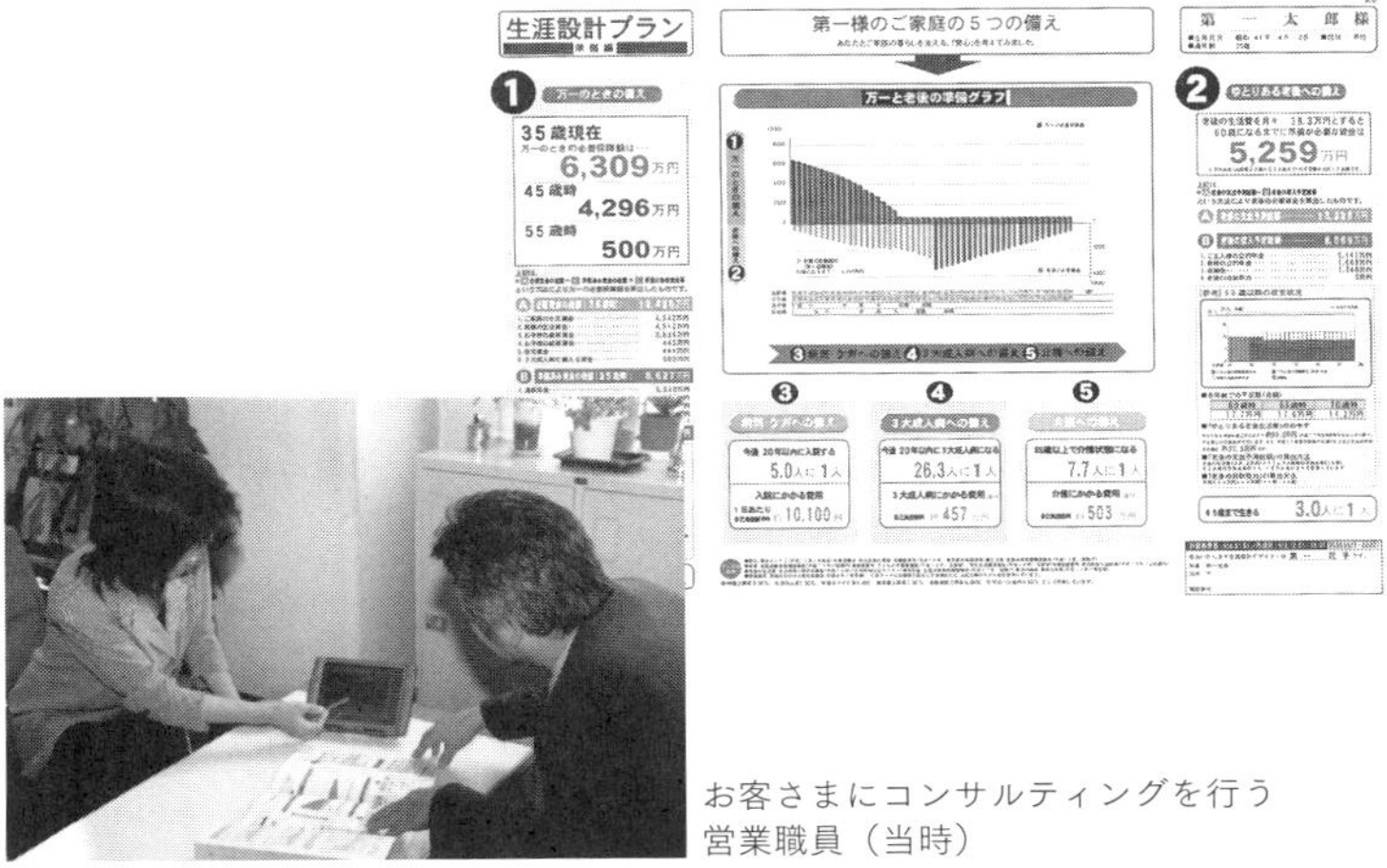

お客さまにコンサルティングを行う営業職員（当時）

この「オールアタック活動」の浸透により、営業職員の生産性は格段に上昇し、これに全国的な陣容増加も加わって、第一生命の新契約、保有契約業績は著しく高まった。

ここまでに述べた「新制度」と「オールアタック活動」は、第一生命の営業職員の営業力、コンサルティング技術を向上させ、かつ新規・既契約双方のお客さまに対する訪問活動の足腰も相当に鍛え、「生涯設計」戦略の推進を支える基本要件になるものであった。

さらに言えば、「お客さま第一主義」という文化が根付いていた営業職員たちであったからこそ、「生涯設計」戦略が実現可能となったことを強調しなければならない。職員は「それは本当にお客さまのためになるのか」という問いをことあるごとに思い出す。

「お客さまのための生涯設計」という意識は、永年をかけ継承され続けてきた「お客さま第一主義」の伝統と文化を持つ企業で働く職員を、より高い次元の活動に駆り立てたのだと私は考えている。

大胆かつ圧倒的な商品群改革

「生涯設計」戦略により、生産年齢人口減少社会を迎えた一九九七年以降、第一生命がいかに保有契約を守ったのかをご理解いただけたところで、話をもう一度、具体的な戦略遂行の過程に戻したい。

職員への意識改革の次に私が行ったのは、商品改革であった。

子供からお年寄りまで幅広い年齢層の生活設計を行う「生涯設計」の概念を理解した営業職員は、お客さまとのフェイス・トゥ・フェイスによる「生涯設計」に基づく営業活動を展開した。

営業活動に対する足腰が強く、「お客さま第一主義」の精神が浸透している営業職員は、実に素直に「お客さまのため」の取り組みであることを理解し、多大な数のお客さまのもとへと勤勉に訪問した。

既契約者を起点として、既契約者の親、兄弟、親戚、その他の家族などへと接点の量は増大し、「生涯設計」戦略の土壌は整っていった。

しかし、この活動だけでは「生涯設計」戦略は完成しない。

営業職員がお客さまにご提案する「商品」の問題が残っていた。

死亡保障性商品を中心とした従来の商品ラインナップのままでは、全てのお客さまの幅広いニーズを十分カバーしきれておらず、第一生命の価値を高めたと認められるような「生涯設計」戦略は、完成したとは言えなかった。

より革新的で、圧倒的な「生涯設計」の名に相応しい商品ラインナップが必要であった。

なぜ、革新的で、圧倒的な商品ラインナップが必要であったのか。

二つの理由があった。

一つは、当然ながら、全てのお客さまに真の意味での「生涯設計」を行うためである。

もう一つは、「『生涯設計』戦略とは一体、何か」を社外に、お客さまに意思表示するとともに、職員にも明確に理解させ、本気の仕事を促さなければならなかったからである。

特に後者は、経営を行ううえで大変重要な意味を持っていた。

経営者がいかに本気であるかを、明確かつ明快な形で職員に知らしめなければならなかったのである。

やはり、戦略とは目的の明確化なのである。

ドラスティックな形で商品ラインナップの拡充を行うことで、「我々は、この戦略を徹底的に遂行していく」ことを意識させ、自身がその当事者であるということを職員にはっきりと自覚させねばならなかったのである。

したがって、商品戦略は、目に見えて画期的なものでなければならなかった。

「生涯設計」戦略で全年齢層の生活設計を目指すと同時に、営業職員に強烈な印象を与えるためには、生命保険の枠を超えた金融商品が必要ではないか、と我々は考えた。我々が持っていない商品、我々が持っていないサービスを求める機運が起きた。

一九九八年の「日本興業銀行」（現・みずほフィナンシャルグループ）との全面業務提携は、このような我々の構想の結実であった。

この業務提携で、投資信託やその他の金融商品とサービスをお客さまに提供できる体制を構築した。

業務提携後、「日本興業銀行」は、二〇〇〇年に「富士銀行」「第一勧業銀行」とともに、「みずほフィナンシャルグループ」を組成し、結果、二〇〇七年に営業開始した貯蓄性商品に特化販売する「第一フロンティア生命」の強力な販売先となった。「第一フロンティア生命」は、のちに第一生命の保険料等収入の三〇％以上を占めるほどに、第一生命グループの成長を支える存在へと成長を遂げた。

実は、「日本興業銀行」との提携の少し前の一九九六年に、第一生命は、損害保険子会社の「第一ライフ損害保険」を設立し、損害保険分野にも進出していた。

日本版金融ビッグバンによる金融の規制緩和が進行する時代が到来し、生損保の相互参入・第三分野の解禁が始まったことが設立の背景となった。

商品ラインナップ拡充を模索していた我々の背中は、この自由化の機運に後押しされ、「第一ライフ損害保険」を、意を持って設立した。

しかし、設立早々に、我々は煩悶の末に撤退を決断した。

「第一ライフ損害保険」の設立と撤退は、実に示唆に富む経験だった。

我々は損保子会社を設立したが、活動開始早々に気づかされたのが、大手損害保険会社の強靭さであった。全国に事故調査網を持ち、綿密な顧客サービスを展開する大手損害保険会社を相手に、後発の我々がまっとうに太刀打ちできるはずもなかった。

「無理だ。やめよう」

我々の決断は早かった。

設立したばかりの子会社には役職員を派遣しており、彼らは当然、事業の成功に必死だった。当初、抵抗感や逡巡《しゅんじゅん》もあったが、撤退の意思決定を最終的には理解してくれた。

この際、「損害保険は大手損保会社から仕入れて、販売すればいい」という簡潔な意思決定を、我々は即断した。当社の文化において、ごく自然な成り行きであったように思う。

この時の意思決定とは、「捨てるべきものは捨て、捨ててはならないものは決して手放してはならない」との、第一生命流の明快な不文律が再確認され、行われたものであったと私は思っている。

我々が目指す「生涯設計」戦略の真の目的とは、幅広い金融商品を用意し、サービスを提供して、お客さまの人生設計のお役に立つことである。その結果、お客さまに認められ、生き残ることである。我々が損害保険商品を自前で提供するかどうかではなかったのである。

こうした意思決定があり、「第一ライフ損害保険」は、設立から五年ほどで撤退し、二〇〇二年に「安田火災海上保険」（現・損害保険ジャパン日本興亜）との合併に至った。

一種のジョークのようだが、諦めの決断が早いのは、我が社の長所と言ってもいい。

がん保険のラインナップ化においても、我々の考えは、「第一ライフ損害保険」での経験を経て、早々に「進出ではなく、提携へ」という解に至り、「アメリカンファミリー生命保険会社（以下、アフラック）」との提携という道を選択した。

当初、「進出するか。がん保険でアフラックと戦えるか」という議論も起こったが、自社で何もかもを行い、儲けを求めようとする意思のない我々は、ごく自然に提携という選択に至った。「生涯設計」戦略を進めるうえでの本来の目的は、がん保険を商品ラインナップに加えることであり、我々は単純に、お客さまに商品とサービスを提供できればよかったのである。

このようにして第一生命は、二〇〇〇年に「安田火災海上保険」「アフラック」の二社と業務提携を結んだ。

これらの提携がごく短期間に行われ、「生涯設計」戦略における商品のフルラインナップ化は、速やかに構築できた。

なぜ、これほど短期間に完了できたのか。

その一因は、「自前主義」という慣習や既成概念に囚われず、かつ業界の平均や慣習にも甘んじることなく、「損保、第三分野は仕入れ主義」という素早い決断ができたからだったと私は思っている。

このようにして、「日本興業銀行」「安田火災海上保険」「アフラック」と業務提携を結び、投資信託やその他の金融商品、損害保険、がん保険といった生命保険と親和性の高い金融商品のフルラインナップ化を、第一生命は果たした。

業界初の画期的な提携の数々だった。

マスコミからは「提携マニア」と呼ばれ、注目を浴びた。

ともあれこのような道程を経て、第一生命は、業界最高水準の商品・サービスをお客さまに提供できる体制を構築した。

今日の第一生命の成長の土台となった「生涯設計」の枠組みは、こうして出来上がった。

〈当時〉安田火災海上保険平野社長（左）、第一生命森田社長（右）

〈当時〉アフラック エイモス社長（左）、第一生命森田社長（中央）、
アフラック日本社松井社長（右）

2 「経営品質」と第一生命を綜合する「弁証法経営」

弁証法経営――対立する経営矛盾を止揚させる

「生涯設計」戦略とは、これまで見てきたように、不可避である生産年齢人口減少社会を迎え、未来への強い危機感に突き動かされて生まれた戦略であった。

生命保険会社は、何十年にもわたる長期のご契約をお預かりし、約束通りのお支払いをお客さまに必ず履行しなければならない。それが我々に課せられた絶対の原理原則である。

「十年、二十年先、本当にお客さまを守り続けられる会社たり得るのか」と自問し、激しい危機感を抱き、変革を決意し、具体的な手段として打ち出した戦略が「生涯設計」であった。

「お客さま第一主義」を絶対不動の理念とする第一生命は、遠い未来も必ず生命保険でお客さまを守り抜くその大前提として、「まず今、我々が生き残らねばならない」と強く決意した。

「このまま本当にやり続けられるのか」

「このまま手をこまねいていれば、我々は倒れる」

こうした切迫した危機認識が、営業体制のありようを根本から設計し直す「生涯設計」戦略を生んだということである。

この「生涯設計」と、後に説明する「経営品質」の二大戦略は、生命保険業界に先駆けた常識を覆す取り組みであり、職員にとっては相当に意識変革を要求されるものだった。

「なぜ、そこまでしなければいけないのか」

「なぜ、それを今、しなければいけないのか」

という疑念、拒絶、停滞は当然、生まれた。一九九〇年代以降、組織・個人はただでさえ業績低迷に喘ぎ、重苦しい閉塞感に覆われていたのである。

これに対して「弁証法」という概念で、私は繰り返し、士気を鼓舞した。

この考え方をもってすれば、目指す道を、曲がらずに壊れずに進み続けられると私は考えてきた。

実は、私の行ってきた経営とは、全てこの概念で説明ができる。

「弁証法」とは哲学用語であり、経営の戦略論としても用いられる概念である。

戦略とは、「正」「反」「合」の過程で生成、発展し、自分と対象、もしくは対象同士を相互に作用させながら活動や技術の矛盾を綜合し、目的へと発展、止揚させるものであるとする考え方である。

ごく簡単に言えば、何かをやると（正）、必ずその反作用は起き（反）、その矛盾を改善する（合）ということをやり続けることである。

この過程を繰り返すことで、先行きの見えない、曲がりくねった困難と思われる道を、成長しながら一直線に歩んでいけると私は考える。

一例を挙げる。

私は入社以降、業績が低迷している支部（現・営業オフィス）を数多く見てきた。

新契約成績は低迷し、契約の継続率も非常に悪いといった組織である。

そこでは、指導・教育・営業支援に充てる時間・人財・経済資源が限定的な中で、新契約成績を高めることと、継続率の改善との両方を同時に追求しなければならない。

これは、生命保険業界の営業活動における象徴的な矛盾であり、永遠の課題とも言うべき大命題である。新契約成績を上げるために営業職員を叱咤激励し、諸々の支援策・奨励策を打ち出し、士気高揚を図れば営業活動の量は増加し、新契約成績は上向く（正）が、それが的を射なければ、お客さまに対する丁寧な説明・訪問・サービスがおろそかになり、継続率は悪化する（反）。

逆に、継続率を意識した指導を優先し、丁寧な教育を優先すれば継続率は改善されるが（正）、お客さま訪問の活動量は減少し、新契約成績は鈍化することになりがちである（反）。

つまり、支部経営の絶対的な大命題であるこの二つの活動は、常にどちらかを優先すれば、どちらかがおろそかになるという対立関係、矛盾関係にあり、それゆえにこの二つの成果を同時に追求することは、難しいとされるのである。

しかし、それを同時に向上させようというのが、弁証法的なアプローチである。

正を行えば、反が出ることは最初から自明なのである。二つの対立する意思の片方のみを追求し、もう片方に目をつぶって活動し続ければ、その経営が問題を抱え続けることは明らかである。

ならば、正を行いながら、反を補う、または防ぐことによって、想定される被害を最小限に抑え、対立する目的を相互に向上させ、合を目指すというのが、私の「弁証法経営」だった。

その詳細は省くが、つまりは、正と反の相互作用を把握し、対立する矛盾を合一させ、同時追求を図るという論理であった。

私は課長時代に、大阪と東京で現地の営業組織の管理・指導を任務とする仕事に携わったが、両地域とも全国ブロック間の業績比較でトップに押し上げることができた。

この時の「弁証法経営」の成功体験は、のちの経営に多大な影響を与え、私の指針となった。

「新契約成績と継続率」「営業職員採用数と育成率・生産性」といった営業現場レベルの事象も、「保険金支払いにおける迅速性と正確性」「株式会社化における長期的利益と短期的コスト」といった大局的な企業経営レベルの事象も全て、「弁証法思考」による経営判断があれば、摩擦から好機が生まれ、成長できると私は考えている。

後任の社長たちは個性と経営手腕を発揮し、それぞれの表現で職員を統率しているが、その経営の本質には、「弁証法経営」と同根の思想があると私は考えている。

なぜ、「弁証法」などという難解な言葉を拠り所にして、私は職員を率いなければならなかったのか。

それは、リーダーの使命とは、いかなる経営環境にあってもまっすぐな線を見つけ、その道を追求することだからである。

我々は、未知で、不確実な世界を進まねばならない。

御することのできない突発的な事態は絶えず発生する。これまでもそうであったし、これからも常にそうである。

現実は常に曲がりくねり、予見できない問題が必ず発生するが、リーダーは怯むことなく、日々の活動と未来への長期的戦略との矛盾を合一させ、成功に至る一本の道を、部下に見せ続けなければならない。

リーダーが道のカーブに合わせ、次々と曲がり揺さぶられれば、部下は迷うほかないのである。先見に基づく戦略なき経営者が闇雲に道を歩めば、部下は恐れ、信頼は得られない。

この道を歩めば、どのような好ましからざる問題が起こるのかを明らかにし、その問題への対策はすでに講じられていることを理解させなければ、部下は本気でリーダーを信じなくなり、その能力を最大限に発揮させることは不可能である。

「生涯設計」戦略も常に成果を上げ、職員に活力を与えていたとは限らない。

結果が出ないことも多い。

だが、それは戦略が間違っていたのではない。努力が足りず、組織の総合力を発揮できない場合だと私は考えている。おずおずと進んだか、思い切って進んだかの違いが成果に現れるのである。

リーダーである私が「道は決して誤っていないのだ」という確信を与え続けていなかったら、職員は「生涯設計」戦略を本気で遂行してはくれなかったであろう。

次から述べる「経営品質経営」戦略は、「生涯設計」戦略以上に職員にとっては活動動機を見出しづらい概念であった。

当初、顧客志向を原理原則とする「重層化された活動の知識体系」は、実に難解なものとして受け入れられた。

それだけに「徹底的顧客志向の経営を行う我々の未来に、何があるのか」を見せる、強力なリーダーシップが必須であった。

一九九七年当時、低迷を余儀なくされ始めた生命保険業界は、各社ともに生き残りに必死で、「経営品質経営」は、容易に理解され得るものでなかった。

第一生命の職員においても、それは全く同じであった。

実は当初、「経営品質経営」の真髄は、私も即座に理解することは困難であったのである。

我々が出会い、挑んだ時代に「経営品質経営」は、ほとんど世に知られざる経営戦略であった。日本国内の生命保険業界のみならず、あらゆる業態の日本企業においても単なる先取的な経営視点の一つとされていた。第一生命が「経営品質経営」に生き残りを賭けて挑んだ時、時代はまさに日本における「経営品質経営」の黎明期であった。

経営品質経営という顧客至上主義的「変革論」

「経営品質経営」戦略の起源は、先代の社長であった故・櫻井孝頴に遡《さかのぼ》る。櫻井の私への引き継ぎらしき言葉は、あまりに簡潔だった。

「いいものがある――」

旭日重光章（二〇一二年四月受章）を受章した櫻井は、財界、生命保険業界の傑物《けつぶつ》と言われる。二度にわたり生命保険協会長に任じ、今日の生命保険事業の規範となっている新保険業法を成立させ、阪神・淡路大震災時の被災地への対応では、前例を覆す大型被災地支援・保険金支払いの地震免責規定の非適用を即断し、これを業界に通底させ、契約者を最大限に庇護した。

櫻井が業界内外に遺した社会貢献的事績は数限りなく、生命保険を介して遺した功績の多大さにおいて、今日、比肩する者は少ないであろう。

第一生命の経営を近代化に導いたあらゆる基礎整備は、櫻井の仕事だったと言える。

私において言えば、入社間もない頃からの最上の師であった。

深い教養に基づく助言、強烈な統率力の背後にある人格、時代を射抜く洞見は畏怖すべきものであった。

私にとっての経営の師とは、第一生命創業者の矢野恒太と櫻井孝頴の二人である。

櫻井は、一九九五年に発足した「経営品質協議会」の創立メンバーだった。

社長に就任する私に「いいものがある。やってみてはどうか——」と櫻井は一言の言葉を発し、そのわずか一言だけで、経営品質協議会の役職と、第一生命における「経営品質」向上取り組みへの課題を、私は引き継ぐことになった。

その後、壮絶という形容が決して大げさでない「経営品質経営」という変革に着手した私に、会長となった櫻井はほとんど口を出すことはなかった。

櫻井が極めて淡々とした口調で「いいもの」と言った「経営品質経営」、また「経営品質協議会」とは第一生命にとって何であったのか。

一九九七年、第一生命が二大戦略の一つとして打ち出した「経営品質経営」は、「徹底的顧客志向に基づく経営革新」を日本企業に指導・表彰する「経営品質協議会」が創設した「日本経営品質賞」が下敷きとなっている。

第一生命は、この「日本経営品質賞」の受賞を当面のゴールとして定め、その受賞を目指す過程で、組織の活動全体に「経営品質」と呼ばれる経営戦略の枠組みを取り入れ、その「徹底的顧客志向に基づく経営革新」の審査基準によって組織を磨き直そうとして、この戦略は出発したのである。

一九九七年の時代背景と我々の危地はすでに説明した通りで、生産年齢人口減少社会が到来する中で、「生涯設計」戦略という商品・販売体制の変革を我々は決意した。

「未来永劫、お客さまを守り続けるために、まず我々が生き残らねばならない」

「ならば、お客さまに選ばれ続ける会社とならねばならない」

と我々は考えていた。

その機運の中に、櫻井からの未来への伝言とも言うべき「経営品質」という宿題、経営戦略への示唆が与えられたのである。

生き残りを賭けた経営戦略のベースとして我々は、「日本経営品質賞の受賞」という課題に挑むわけだが、第一生命にとってこれは、途方もなく難易度の高い挑戦であり、同時に「お客さまに選ばれ続ける会社であろう」とする我々に、これ以上ないほど相応しい課題であった。

なぜ「日本経営品質賞」受賞の目標が、第一生命に相応しい課題であったのか。

それを知るためには、まず「日本経営品質賞」の沿革を知る必要がある。

「日本経営品質賞」は、一九八〇年代の米国で、グローバル時代を迎え、低迷する国内産業の競争力の立て直しのために、経営品質向上の理論と戦略で経営革新を行う企業を讃えた「マルコム・ボルドリッジ賞(以下、MB賞)」を、ほぼそのまま範として創立されたものである。「MB賞」は、商務長官であったマルコム・ボルドリッジ氏の名を冠した、米国の国家的表彰である。

つまり、「経営品質を高めた」「お客さまに選ばれる企業が」「成長する」ことを実証してきた「MB賞」

同等の審査基準である「日本経営品質賞」の受賞は、我々の価値観とピタリと符合した。

「ＭＢ賞」「日本経営品質賞」の精神と方法論は、高次元の「顧客志向」によって成長を遂げ、生き残らねばならないと考えた我々にとって、これ以上ないほど合理的な変革論であったのである。

では、「日本経営品質賞の受賞を目指し、経営品質を上げる」とは、具体的にどのような活動を意味するのか。

これらを明らかにすることで、先の問いである「途方もなく難易度の高い挑戦」の意味は氷解するはずである。

「経営品質経営」とは、徹底的顧客志向に基づく精神で経営革新を行うことであり、「お客さまに高品質だと評価される商品・サービスを提供すること」だけにとどまらず、「経営全体における高品質の活動プロセス」を重視した経営を実践することをいう。

顧客本位に基づく卓越した業績を生み出す仕組みづくりのための四つの基本理念として、「顧客本位」「独自能力」「社員重視」「社会との調和」を掲げ、その具体的要素である「リーダーシップと意思決定」「経営における社会的責任」「顧客・市場の理解と対応」「戦略の策定と展開」「個人と組織の能力向上」「価値創造のプロセス」「情報マネジメント」「活動結果」の八つのカテゴリーの各項目に眼目を置き、経営全体を磨くことになる。

特に、次の四点を重要視した経営革新が求められる。

「経営幹部のリーダーシップによる顧客志向のクオリティ計画」「積極的な従業員の経営参画」「プロセスの把握」「直感や感情によらない『事実』による経営」である。

これらを言い換えてみれば、

・利益至上主義ではなく顧客至上主義のトップダウン経営を志向し、
・経営者から従業員までの全員が経営意識を共有し、
・結果志向ではなくプロセス志向であり、
・かつそのプロセスは常に客観的に把握されていなければならない。

ということになる。

実際に行っていく作業は、平時における「経営品質」向上への取り組みと、「日本経営品質賞」申請に向けた作業の二つになる。

平時の「経営品質」向上への取り組みとしては、「アセスメント基準書」(*4)の、先に挙げた八つのカテゴリー項目に沿い、本社組織から営業現場までの全組織において、顧客視点での運営がいかに実践されているかの事実把握を行う。これにより、会社全体、各部門、各個人が絶えず自己革新を図りながら、顧客が求める価値創造を続ける組織を目指す。

「日本経営品質賞」の申請に際しては、百頁に及ぶ「経営品質報告書」に、事実調査に基づいた全組織による全活動の詳細を記述し、各活動についての意図や実践内容を詳述のうえ、提出する。

日本経営品質賞委員会は、提出された書類の審査を行い、加えて該当部門への取材・審査を実施し、一〇〇〇点満点の採点によって「経営品質水準」の評価を行う。

このように、細々と記した内容を一言で言えば、経営品質向上に向けた意識・活動の革新を全組織、全役職員が不断に実行し、その評価を受けるということである。

「経営品質経営」に対する誤解を払拭するために付言すれば、これは、従来の一般的な企業活動として認識されている「品質改善」とは別次元の、より広大な理論であることである。

いわゆる「品質改善」の枠を超越する徹底的なアセスメント（評価）が、内的にも外的にも行われるのである。

この認識を見誤ると、「経営品質」の本質は掴めず、第一生命が行ってきた「経営品質経営」戦略の意味は理解できない。

徹底的顧客志向の経営を企業文化として定着させるために、その審査範囲は圧倒的に広範に及ぶ。

例えば、福利厚生、従業員の勤労意欲、社会的貢献、マーケティング能力、戦略ポジショニング、戦略デザインの活動などまでもがその評価対象とされ、「経営品質」に基づく永続的な成長を生み出す自己革新が、企業内の全組織で本当に実践されているかが厳格かつ徹底的に問われる。

実態として、企業活動の全てが「顧客目線」で観察され、意識され、記録され、絶えず改善されているかどうか。組織全体に、徹底的顧客志向の理論が実装され、その理論が実践されているかが問われるのである。

さて、なぜこうした取り組みが「途方もなく難易度の高い挑戦」であったのか。

「ＭＢ賞」「日本経営品質賞」受賞企業には、主としてメーカーがその名を連ねている。一社として、金融機関は無い。また、「日本経営品質賞」に限れば、今日まで大企業の受賞は限定的である。

金融機関であり、大企業である第一生命が「日本経営品質賞」に挑戦することが途方もなく難易度の高い挑戦であることの理由とは、メーカーには可能な「経営品質経営」が、果たして金融機関で、かつ六万五千名（当時）もの職員の活動によって運営されている第一生命に適用できるかとの疑問の中にある。

さらには、これをやり遂げるには「経営品質」運動を全社的に統括・推進する専門部署を立ち上げ、全役職員に理論の理解を求め、日々、目的意識を持って行動させなければならない。

これら多大な労力を要する作業を、本業の活動に加えなければならないのである。全国六万五千名もの職員が、自己革新を日常業務として徹底的に行わねばならないのが、「経営品質経営」なのである。

「軟体動物に背骨を通す」という絶対矛盾

「経営品質経営」の全貌を理解すると、即座に私は櫻井に言った。

「経営品質を当社がやるということは、軟体動物に背骨を通せということですね――」

「経営品質経営」は紛れもなく第一生命にとって必要な戦略だが、本当にこれができるのか――。それが私の偽らざる実感であった。

軟体動物とは、イカやタコのような、背骨を持たない生々しい生物である。

生命保険会社がいかなる組織なのか、外部から窺《うかが》い知るには大きな困難を伴う。その姿は、まるで巨大な軟体動物のように正体不明で、奇妙な器官形態を持つ生物に見えるかも知れない。

メーカーは、例えば、テレビ、カメラ、自動車という「製品」を作り、それを顧客に提供する。顧客は、「製品」を見て、触り、使い、それを通じて、その企業を知ることができる。

一方、企業側は、その顧客からある評価を得られることで、一定の規律や計画を作り、それに沿って「経営品質経営」が遂行可能だと認識できるであろう。

「製品」の製造過程に顧客評価をフィードバックし、マーケティング、営業、設計、在庫管理、人事といった社内ガバナンス全てに応用し活用できる。社内アセスメントは実行され、「日本経営品質賞」の審査は、それをトレースでき、円滑な評価が可能となる。

しかし、金融機関・保険会社には、目に見える「製品・商品」はない。

生命保険会社において言えば、お客さまが生命保険会社を知ることができる機会は、お客さま接点で起こる事象しかなく、そしてその事象がほぼ全てである。

ご提案・引受時から、保険金お受取り時・満了時に至るまで、我々の商品・サービスに対しお客さまが評価できるのは、営業職員やコールセンター、窓口等と接点を持つ時に発生している事象である。生命保険商品の難解さが、お客さまの評価を一層、困難なものにする。

お客さまをはじめ、社外の方々にとって、生命保険会社という組織が、まさに軟体動物のごとく不可解で、その実態を窺い知れないのは、こうした理由がある。

では、第一生命で「経営品質経営」を実践すれば、一体どういう事態が生じるのか。

全国六万五千名（当時）の職員による約一千万人（当時）のお客さまへの営業・保全活動が日々、行われ、不規則事態が毎日、無数に起きる。マニュアルや規則のみで活動の品質を上げることは事実上、不可能である。

すなわち、第一生命が「経営品質経営」を実践するということは、六万五千名の職員による日々のお客さま接点で起きる事実を把握し、かつ職員は自主的に顧客至上主義的な活動を反射的に実践し、そこから派生する全ての問題を経営層までボトムアップし、組織全体で共有化を図って、解決・改善をし続ける。これをしなければならないということになる。

社外の経営品質協議会によるアセスメントを可能とするには、そもそも社内アセスメントができていなければならない。

だが、生命保険会社である第一生命という組織は、社内アセスメントも容易ではない。全国六万五千名の職員の活動で発生する事象と、そこから派生する全組織のありようをアセスメントすることは、その規模の大きさ、その事象のおびただしさにおいても追跡・事実の把握は困難であり、社内の我々においてさえ、「巨大な軟体動物」なのである。

そのような「経営品質」取り組みが、果たしてできるのか。どう行うのか。「経営品質経営」戦略を打ち出す際の私の直感とは、そのような思いであった。

第一生命という巨大な軟体動物に背骨を通す、すなわち「経営品質」という骨格を第一生命の身体に貫くことは、そもそも絶対矛盾と言ってよかった。

構造化された徹底的顧客志向の精神論と方法論を第一生命という巨大組織に適用することとは、不可能に近い移植手術に違いなかった。

冒頭の「軟体動物に背骨を通す――」と私が櫻井に思わず確認した際の思いとは、不可能そのものの大事業をやらねばならない覚悟と、どうすればそれが可能なのかとの困惑が入り混じった決意であったのである。

しかしながら、迷いを抱えながらも「経営品質経営」を私は決断した。

目標を、創立百周年を迎える二〇〇二年度までの「日本経営品質賞」受賞と定め、我々は想像を絶するような「巨大な軟体動物」に対峙することとなった。

金融機関初の「日本経営品質賞」受賞――終わりなき旅の始まり

我々が「日本経営品質賞」受賞を目指していた一九九七年から、二〇〇一年当時の生命保険業界を取り巻く環境は、全くもって予断を許さぬ様相を呈し、生命保険の歴史上における最悪期といっても過言ではなかった。

それゆえに「なぜ今、経営品質をやらねばならないのか」の根拠を、全役職員に説かねばならなかった。また、第一生命の理念と我々の仕事の目的を思い起こさせ、「経営品質経営」戦略の狙いを明確にせねばならなかった。

超低金利の長期化によって、運用成績が予定利率を下回る、いわゆる逆ザヤの問題は、業界他社同様、第一生命でも解消の目処は立たなかった。収益のバッファーとなる有価証券含み益は減少していた。先にも述べた通り、保有契約高は年を追って減少し、保険収益の減少に歯止めはかからなかった。

我々はこうした状況を打破すべく、「生涯設計」戦略の推進で個人保険契約の減少抑制を図り、経費の徹底的なコストカット策として「収支改善大運動」、続いて「構造革新二ヶ年計画」と抜本的な業務の効率化を進め、資本と内部留保の充実に必死に努めた。

まさに逆風のど真ん中に我々は立っていた。

低金利と営業成績の低迷がさらに長期化するならば、必要な利益は確保できなくなり、契約者配当を減配し、含み益を吐き出し、内部留保の取り崩しという暗澹《あんたん》たる道筋を辿らざるを得ない。

しかし、第一生命にそのようなシナリオは、断じて許されない。

極めて厳しい当時の経営環境下で、全役職員に「経営品質経営」の正当性・緊要性を訴え、第一生命は「お客さま第一主義」を貫き、永遠に安泰であり続ける存在でなければならないことを訴え続けた。「生涯設計」という商品とサービスを通じ、何十年もの長期におよぶ安心を、お客さまに約束する我々が倒れることは決して許されず、その安泰たる姿を示し続けねばならない。そのためには、将来の不確実性や希望的観測を排除しながら、持続的に成長し続ける明確な経営戦略が不可欠である。

その経営戦略とは、各個人・組織が徹底的顧客志向の活動を行う「経営品質経営」戦略であり、「生涯設計」戦略である、と私は職員に語った。

「経営品質経営」は、どれだけ厳しい環境にあっても屈しない、強靭たる会社であるための取り組みであり、全役職員がその実行の当事者なのだと、理解と士気の高揚を促し続けたのである。

作業を開始し、想像を絶するほどの困難とは、まさに我々が直面した事態のことを言うのだと私は感じた。

やり終えたあと、あれほどの作業を他の生命保険会社、金融機関が行えはしないだろうとさえ思った。

ともあれ、第一生命は、社内アセスメントの全てを完遂し、「日本経営品質賞」の申請を行った。二〇〇一年六月のことであった。

そしてついに、同年十一月、第一生命は「日本経営品質賞」を受賞した。

「日本経営品質賞」受賞時の森田社長による講演

金融機関初の快挙と讃えられたうえ、創立一〇〇周年までの受賞という目標を一年、前倒ししての受賞に、社内は大いに興起した。

この「日本経営品質賞」の受賞によって、第一生命は、「経営品質経営」戦略に対する確固たる自信を深めたと私は思う。業界における相対優位という形としても、明確にその成果は表れた。

そして受賞によって、徹底的顧客志向という価値観が、第一生命の持続的成長を掴む絶対的な行動原則であること、また、創業来掲げ続けてきた「お客さま第一主義」の理念が、真の意味で実践されている否かを、客観的に確認するための仕組みが「経営品質経営」であることを、我々は改めて確信したのである。

私が社長を退いた後も「経営品質経営」戦略は、後任の斎藤社長時代には「コーポレートブランド向上経営（CSR経営）」戦略と称され、現在の渡邉社長は「DSR経営」戦略と表現されながらその本質が継承され、徹底的顧客志向の「経営品質」姿勢こそが、第一生命の成長の原動力となることを証明し続けていると思う。

さて、第一生命にとって「経営品質」という背骨は通った。

だが、それで話は終わりではない。

「経営品質経営」戦略すなわち、今日における第一生命の「ＤＳＲ経営」戦略は、「終わりなき旅」とも表わされるが、まさにその通りで、永遠に組織を磨き続けねば全く意味をなさない。「経営品質経営」戦略の真の意味における難しさとは、その永続性の中にある。

しからば「経営品質経営」戦略を永遠に遂行していくうえで、一体何が肝要なのか。

その解は、軟体動物などと形容し、実像の見え難い第一生命が「日本経営品質賞」を受賞できた要因の中に、私は見出している。

受賞の決定的な要因は「生涯設計」という思想にある。

日本経営品質賞委員会の審査員は、第一生命のあらゆる組織階層――本社機構・部、支社、支部（現・営業オフィス）の現場に出向き、審査を行った。そこで職員に聞き取り調査を実施した。

「なぜ、そうしたのですか？」と、その勤務姿勢の意図、その活動の意識について審査員は質した。

第一生命の職員の答えは、皆、一貫していた。

職員たちの答えは全て、「生涯設計」の価値観に根ざされた所為であることの一点に終始したのだという。

審査員の評価は、第一生命という組織の、どの階層のどの役職員においても、その仕事の行動指針に「生涯設計」が浸透していることを証した。

「日本経営品質賞」アセスメントの大きな柱のうち、特に重要視される「リーダーシップ」と「社内の意思疎通」という重要項目は、「生涯設計」という顧客志向の思想が組織全体、隅々の個人にまで、立方体に拡散する糸のようにつながれていたがゆえに客観的に確認された、と私は考える。

別の言い方をすれば、「生涯設計」は全役職員に浸透し、徹底的顧客志向の「経営品質経営」戦略の基盤として機能していたのである。

つまり、第一生命が「日本経営品質賞」を受賞できた最大の理由とは、「生涯設計」という思想・戦略が、とらえどころのない第一生命という巨大組織の経営を可視化する経営の補助線になっていたということである。

「生涯設計」が存在しなければ、社内そして社外の審査員ともに、何を第一生命の「経営の魂」と見ていいのか、全く不明であった可能性は高い。

もし「生涯設計」が存在しなければ、「経営品質経営」戦略は抽象論に終始し、頓挫《とんざ》していた可能性すらある。

しかし、「生涯設計」という「経営の魂」があったことで、第一生命自体も、審査員も、「第一生命の正体は何か」を知ることができたのだと私は思う。

我々が「経営品質」のアセスメント基準書に向かい合った時、お客さまのための活動である「生涯設計」が経営の補助線としてあったがゆえに、我々の眼に、改善すべきものは歴然とした形を伴って見えた。

日本経営品質賞委員会は、第一生命の組織の隅々に「生涯設計」という経営の補助線が見えたことで、第一生命の絶対不動の理念である「お客さま第一主義」の精神が、各活動の根幹にあることを認めることができた。

これが客観的事実であったと私は思う。

株式会社化し、グローバル生命保険グループへの道を歩みだした第一生命は、今後、数知れない未知との遭遇に立ち向かわねばならないであろう。

国際社会への進出に伴う異文化との邂逅《かいこう》、市場経済型の生命保険会社としての企業価値創造のための暗中模索、止むことのない生産年齢人口減少問題など、経営環境を揺さぶり、成長を妨げる不測事態、突発的事象に第一生命は必ず見舞われる。

そこで、第一生命の経営を支え、成長への機会を創造するものが、「経営品質経営」戦略、すなわち今日の「ＤＳＲ経営」戦略である。

未知なる困難に出会った時、それを越えてゆくために役立つものは、マニュアルや手練手管ではない。徹底的顧客志向という原理原則以外に我々が頼るべきものはない。

「経営品質経営」とは、あらゆる事態に応用でき、採るべき方策を見出すための第一生命流の徹底的顧客志向による原理原則であり羅針盤なのである。

では、いかにして、第一生命はこの「経営品質経営」という終わりなき旅を歩み抜いていくのか。

「生涯設計」に己の魂を込めることだ。

第一生命は、まず「生涯設計」をもって、いつも己が何者であるかを確認し、己自身を見失わないための行動指針としなければならない。お客さまに最高の安心をお届けしなければならない。

第一生命人は、次に、第一生命の存在理由を「生涯設計」とその販売・保全活動によって社会に、お客さまに明快に語らねばならないということである。

この二つの行為こそが「経営品質経営」戦略の絶対条件となる。

第一生命は生命保険事業を通じ、お客さまをこれからも守り抜いてゆかねばならない。

第一生命人の胸の奥に秘められていた「お客さま第一主義」の精神を、組織全体の知として綜合する「経営品質経営」は、必ずあらゆる場面でこれからの第一生命を支え、お客さま、社会を支える。

「お客さま第一主義」という見えざる精神を、知の体系として顕在化させ、新たな時代の第一生命人の行動原則とするための変革が、いわば「経営品質経営」であったのだと私は思う。

いかなる時代、いかなる環境においても、第一生命は「経営品質経営」戦略を決して手放してはならない。

各現場の第一生命人が、徹底的に「お客さまのためにあろう」と思い続け、「経営品質経営」を行い続けるならば、第一生命は成長し続け、全てのステークホルダーに必ず認められるはずである。世界各地の社会、地域、お客さまに必ず認められる存在でいられるはずである。

なぜか。

我々を取り巻く全てのステークホルダーの負託にお応えし、持続的に成長していくことが第一生命の使命であり、我々はその責任を果たすことで、社会の一部となれるからである。

「第一生命の保険金支払い問題」に顕在した「経営品質経営」の課題

二〇〇五年二月、生命保険会社一社と損害保険会社一社に保険金不払いが発覚し、「保険金不払い問題」が社会問題化した。

金融庁の行政処分が発動され、社会からの保険に対する信頼を揺るがす深刻な事態を引き起こした。

この問題発生時、会長に任じていた私が見た「経営品質経営」との連関について、私見を述べておきたいと思う。なお、保険業界における「保険金不払い問題」の概要については、斎藤会長の詳説で補足いただきたいが、第一生命を含め、ほとんどの生命保険会社で発生したのは、「保険金支払い問題」である。

それは、意図的な「保険金不払い」ではなく、保険事故発生時に請求されるべき保険金等が請求されなかったことに起因する、保険金等の支払い漏れが事の本質であった。ほぼ全ての生命保険会社の「支払い漏れ」の原因は、いわゆる「請求勧奨漏れ」と呼ばれたものである。

「経営品質経営」で徹底的顧客志向の経営を目指していた第一生命にとって、痛恨の出来事とはまさにこのことであった。

「第一生命ともあろう会社がなぜ?」という問いかけも、いくつかの消費者団体から寄せられた。「経営品質経営」を為し、「徹底的顧客志向に基づく経営革新」を経営の背骨とする第一生命において、なぜ、このような問題が発生したのか。それを検証しなければならない。

第一生命は、なぜ「支払い漏れ」該当契約を看過してしまったのか。その理由は、お客さま対応の視線の向きが、「支払いの正確性、迅速性」に集中していたことにあった。
「保険金支払い問題」の発生以前の支払部門の価値観の中心は、請求を受けた保険金等を正しく、早く行う事にあった。約款上五日以内とされている支払いを、平均三日程度で処理する事に大きな価値を置いていたように思う。

現場の担当者が日常業務で請求漏れを把握する事もあったようだが、それはその都度の解決にとどまり、全ての契約に潜むリスクとしての認識を持つまでには至らなかったのである。

潜在リスクとして「支払い漏れ」を職員が認識し、組織で共有が為されなかったことは、第一生命にとり、大変な落とし穴であったと言わざるを得ない。この失敗を経験した以上、再び同じ落とし穴に落ちないよう肝に銘じなければならない。

無論、この失敗を経て、支払いに関するシステム、業務体制の再構築が行われ、再発防止態勢を整えたが、重要なことは、その先である。

企業経営には、常に未知の課題が降りかかるものである。新たなる課題が現れた時、組織としてどう対応すべきなのか。まさに「経営品質経営」によって、絶えざる経営革新を続けて組織を磨き続け、完璧な支払態勢が整えられているのかを常に監視し、改善していかねばならない。

「経営品質経営」を行い、現場の担当者が、日常業務の中である問題点に気づき、あるいはそれを見過ごさずに、組織内でいかに問題意識を共有するのか。経営層へとそれをいかに届け、潜在リスクを顕在化させないためにはどうすればよいのか。そのための原則とは、次のようになるであろう。

①組織の一人ひとりが、自己の業務周りで発生する不規則事項や異常事態に対するアンテナの感度を磨

くこと。

②その情報を個人の中に死蔵せず、組織内で共有するためのルールとルートを確立すること。

③その情報が経営トップに上がる風土を確立すること。

「経営品質経営」とは、定型的な基準やアセスメントポイントをなぞれば、自動的に課題が達成されるというものではない。「経営を革新する」という根本的な魂と、変転する情報への的確な対応があって、初めて成り立つものである。

この「保険金支払い問題」は、「経営品質経営」を背骨としていた当社にとって、お客さまからの信頼を揺るがせかねない重大な問題であった。猛省すべき事態であったが、検証作業のために結集された全社一丸のエネルギーと集中力は、手前味噌であるが、感嘆すべきものであった。

「雨降って地固まる」「災い転じて福となす」の例え通り、全役職員のお客さま志向への執念を焕発《かんぱつ》し、第一生命の「経営品質経営」を前進させるための組織力を高めたことも、また事実であった。

第一生命の組織力と人財力によって、徹底的なお客さま志向に基づく支払い完了、検証作業が為され、支払態勢の整備が格段に強化されたことを最後に強調しておきたい。

「経営品質経営」総論1 経営の魂

二〇一二年十二月、経営品質協議会の代表に私は就任し、現在まで現職に任じている。経営品質協議会の職務はこれで二度目を数える。一度目は、一九九七年から七年間、第一生命の社長就任中に務めていた幹事としての仕事であった。

経営品質協議会幹事として私は、会員企業、そして第一生命が、いかに「日本経営品質賞」を下敷きとした経営枠組みを取り入れながら経営を行ってきたかを、ごく間近な場所から長年にわたって見ることになった。

その実相を知る者として、私なりの「経営品質経営」論を記してみたい。「経営品質協議会」及び「日本経営品質賞」と日本企業との関わり、広義の「経営品質経営」観が知られることで、第一生命を含めた日本企業が「経営品質経営」戦略によって、いかに終わりなき旅を続けていくのかの、一つの指標となればと思う。

まず「経営品質経営」を成功させる最大要因は何か、という話から始めたい。

ある企業が、「経営品質経営」という経営枠組みを取り入れ、顧客志向の企業活動によって、持続的な成長を遂げたいと考えたとする。

「これはいいかもしれない」。そう考え、取り組みを始めたとする。しかし、どうなるか。

残念ながら、この程度の意識のみでは、「経営品質経営」は成就しない。

では、「経営品質経営」で持続的成長を果たすような構造革新を、実際に果たすためには、一体何が必要なのか。

それは二つある。

一つは、「経営品質経営」取り組みに「何を目指すのか」という厳然たる志、魂が込められているのかどうか、すなわち「原理原則論」を持つことである。

これがなければ、厳しい環境下に置かれた時、目先の業績の追求に甘んじ、「経営品質経営」は徹底力に欠け、成果はついてこないであろう。「経営品質経営」の普及を妨げる最大のネックは、持続困難性にある。

私が幹事として着任した一九九七年、「経営品質協議会」発足後間もない頃には、会員企業の「経営品質経営」への意欲は熱気に溢れていた。

「失われた十年」の只中にあったが、まさかそれが「失われた二十年」に拡大するとは知らず、「バブル経済崩壊で落ち込んだ経済に立ち向かおう」『経営品質経営』を実践し、企業経営を立て直そう」という意欲が、この時は横溢していた。

錚々《そうそう》たる日本企業が会員として名を連ねていた他、地方の協議会も次々と設立され、会員企業数は増加した。これが一九九七年当時の「経営品質協議会」のありようであった。

このあと私は、第一生命社長退任とともに、経営品質協議会幹事を辞した。

二〇一二年に再び経営品質協議会代表として戻った時、そのあまりの変容ぶりに私は唖然《あぜん》とした。会員企業数が激減していたのである。あれほど熱気に満ちていた企業の多くが姿を消し、「経営品質経営」から離脱していた。ある面では、無理もなかったとも言える。

バブル経済崩壊の後遺症の甚大さに、企業は抗しきれなかったのである。バブル経済の崩壊により、日本の金融資産と不動産は、約一六〇〇兆円、ＧＤＰ三年分を失うという、世界に例のない凄まじいダメージを負い、そこから何とか抜け出そうと企業はもがいたのである。「失われた二十年」を指して「日本企業はダメになった」とよく総括されるが、私はむしろ、「よくぞ生き抜いた」と表現する方が適切であると思う。

会員企業の中でも、特に典型的であったのはメーカーであったが、「経営品質経営」に着手した当時、「これで経営を立て直すのだ」と、確かに一部のメーカーは考えていた。だが、まさか二〇年にわたって経済が低迷し続け、自社の経営悪化の火消しに追われ続ける状態に陥るとは誰も予想していなかったのである。

「経営品質経営」の取り組みは、これまで明らかにした通り、「徹底的顧客志向に基づく経営革新」を行うことであり、組織の隅々までを、「顧客満足」の観点で根本から磨き直す作業を行うことである。

その成果は一朝一夕に現れるものではなく、何年もの時間と多大な労力を要求され、強靭な忍耐力が必要な取り組みとなる。

成果が即、現れない「経営品質経営」の取り組みに打ち込む余裕などない会員企業は、「失われた二十年」の間に、己の事業の原理原則から目を逸らし、「経営品質経営」を手放してしまったのである。

実態として、「経営品質経営」取り組みの優等生であった企業ですら、目先の本業の立て直しに必死で、燃え拡がる火勢をとにかく鎮火せねばならなかった。企業は売上を上げ、業績の落ち込みを回復させることを最優先する。この火消しに追われ、じっくりと経営を立て直す以前に、どうやって潰れないように経営を行うのかに、各企業は専念しなければならなかったのである。

つまり、長引く厳しい経営環境下に置かれる中で、己は何を為すのかの「原理原則論」「経営の魂」を見失ってしまったことが、「経営品質経営」の失敗の要因であった。

「経営品質経営」総論2 分析論

「経営品質経営」を成功させる二つ目の要素は何か。

「経営品質経営」を、どう行うのかの「分析論」を持つことである。

実は、それを物語る一例が、「経営品質経営」のお膝元である「経営品質協議会」組織の様相に現れた。

私が二〇一二年に代表として戻った時、会員企業が激減していたことは先に述べた。会員が減少することは、この運動の衰退を意味する。

私は事務局に「今まで何をしていたのか」と正面から問わねばならなかった。

「経営品質経営」を指導・評価しなければならない「経営品質協議会」は、まさにその知見と経験と戦略によって、PDCAサイクルを回し、自身の問題を改善せねばならなかったところを、呆然と衰退を見過ごし、会員数を減少させてしまったのである。

「経営品質協議会」が何よりも優先して行わなければならないことは、会員数減少の食い止めであることは明白だった。

一年目、私は、目標とする会員数をまず、明確にすることを求めた。しかし、目標を掲げただけでは成果を得ることはできない。具体的な「分析論」「活動論」がここで必要となる。

どう会員数を増加させるのか、その方法について検討を行った。「経営品質協議会」の本分は一体何かを明らかにし、徹底的顧客志向に基づく分析によって、具体的な活動を明確化した。企業に対する研修、企業へのソリューションの提供等々の活動という解が導かれ、それを実行していった。接点を持った企業には、フォローを徹底した。経営品質協議会の企業価値を高める活動に集中した。

そして、会員になろうと考える企業に、魅力を感じさせるような施策を打ち出した。

企業に対し、「経営品質経営」は、膨大なアセスメントを行うために煩雑極まりなく、実行困難な取り組みだと思わせるのではなく、まずは取り組んでもらい、その成果の「味」を知ってもらおうとした。「経営品質経営」戦略の真髄は、実行されなければ理解されない。

これは、親が子供に身体に良いから野菜を食べさせようとしてもなかなか食べないが、調理に工夫を凝らせば、美味しいと口にし、栄養を摂らせることができることと同じである。会員企業となり得る対象に、「経営品質経営」は美味しく（実行でき）、身体にいい（成長を促す）ことを理解してもらうような、啓発活動を行っていった。

私が事務局に対して求めた経営品質活動のイメージの打ち出しは、「美味しそう、できそう」ということであった。

ここで、事務局の名誉のために付言するが、私の役割は代表就任時の現状に対して警鐘を鳴らしたところまでであって、先に述べたような具体策の実行主体は、大川幸弘事務局長以下の事務局であった。彼らの理解力と実行力には、本来の役割に立ち返った、本領発揮の感があった。また、協議会組織の見直しから生まれた「普及推進委員会」「事業委員会」の活動成果と、それを指揮された荻田伍副代表（当時・アサヒグループホールディングス会長）、橋本孝之副代表（当時・日本アイ・ビー・エム会長）のご貢献にも深く感謝しているところである。

結果は、歴然と現れた。

二〇一三年度、会員数の減少を食い止め、今日では若干だが、増加に転じている。

明らかに、活動を明確化した「分析論」「活動論」が奏功したのである。

ここまでに見てきたように、「経営品質経営」の要点とは、「本気でこれをするのだ」という魂の明確化、すなわち「原理原則論」を持つことと、企業の価値観に根ざした実践的かつ具体的活動を明確化する「分析論」「活動論」が必要だということである。

「経営品質経営」の難しさ、特に、入り口におけるネックは、「原理原則論」、すなわち「経営の魂」をもって臨めるのかの一点に集約されると言ってよい。

厳しい経営環境下に置かれた時、経営者は、企業が倒れてしまえば元も子もないと焦り、根本的な組織の立て直しより、目先の業績追求を最優先してしまう。己の事業をもって何を行うのかの「原理原則論」を見失ってしまう。

だが、経営者は、常に落とし穴に落ちれば這い出し、火事になれば火を消しながら、長期的な成長を目指さねばならない。

「弁証法経営」によって、今年、来年を生き残るための方策と、十年後、二十年後の未来も生き続けるための長期戦略である「経営品質経営」の双方の取り組みを粘り強く合一させ、止揚させねばならない。

第一生命においては、まさにその意思決定が「生涯設計」と「経営品質」の二つの戦略であった。

再度、「経営品質経営」の本質とは何か。

絶え間なく変化し続ける経営環境の変化の中で、「経営の魂」を失わず、その事業を行うことで地域に社会に「一体何をしたいのか」を追求し続けることである。

形式的な「経営品質経営」のための「経営品質経営」であってはならないのである。

徹底的顧客志向の経営革新を行おうと目論み、一定の基準やルールを設け、それにしたがい、追っているだけでは、結局のところ、企業の体質は変わらない。組織をピカピカに磨き上げれば、それでいい経営を行っていることになるのではない。

「経営品質経営」取り組みにおけるアセスメントという難しい概念を、一般的なマニュアルと対比して考えてみれば、「経営品質経営」の本質は明快である。

完璧な経営マニュアルを作り、全てのチェックポイントを達成すれば、卓越した経営が成立するのであろうか。

それはノーである。

経営改善に終わりはない。

目先の経営課題は刻一刻と変化し続けるが、マニュアルはそれに対応し、解を示しはしない。

いかなる環境変化が起きても、変わりようがないものが「経営の魂」である。

「我々は自らの事業を通じ、社会に対して何を成し遂げるのか」

この問いを持つことによって、初めて本物の「徹底的顧客志向」の実効的な手立てを手にすることができるのである。経営に魂を込めるとは、そのような経営のことを指している。

明確な使命、目的を追求する意志がなければ、所詮、全ての「経営品質」取り組みは血の通ったものになり得ない。永遠に「顧客志向」の経営を行い続けていくとき、唯一頼みとなるのは、「経営の魂」であり、企業の「原理原則論」ということになる。

「経営品質経営」総論3

新たなる優先課題「つなげる、つながる」

最後に、今後の「経営品質経営」の課題について考えたい。すなわち、第一生命にとっての課題ということにもなる。

一つ目は、「『横風対応力』を備えよ」ということである。

近年の日本における経営不振に陥ったメーカーの姿は、「経営品質経営」のありように疑問を呈すものでもあった。

ある企業は「経営品質」を経営枠組みとして取り入れ、目に見える形で、その効果を上げていた。顧客志向の価値観に根ざした社内のモラールアップが図られ、ボトムアップ運動によって、問題意識は全社的に共有化されているはずであった。ところが、製品の売上が落ち込み、業績は低迷してしまった。

この原因は何であったか。

「経営品質経営」の取り組みをしっかりと実践していても、不意の横風に煽られれば、企業経営は揺らいでしまうことがあるということである。つまり、「横風対応力」を十分に備えていなかったのだ、と私は考えた。

いかにすれば、この横風に対応できたのか。

それは、企業が迅速に、「横風」の予兆に気づくためのアンテナを磨くことである。

企業経営における大きな錯覚は、「社長は、経営の全てをわかっている」という思い込みである。しかし、そうではないのである。社長が横風の気配に気づけないことがあるのは、むしろ常識である。

したがって、従業員が知っていることを、社内で共有化できているのか。従業員の気づきが経営者にまでボトムアップされているのかが「横風対応力」を高めるための方策となる。

「横風対応力」を高めるポイントは次の三つとなる。「保険金支払い問題」の頁で述べた「経営品質経営」の三原則である。再び記しておく。

①組織の一人ひとりが、自己の業務周りで発生する不規則事項や異常事態に対するアンテナの感度を磨くこと。

②その情報を個人の中に死蔵せず、組織内で共有するためのルールとルートを確立すること。

③その情報が経営トップに上がる風土を確立すること。

このことに意識して取り組まねば、「経営品質経営」は、万全とは言えない。長期にわたる持続的成長の重要な要件とし、活かしたい。

次に挙げる課題は、社会、地域とのつながりをいかに結ぶかということである。

日本の人口減少は、少なくともこれから数十年止まることはない。

近い将来の少子化を食い止められる有効な方策はなく、日本は、避けがたい人口減少社会を進んで行くことになる。生産年齢人口の減少も、あと五十年は止まらないであろう。

この人口減少社会において、第一生命と同様、多くの企業はますます海外に進出せざるを得なくなるであろう。「国内にもビジネスチャンスはたくさん残されている」と言う生命保険会社があるが、「いつまでもたくさん残されている」と私は考えてはいない。

先述の通り、生産年齢人口減少社会下における保有契約の減少は御《ぎょ》し難く、長期契約をお客さまに永遠に履行し続けるためには、第一生命は、国内も、そして国外にも目を向け、手足を伸ばさねばならない。

無論、第一生命の本拠地は日本国内であり、たとえ人口八千万人時代が到来しようとも、第一生命はお客さまを守り続け、お客さまに選ばれるための卓越した経営を志向し、生き残ろうとする。

そこで、人口減少社会における日本国内で、「経営品質経営」戦略をいかにとらえるのか、という話になる。

徹底した「経営品質経営」を成し遂げ、完璧なる徹底的顧客志向の組織を構築したが、製品・商品・サービスを販売する相手がいなくなってしまった。これでは企業は倒れる他なくなる。

ひたすら組織を磨くだけでは、生き残ることはできないということである。

これからの「経営品質経営」の重大なテーマは、人口減少社会でいかにお客さまを見つけるのか、ということなのである。これが時代の要請なのである。

日本の地方都市は、加速度的に過疎化し、お客さまは減少している。企業は、どうすればいいのか。

経営品質協議会では、「つなげる、つながる」という視点で、新たな次元のお客さま接点を創造し、より広範にお客さまとのつながりを広げていくことを提唱している。

これまで、第一生命をはじめとする生命保険会社や日本企業は、お客さまを大事にし、お客さまからの評価を社内で共有化し、製品・商品・サービスに活かすことを経営の主眼としていた。

しかし、もうそのような手法だけでは通用しないということである。

新たなお客さまとの何らかのつながりが必要になるということである。例えば、農業における六次産業化のように、生産者が、加工、流通、販売業者を独自につなげ、新たな顧客を開拓し、増やしていくような取り組みを行わなければ、企業は生き残ることは難しいであろう。

これまでのお客さまだけでなく、新たなお客さまに選ばれる企業にならねば、早晩、経営は立ち行かなくなるということである。

振り返れば、第一生命が行った数々の提携とは、まさにこれであった。業界を超え、「つなげる、つながる」ことによって、自社で開発困難な商品・サービスを手に入れ、相互にお客さまの裾野を広げてきたということである。

今日、第一生命は、日本各地の行政・企業と提携し、医療、介護、健康等々の分野で社会・地域の人々に貢献活動を行っている。こうした地域貢献活動の中に、お客さまの裾野を広げながら生き残っていくという今後の「経営品質」取り組みの一つの姿がある。

第一生命が全国で展開している地域貢献活動は、地域社会との共生を目指す取り組みだが、そこから即、成果を求めようという意図はない。だが、そのような地域貢献活動は、「第一生命の魂」を地域の人々に遠からず伝えるだろうと私は思う。

「お客さま第一主義」という第一生命の志や、社会の一員としての責任を果たそうという意思は、共生を目指す地域貢献活動の中で社会に拡散され、やがて、第一生命は、多くの新たなお客さまとのつながりを結ぶことになるはずである。

人と人とが結ばれなければ、企業経営はそもそも成り立たず、人と結ばれるためには、その企業の「原理原則論」が、社会に調和し、資するものでなければ、お客さまに受け入れられるはずもない。

「経営品質経営」戦略の本質は、その企業に宿されている「経営の魂」の追求に他ならない。どのような時代であれ、どのような国、地域であれ、健全な「経営の魂」があれば、あらゆる課題や障害は、社会とのつながりの中に克服されるだろうと私は思う。

未来に向かっていく企業の持続的な成長の鍵は、「本業を通じ、何を社会に成し遂げるためなのか」という「経営の魂」「原理原則論」を持って、死力を尽くし、仕事に当たることである。そして、企業の内側から外側を見るだけではなく、社会という外側から企業の内側を見るという視点を持つことである。

その視点を持ち、生命保険によって、お客さま、地域、社会に真の安心をお届けし続けていかねばならない。第一生命の「経営の魂」、企業として存在する理由とは、その所産に他ならない。

※3 「綜合」 複数の事柄を単に一つにまとめる「総合」ではなく、矛盾する諸要素を対立や摩擦を通じて、発展的に統一・解決すること。

※4 「アセスメント基準書」 日本経営品質賞委員会が提供する組織を変革するための思考の枠組み。

第一生命保険株式会社
［会長］斎藤勝利

第二章

暗黙知を形式知へ

「次の百年へ、決断の秋《とき》」

1　第一生命の「形式知」を創造する

第一生命のサンクチュアリ

二〇一〇年七月十日、ロンドン・ヒースロー空港に、我々を乗せた航空機は着陸した。

第一生命の新社長になるとともに生命保険協会長に就き、多忙を極める渡邉社長を代行し、会長である私は、ＩＲ活動のために渡英の旅に出た。若い担当者が随行していた。

「あれから、ちょうど三十年か……」私は独り言《ご》ちた。

「えっ、なんですか？」

三十年前のまさに七月十日というこの日、ロンドン駐在員事務所の開設を命じられ、私はロンドンの地を踏んだのだった。それから五年間、現地の日系企業を相手とした融資、そして英国国債投資などの運用業務に私は明け暮れた。

三十年間の日々が、不意に機窓を駆け巡った。

三カ月前の四月一日、日本最大の株主数を生み、世間の耳目を驚かせた第一生命の株式会社化と新創業は、誇らしかった。社長として挑んだ実現までの道程を思い、再び静かな達成感が蘇った。

相互会社の始祖として百年以上の歴史を有す第一生命の、株式会社への体制転換であった。

「相互会社」からの転換は、第一生命人にとって、ある意味では禁じられたサンクチュアリ（聖域）への侵入であった。突如起きた有無を言わさぬ改宗論と解され、役職員に動揺を与えたとしても無理からぬ、強烈な思想的変革だった。

創業者が遺した真の「お客さま第一主義」なる会社のありようへの理解を促すと、役職員は即、合点し、全社一丸と化して新創業に漕ぎ着けることができた。

東京証券取引所で、上場を告げるあの鐘が叩かれる時、第一生命は、新たな社長の手で、高らかに鐘の音を響かせねばならない、と私はかねてより考えていた。

新たな体制を新たなリーダーが率いて、「第一生命は変わった」ことが、広く社内と社外に知られる一大イベントとせねばならなかった。職員を驚嘆させた渡邉社長への突如の社長交代は、そのためのシナリオであった。

それらがうまくいったのだ、と私は安堵していた。

「そうだ、もう三十年も経ったんだ」と、入社時以降の思い出が蘇ってきた。

入社時の配属先は有価証券課株式係で、機関投資家としての第一生命の株式運用を担っている組織で、「株式」を肌身に触れて過ごした毎日だった。その後、ロンドン駐在や国際企画部長時代に多くの海外生命保険会社との交流を通じて、グローバルな生命保険会社のありようを見続けてきた。そして、調査部長時代に生命保険協会長会社の担当部長として、保険業法改正を巡って、当時の大蔵省との折衝等を経験したが、この改正で株式会社化を可能とする条項が整備されることとなった。

この保険業法改正の頃、世界的にはアメリカ、イギリス、カナダ、オーストラリア等で、大手の「相互会社」が陸続と「株式会社化」していった時代であった。とりわけ、アメリカでメトロポリタン生命、プルデンシャル生命の二大生保が二〇〇〇年代に入り、株式会社化したのは、グローバルに生保会社の動向を見ていくことをミッションとしていた身としては看過できない動きであった。株式会社化を可能とした保険業法改正に担当者として立ち会った身としては尚更であった。

株式会社化の決断は後に述べるような状況の下でなされたものであったが、今、振り返ってみれば、先に記したような私自身の社内歴がベースになっているようにも思えてくる。こうした社内でのキャリアを辿っていなかったら、果たして株式会社化の決断に至ったのか疑問にも思えてくる。そういう意味では、「第一生命」という会社自身が、私をして株式会社化をさせるための社内歴を歩ませたとも思えてきたりもする。

「斎藤さん、三十年前に戻りたいのではないですか?」と、若い担当者は笑った。

「そうだな……」私は一瞬、それはいいと思ったが、即、口を結んだ。再びあの三十年をやるのか。

「いや、私はもういいや……」と、私は言った。

この日から、早くも五年の星霜《せいそう》を数えた。

現在、グローバル生命保険グループへの登坂を着々と進める第一生命の軌跡は、まさに勇躍というほかない。

生産年齢人口減少社会を迎え、尋常ならざる速度で確実に市場が縮小する国内、そして未知なる国外に進出して収益力を高め、お客さまをしっかり守り続ける生命保険会社として、第一生命は、歴然たる存在感を示し続けている。

「チーム渡邉」の結束力がもたらした、鮮やかなる成長である。

「経営品質経営」各論1

「マルコム・ボルドリッジ賞」との邂逅

「チーム渡邉」——第一生命の今日のこの成長要因は、何であるのか。それは、紛れもなく徹底的顧客志向による「DSR経営」にあると私は考える。森田社長時代の「経営品質経営」は、私の社長時代に「コーポレートブランド向上経営（CSR経営）」と改称し、さらに渡邉社長は現在「DSR経営」と名称を改め、森田特別顧問が創造した「経営品質経営」をより緻密に、より大きく成熟させながら継承している。

一九九一年に調査部長に任じて以降、そしてその後の社長在任中は、「経営品質経営」という武器を手にし、第一生命流の大変革を行い、国内生命保険会社の追随を許さぬ速度で、グローバル生命保険グループへと続く道筋へ、第一生命が大きな一歩を踏み出した時期であった。全てが首尾よく進み、輝かしい成果を手に入れ続けていたわけではなかった。厳しい経営環境に抗し、もがき苦しみながら、生き残るための様々な意思決定が為された。

当社における「経営品質経営」という戦略の誕生。一つの到達点である「日本経営品質賞」受賞までの取り組み。二大戦略のもう一つである「生涯設計」戦略の一環であった他業界会社との画期的な業務提携。恥じ入るべき出来事であった「保険金支払い問題」への対応。そして歴史的大転換であった株式会社化。「経営品質経営」という戦略の遂行は、こうした事象とともにあり、こうした事象の中で磨かれ、その戦略の確度を高らしめた。

その実相を知る者の体験が記録されることは、第一生命にとって価値のあることだろう。第一生命の行ってきた「経営品質経営」の中でも、私が体験した「経営品質経営」とその周辺について、私なりに振り返っておきたいと思う。

「経営品質経営」という徹底的顧客志向による経営革新を図る戦略の担当を命じられたのは、一九九五年、私が調査部長の時だった。

第十代社長の故・櫻井孝頴から経営品質協議会の幹事を継いだ当時、森田社長（現・特別顧問）より『日本経営品質賞』を立ち上げるようだ。研究するように」との指示が与えられた。

新たに立ち上げられるというこの賞が一体何であるのか、全く正体不明であった。数ある社内運動の一つのようにも思えた。

だが、その疑問は、たちまち晴れることになった。

一九九八年二月、「日本経営品質賞」がその精神と方法論を模範とした米国の「マルコム・ボルドリッジ賞」の受賞企業報告会が行われるとのことで、我々は視察団を作り、訪米した。

「マルコム・ボルドリッジ賞」とは、品質改善の功績を讃え、米国産業界に品質改善意識を図る国家的経営戦略であった。

一九八〇年代、レーガン大統領政権下の米国は、米国の国際競争力が低下している様々な要因中の最大理由は、日本製品に対し、米国製品が品質で劣っていることにあると着目した。

日本企業の製造現場に学び、ＣＳ（顧客満足）価値を基軸にした経営品質向上取り組みを国家戦略として行い、米国経済の立て直しが試みられていった。この運動の主導者の一人であった、時の商務長官マルコム・ボルドリッジ氏の急逝により、氏の名が冠され設立された賞であった。

受賞企業報告会に参加した我々は、凄まじい熱気に圧倒された。

「経営品質」の改善について、全米中から集まった千七百名もの企業人たちは、猛烈な議論をしていた。「経営品質」向上に賭ける意気込みは、紛れもなく本物であった。私は大いに感銘した。

「どうも、うちの会社はいいところに目をつけたのではないか……」

帰路の機上で私はそう思った。

生命保険業界のみならず、ほとんどの日本企業は、未だこの戦略には手をつけていなかった。どこよりも先んじたこの「経営品質」取り組みに本腰を入れたならば、第一生命は「お客さまに選ばれる企業」に向かって猛々しく前進でき、他社の何歩も先へと歩を進められると私はこの時、確信した。

「経営品質経営」各論2

クオリティー・ジャーニーの夜明け

一九九九年四月、「経営品質経営」戦略の主宰組織となる「品質向上委員会」とその事務局が正式に立ち上げられ、私は副委員長としてこれに加わった。

まさに手探りで、第一生命の「経営品質経営」取り組みのための基盤作りに着手した。

まず、第一生命の組織全体に対するセルフアセスメント（自己評価）を行っていった。

次に、「日本経営品質賞」への申請に向けた取り組みを、「目標」として定めた。この戦略の当面のゴールが、同賞への申請を前提とした取り組みであると位置付けたことは、具体的かつ緊張感を伴った運動とするためであった。

「経営品質経営」の効果を、私はすぐに実感した。

募集要項に沿い、自己アセスメント課題に、実際の組織運営を照らし合わせる作業を進めた。

すなわちこれが「経営品質」の経営枠組みを経営に取り入れるということを意味する。

「アセスメント基準書」の冒頭に書かれている「経営幹部におけるリーダーシップ」から連なる全カテゴリーに、組織運営の実態を当てはめ、一つずつ検証していった。

最終目標と定めた「日本経営品質賞」への申請では、徹底的顧客志向による経営プロセスが組織内部でいかに機能し、実際の成果はどうであったかを自己評価し、各論と総論にまとめた。

文章に書き現された「第一生命像」は驚くべきことに、そこで働く私の知らない組織のように見えた。

「第一生命とはこのような会社だったのか」。そんな発見があった。

普段、気づくことができなかった様々な組織の弱み、課題が浮き彫りとなって顕在化していた。「経営品質経営」を実践することで得られる最大のメリットとは、組織に秘されて、特定困難となっている弱みや課題の顕在化であった。

「経営品質経営」を通じて経営革新を図りたいという我々の狙いは、万全とは言えないまでも社内の大きな運動として定着した。

役職員や経営幹部が集う会議、研修、イベント等で、「『経営品質』とは何か、なぜ『経営品質』なのか」について丁寧に説明し、重要性を説き、意識と行動への変革を促した。役職員たちは、それぞれの持ち場で「経営品質」課題に向き合った。役職員を活動へと突き動かしたものが何であったのかは、後ほど明らかにしたい。

およそ二年間をかけ、当時の我々なりに「経営品質」の社内普及運動をやり遂げた。

そして全社運動と化した「経営品質経営」は、いよいよ「日本経営品質賞」の申請に漕ぎ着けた。ただし、我々の取り組みの成否がいかほどのものであるのかを試すための機会としての意味合いが大きかった。

第一生命は、一九九九年度の申請で、やはりというべきか、受賞には届かなかった。

その理由を再検証し、同賞による評価を重く受け止めた。翌年の申請は見送らざるを得ないと判断した。とてもではないが、我々は受賞基準を満たすだけの経営革新は成し遂げていなかった。

一回目の申請の翌々年の二〇〇一年、「日本経営品質賞」を受賞した時の、私の安堵の思いは表現し難い。金融機関初の受賞という栄誉も嬉しかったが、終わりの見えない目標を達成できた喜びは、それに勝るものであった。だが、同賞への受賞が意味するものとは、「目標の達成」ではなかった。単なる一つの通過点に過ぎなかった。

第一生命が立っていた場所は、ゴールでなく、「終わりなき『経営品質経営』の旅」のスタート地点であった。

同賞は、その本質をして「クオリティー・ジャーニー」と言われる。その真の意味をやがて理解した時、これから第一生命が進まねばならない遥かなる道を想い、覚悟と勇猛心が湧いた気がした。

未来永劫にわたって「お客さま第一主義」の精神を持ち続け、お客さまを守り続けるための第一生命の方策は、徹底的顧客志向を目指す「経営品質経営」をおいて他ならないのだ、と私は思った。

〈当時〉「日本経営品質賞」受賞時の第一生命
森田社長（左）、斎藤専務（右）

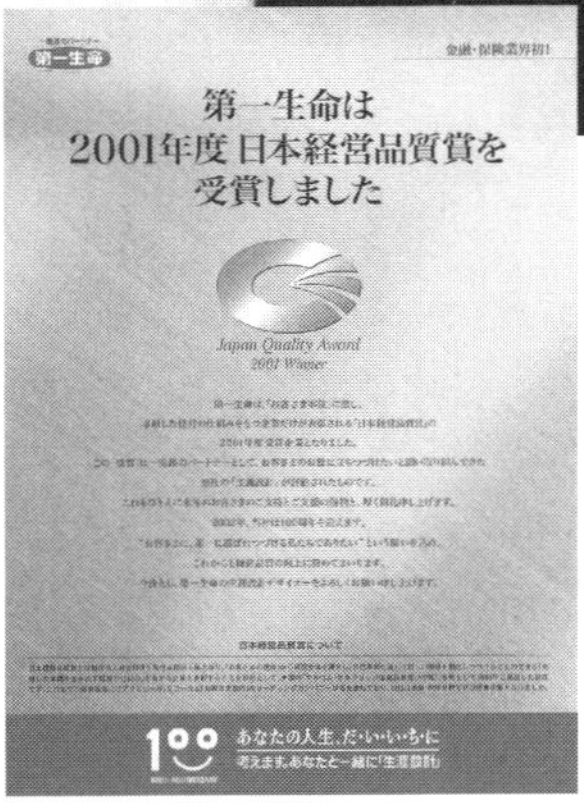

「日本経営品質賞」受賞をお客さまに
お知らせしたチラシ

「日本経営品質賞」の表彰楯

「経営品質経営」各論3

リーダーシップ主導でなければならない

「経営品質経営」が、第一生命の文化として定着していったのは、なぜだったのだろうか。経営層によるトップダウンの力が、大きかったと私は考えている。

当時の森田社長によるリーダーシップが、第一生命の「経営品質経営」の最たる成功要因であった。一九九七年に「経営品質」とともに二大戦略として打ち出された「生涯設計」戦略は、森田社長の強力なリーダーシップによって、対お客さま活動の理想像として営業職員の仕事意識を変えていた。

両戦略は、ともに徹底的顧客志向のありようを追求するというコンセプトである。徹底的顧客志向に基づく「経営」が「経営品質」であり、徹底的顧客志向に基づく「募集・保全活動」が「生涯設計」であると明快に整理され、組織の集中力とエネルギーが効率化されていたのだと私は理解していた。

森田社長は、明快な論理と迫力をもって、なぜ変革が必要かを説き続けた。

「人口減少社会を迎えた現在、第一生命は絶滅危惧種の北極のシロクマである。氷が溶ける前に、新たな陸地を探すのだ」という例え話はその一つだが、当時、ほとんどの企業で本質的な経営課題ととらえることが難しかった人口減少社会、生産年齢人口減少問題への危機意識をいち早く知らしめた。

人口減少社会が到来し、あらゆる産業が衰退を余儀なくされる経営環境において、第一生命がお客さまに選ばれ続けるための道が「経営品質経営」戦略と「生涯設計」戦略に他ならないことを、森田社長は、第一生命全体に諭し続けたのである。

経営トップである森田社長の弁証法的戦略論と、営業現場への影響力こそが、「経営品質経営」の浸透を捗らせた最たる要因であったと私は思う。

第一生命と同時期に「日本経営品質賞」受賞を目指していた金融機関があった。同社は、経営層の「経営品質」に対する真の理解を得られないまま、担当所管主導による小さな運動に終始した。

結局、どうなったのか。

組織全体の運動としての盛り上がりに欠け、受賞には至らなかった。

大きな企業であればあるほど、経営トップが本気にならなければ、「経営品質」への取り組みがうまくいかないことは、経営品質協議会の母体である日本生産性本部の変わらざる見解である。

繰り返しになるが、「経営品質」への取り組みは、時のリーダー、社長の強力なリーダーシップが発揮され、会社全体の運動とならなければ、成就は困難である。これがなくては、あらゆる業務プロセスを顧客視点からゼロベースで見直し、改善・変革を実現するために、役職員の意識変革と主体的な参画を求める運動は、実のあるものにはならない。これは絶対条件である。

「経営品質経営」各論4

最大のお客さま接点は、営業職員である

確かに、第一生命には、森田社長の強力なリーダーシップがあった。

しかし、だからと言って、ことが容易に運んだわけではなかった。

役職員六万五千名（当時）が在籍する組織全体に「経営品質」の理論を浸透させ、あらゆる意思を共有するトップダウン、ボトムアップの仕組みを一から見直し、顧客志向に根ざした活動を日々、役職員全員に実践させなければならないのである。

「経営品質経営」の要諦は、「徹底的顧客志向」を企業文化にまで昇華させ、顕然たる「形式知」とし、つまり「見える化」を行い、永続的に運営し続けることにある。

では、第一生命が「経営品質経営」を行い、「徹底的顧客志向」「見える化」を進めるうえで、それを最も集中させるべき対象とは何であったのか。

それは、お客さまとの最大の接点である、営業職員であった。

お客さまとの最大の接点である営業職員へ、いかにより徹底したお客さま目線での活動を教育するのか。意識の変革を行い、実際の活動へとどう促していくのか。

これが「経営品質経営」の最大のテーマであった。このテーマへの回答が「生涯設計」戦略であったということになる。

営業職員の活動に対する取り組みを見ていく前に、「経営品質経営」を全社運動として定着させていった過程について、簡単に確認しておきたい。

担当役員として「経営品質経営」を推進する中で、営業活動の変革である「生涯設計」戦略こそが、「経営品質経営」とともに経営の両輪を成しており、ある意味、「経営品質経営」の中心に他ならないことを私は確信していった。

「品質向上委員会事務局」は当初、まさに手探り、体当たりで「経営品質経営」にぶつかっていた。百頁近くにもおよぶアセスメント基準書を片手に、第一生命が卓越した経営を成すために具体的にどのような運営が必要で、何を改善すべきなのかを、我々はゼロから考え抜いていった。

基本理念の四要素とされる「顧客本位」「独自能力」「社員重視」「社会との調和」の価値観を念頭に置き、八つに分類されたカテゴリーの「カテゴリー1」から順に、組織内における、あらゆる活動実態の事実の把握を、地道に拾い集めることから始めた。

会社の内側をまず検証した。

経営層――本社――支社――支部（現・営業オフィス）――個人における相互間の社内コミュニケーションのありよう。対お客さまへの活動のありよう。短期・中期・長期の経営戦略策定のありよう。「経営品質経営」の総体的なありよう……。

そして会社の外側に位置する重要な要素である社会的責任、市場動向、競合他社のありよう。これらを客観的に観察し、第一生命という組織の内部、外部を全方位的に、まさにしらみつぶしに検証していった。検証すべき事象のおびただしさを前にし、目眩が起きるとは、まさにこのことであった。

だが、とりとめなく思える「経営品質経営」という運動の本質とは、簡潔に一点に集約できると私は思った。煎じ詰めれば、各課題に対し、目指すべき理想が何かを明らかにし、現在位置を確認し、理想との隔たりを埋めていく運動なのである。

では、徹底的顧客志向を追求する中で、第一生命が、最も焦点を合わせなければならないものとは何なのか。その理想像と現実とのギャップを埋めなければならない最たる対象とは何か。

それは、全国五万名（当時）の営業職員とお客さまとの接点のありようである。

フェイス・トゥ・フェイスの面談という、お客さまの信頼を最も得ることができる活動を行う営業職員の存在は、第一生命最大の武器である。

お客さま側から見た第一生命の姿とは、まさに営業職員そのものと言っても過言ではない。

したがって、我々が全社的な「経営品質経営」を行い、組織の全てを磨き上げていくうえでの究極的な「目的」となるのは、営業職員とお客さまとの接点のありようであった。それは換言すれば、営業職員による「生涯設計」の徹底的な遂行であった。

すなわち、営業職員を通じて、お客さまに、社会に、徹底的顧客志向に基づいた第一生命の意思を伝えることに、全神経を注がねばならないということであった。「経営品質経営」とは、「生涯設計」を進めるための組織変革論であったとも言える。

「経営品質経営」各論5

「生涯設計」整備と顧客主義的募集活動

第一生命の姿そのものと言える営業職員が行う徹底的顧客志向の活動とは、一体いかなる姿勢のことを指すのか。それを我々は考えていった。

我々はそれを、生命保険契約の「ご提案・引受時」「ご契約期間中」「保険金お受取り時・満了時」という三つの段階に定め、その三つの段階で、「徹底的に顧客志向であるための活動とは何か」を規定した。

それは次のようなものとなった。

まず、徹底的顧客志向に基づく募集活動である「生涯設計」のコンセプトを営業職員の中心活動に据えた。

つまり、「生涯設計」のコンセプト――「全ての年齢層のお客さまに対する人生設計を行い、第一生命の商品とサービスによって、お客さまの一生涯をお守りする」ことを全段階における活動の軸に置いた。

「ご提案・引受時」では、お客さまのニーズを満たす商品のご提案と、ご納得いただける説明を親身に行い、新契約の事務手続きにおいても、お客さまの目線に立ったフレンドリーな対応に徹する。

「ご契約期間中」では、定期的な訪問活動によって、継続的に保障内容に関する明快な説明に努め、さらなるお客さまのご要望をお聞きしながら、保障の見直しや諸手続き等を含めた親身なアフターケアを行う。

併せて、経営レベルでは、配当余力をつけ、生命保険業界他社との相対優位を目指していく。

「保険金お受取り時・満了時」では、迅速かつ正確な保険金のお支払いに徹する。

こうした生命保険事業の原理原則に根ざした、一〇〇％お客さま目線の活動へと回帰する営業職員の愚直な取り組みを目指そうとした。

正しく規範化されたこうした活動こそが、お客さまに認められ、選ばれ、生き残るための道であると考えたのである。

このように、お客さまとの接点を「三つの段階」に整理して目指すべき方向を明らかにすることと併せて、他社差別化につながる戦略的な営業職員支援策も森田社長時代から大々的に行われてきていた。

一九九九年には、営業職員による徹底的顧客志向の具体策として、新携帯パソコン「Nav!t（ナビット）」を導入し、「生涯設計」提案力の飛躍的向上を進めた。

一九九八年には日本興業銀行（現・みずほフィナンシャルグループ）と、二〇〇〇年には安田火災海上保険

（現・損害保険ジャパン日本興亜）、アメリカンファミリー生命保険会社との画期的な業務提携を結び、金融商品、損害保険、がん保険を商品ラインナップに加え、真のお客さまニーズに応えられる幅広い商品体制・サービス体制を整えた。「生涯設計」戦略の一環として、より大規模で明確な形での営業職員への支援策だった。

また、加えて、全社的課題の解決のための仕組み作りとして、「コンプライアンス委員会」を設置し、トップダウン――ボトムアップ相互のコミュニケーションを強化しながら、営業現場での法令遵守の徹底を図った。

「チームワーク活動」（営業職員向け）、「NBW（ニューベストウェイ）活動」（内勤職員向け）というボトムアップ活動を通じ、ノウハウ・意識を全社的に共有するための仕組み作りも行った。さらに、全国の拠点に散らばる個人の日常業務における成功事例・失敗事例・創意工夫事例を共有するために、年に一度の発表と表彰を恒久イベントとすることで、この活動を定着させていった。

まとめて言えば、まず、ご契約のご提案・引受時から保険金お受取り時・満了時までの営業職員の日々の基本活動の理想像を明確にした。

だが、これらの徹底的顧客志向を目指すための仕組み作りを実施し、「本当にお客さまのための活動とは何か」を問い直し、意識改革を図ったとしても、営業職員の意識と行動を即座に変えられるわけではなかった。

仕組みさえあれば、即、営業職員を突き動かすわけではないのである。

習慣化した日常活動の中に、新たなご紹介依頼によるご提案先の開拓活動、新たな商品提案、新たな活動規則、新たな知識・技術の吸収等々を求められたことで、当初、営業職員に抵抗感や戸惑いのようなものは生じた。ずいぶん、苦労を余儀なくされたことと思う。

しかし、やがて営業職員たちは、この「経営品質経営」が目指した活動を、実にしっかりと行ってくれた。

それはなぜか。結局のところ、「より一層お客さまのための仕事をするのだ」という価値観が、営業職員たちの心の奥にあるものに触れ、活動へと突き動かしたのだと私は思う。

「徹底的顧客志向」が「経営品質経営」という運動の最大の価値として明確化されていたことにより、営業職員やその指導に当たる支部長（現・オフィス長）をはじめとするスタッフに、ごく自然のこととして容認されていったのである。お客さまを真正面に向いた「生涯設計」というコンセプトが、明快であったことが実に功を奏した。

例えば、お客さまのご契約をしっかりと継続させていくこと、つまり保険料を滞りなくお支払いいただき、契約の失効を防止していく活動の徹底は、万が一のことが起きた場合、お客さまやお客さまのご家族を守ることにつながる。すなわちお客さまの利益となる。

営業職員は「お客さま視点」の運動であることに納得感を得て、保全活動に打ち込み、結果として、「継続率」という数字に「顧客志向」の活動の成果は現れた。

あるいは、「理想の営業職員とは、お客さまに常にベストのご提案や、適正なお客さま目線でアフターサービスを行う人財でなければならない」という、お客さま志向の意識を支部長が持つことで、一見、「お客さま志向」とは遠いものとして認識しがちな採用活動で、優良人財の採用をしようという基準が明確化された。その成果は、「育成率」という成績指標に明快な数字として改善が確認された。

このように、「経営品質経営」という全社運動は、営業現場では「お客さまのための徹底した取り組み」、すなわち「生涯設計」活動の徹底として訴えかけることが最も適切であることは明らかであった。

また、それと同様に、部や支社などその他の現場では、それぞれの現場に応じた個別の「徹底的顧客志向」の基準による、何らかの業務改善課題を掲げることが最も適切であることが明らかになっていった。

したがって、「経営品質経営」は、必ずしも全ての組織階層、職制階層で「経営品質」との名称が使用されなかった。

すなわち、「経営品質経営」戦略の基本姿勢とは、「顧客志向」の概念・思想を適用することを主たる目的とし、その組織、その個人に応じた適切な目標設定と活動形式を装備することが肝心であった。その呼び名や手法は従たるものでしかなく、「徹底的顧客志向」のプロセスが踏まれているか否かを問うことを、この運動の本質に置いた。

「徹底的顧客志向」という価値観が貫かれてさえいるならば、いかようにも組織・個人の判断で手法を応用すべきであり、つまり現場判断で創意工夫が可能な柔軟性を持つ顧客志向の経営思想が、この「経営品質経営」の正当なあり方だと言える。

「経営品質経営」各論6

「真水の経営」に耐え得る強靱な営業現場

「経営品質」「生涯設計」の二大戦略が、営業現場・営業職員に対し、改めて問いかけたことは何であったのか。

それは「真水の経営」「真水の活動」をせよ、ということに他ならなかった。「真水」という言葉に込めた想いは、一切の混ざり気なく、純粋に顧客本位の姿勢でお客さまに接するのだという明確な意志である。「徹底的にお客さま目線であることとは何か」を考え抜いた活動を大前提とさせ、お客さまへの訪問活動を質的にも、量的にも、直ちに最適化・改善する。

成績至上主義ではなく、顧客至上主義という意識であるか否か、を営業現場の組織・個人に問い直し、本当にお客さまの満足につながる仕事をできていないのであれば、直ちに改善を求める。これが営業現場における「経営品質経営」および「生涯設計」の二大戦略で、目指そうとした変革の実像であったと私は思う。

この考え方に基づく営業現場における活動革新は、私の社長就任後に、さらに強力な取り組みによって一気に推進することとなる。それは、創業一〇五周年である二〇〇七年から二〇〇八年にかけて断行した「営業革新105計画」である。

「営業革新105計画」とは、第一生命における近代的CS活動の源流となった経営改革であった。

この経営改革は、大変、恥ずべき出来事であった「保険金支払い問題」の後、お客さま視点の活動を総点検しようとの強烈な反省から生まれたものだった。

二〇〇六年の創立記念日、新聞紙上で「品質保証新宣言」を世に誓い、退路を断つとともに、営業職員のみならず、支社・本社の全職員が、お客さま本位の視点から「ご提案・引受時」「ご契約期間中」「保険金お受取り時・満了時」、全ての段階におけるお客さま接点のありようを徹底的に見つめ直し、「質」の劇的改善を実現する。

もちろん、「量」を減らすことで「質」を確保するという縮小均衡的な取り組みではなく、お客さまへのコンサルティングや、お手続きなどのあらゆるサービスの非連続なレベルでの品質向上によって、お客さまに真の満足と支持をいただくことを通じて、「質」の向上を伴った「量」の維持・拡大を実現しようという挑戦であり、持続的な会社業績向上につなげていくことを目指したのである。

後に、「株式会社化」というサンクチュアリ（聖域）への進入とも言える大改革を私は決断したが、それと同等の覚悟で臨んだのが、まさにこの「営業革新１０５計画」であった。その成果は、徐々に様々な指標に現れ始め、ついに最重要指標の一つに位置づけていた契約継続率が大手首位に浮上したほか、業務計画の主要項目全てを達成することができた。

また、大変重要なことであったのが、これらの過程によって、お客さま訪問活動を行ううえでの、営業現場の筋力を相当に高らしめたことである。

お客さまの潜在的ニーズを、こちらから主導的に掘り起こしていかねば販売が困難な「生命保険」という商品を取り扱う第一生命にとって、「お客さま視点」の運動への納得感は、お客さまへ軽快に訪問、面談するための足腰を強化し、第一生命の営業現場の機動力を向上させる、絶大なる効果を上げた。

日常活動の底上げはもちろんのこと、後年に起きた株式会社化の際の「証券口座開設」等のご契約者への総訪問活動、東日本大震災の安否確認活動を下支えしたのは、この全社運動によって、基礎体力トレーニングが為されていたことが大きな一因であったのである。

第一生命の営業現場が、「真水の経営」「真水の活動」という、お客さま目線の姿勢を冷厳に見つめ直す困難な作業に耐えることができたのには、明確な理由があったと私は考える。

その一つは、第一生命の創業来から流れ続け、第一生命人の誇りでもある「お客さま第一主義」という企業文化が個々人の心に継承され、無意識的な活動の不文律として流れ続けていたからである。

これを証明することは、実は、そう難しいことではないと私は思っている。

序章に記されているとおり、第一生命が社会に対して行ってきた、数々の歴史的事実が明快にそれを物語っている。

「経営品質経営」「生涯設計」の二大戦略を背景に進められた営業現場での活動革新が、営業職員に受け入れられたもう一つの理由として、「経営品質経営」への取り組みが契機となって始まったES（従業員満足度）活動もその大きな要因であったと私は考える。

ESなくしてCSの向上はあり得るものではない。

日頃からお客さまを訪問し、信頼関係を醸成し、あらゆるご案内、ご提案を行っている主体は営業職員である。

第一生命の主たるお客さま接点である営業職員の満足度が低いまま、「第一生命」という会社に対するお客さま満足度を高めることなどできようはずもない。

実は、第一生命は当時、まだ多くの会社が実施していなかったES調査を早々に導入し、その向上にむけて取り組んできた。

他社では、CS調査は実施していても、ES調査は躊躇していた。恐ろしいのはお客さまの声ではなく、職員の声なのだという人さえいた。

躊躇する他社もある中、この調査を第一生命が本格的に行ったのは、私が社長に就任する前年、森田社長時代の二〇〇三年であった（それ以前は、労働組合による調査を活用していた）。

調査は、外部機関によって行われる。職員の書いた評価は、一切、社内を介さず外部機関に直送されるため、全て本音による評価が為される仕組みである。

もしも、職員の満足度を顧みることなく、会社がCS活動だけを強硬に求めたならば、職員は決して、徹底的顧客志向の活動、すなわちCS活動に得心し、実践することはなかったはずである。「滅私奉公だけをしていればいいのだ」というメッセージとして、もし伝わったならば、営業現場は決して「経営品質経営」に導かれた困難な諸活動を実行してくれなかった。仮に実行されたとしても、自己犠牲の精神だけでは徒労感だけを味わうだけに終始し、決してお客さまに対する本気の顧客志向の活動は持続しなかっただろうと私は思う。

「経営品質経営」各論7

受賞企業の大いなる責任と新たな地平

さて、一九九七年に開始した「経営品質」向上の取り組みは、先に述べた経緯を経て、「一浪」をしたのち、二〇〇一年に「日本経営品質賞」の受賞に至り、当初に掲げた目標を達成することができた。

一度目と二度目の申請の差は、果たして何だったのであろうか。

記憶を辿るに、おそらく一度目の申請は、後から考えれば、「よくあれで申請した」という内容であったかもしれない。

アセスメント報告書に記した我々の思いは、高い目標に向かい極めて背伸びをし、客観的事実の把握や、実現可能な目標と計画という実態からやや離れ、「こうあるべき論」に陥り、偏ったアセスメント結果であると評価されたかもしれない。当然、実態としての経営革新も十分に果たされていなかったのだと思う。

二回目の申請は、一回目の経験を活かし、哲学・論理学用語で言うなれば、存在――ザイン（かくあり）と当為――ゾルレン（かくあるべし）を冷静に分析しながら、第一生命のありようを、ありのままに書き表すことができていたように思う。

また、経営革新の実態はというと、同賞による各現場への審査によって明らかにされたように、「経営品質経営」の理論と実践が組織の隅々に確認されたということだろう。

ともあれ、担当であった私にとって、同賞の受賞で、どれほど心を穏やかにできたかわからない。今だから正直に告白するが、実は、受賞できるのかどうか、私は大いに不安を抱いていた。

やるだけのことをやったが、目が届きやすい本社組織はともかく、営業第一線の支社・支部（現・営業オフィス）での審査はいかなる評価を受けることになるのか。相当に気を揉んだ。

「これをやれば必ず受賞できる」という明確な基準があるわけでもなく、我々の取り組みが基準に到達したのかどうか、正直見えなかった。

そのうえ二度目の申請では、一度目と異なる審査メンバーにすっかり入れ替わっていた。不安は増幅された。

営業現場の「経営品質経営」すなわち、「生涯設計」に対する理解度、活動への熱意は十分に醸成されていることは感じていたが、果たして客観的な評価はどうなのか。「総合職域推進センター（当時）」「湘南支社」が審査対象となった。

結果は、「該当の職員全てに、顧客志向の活動である『生涯設計』というコンセプトが大切にされ、浸透しており、それぞれの役割をよく理解し、実践していた」との評価を受けた。

審査員から見た第一生命の「徹底的顧客志向」であるか否かを判断する手がかりは、やはり「生涯設計」が決め手であった。

「生涯設計」を理解し、意欲があり、能動的に活動する姿は、社外の審査員の眼に「該当の職員の全てが顧客志向である」として映ったのである。

私は受賞の報せに心底、胸を撫で下ろした。

さらに一つ、ここで余談をしてみたい。

私は担当として、実は、受賞の発表を受けるまで、もう一つ余計な心配に気もそぞろであった。もし再び、受賞を逃していたら一体、この「経営品質」の向上にむけた全社運動はどうなってしまうのか、という恐れを抱いていたのである。

「経営品質経営」は、先にも述べたように、経営トップが常に大きな声で組織をリードし続けなければ、結果が出るものではない。「経営品質」推進部署の運営における作業量も膨大である。受賞を逃し、同賞への受賞を再び目指すとなれば、申請までの一年間に要する経営層、運営部署にかかるエネルギーは相当なものとなる。会社全体にかかる労力の総量は想像を絶する。

もし、そうなった場合、翌年以降も同じ運動を行うことが、現実に果たして可能なのか。第一生命は、エネルギーが持つのか。

私は、持たないと考えていた。

それだけに「もし受賞を逃したら」と考えていた私の心配は、大変に大きかったのである。

結局は、そんな私の不安も杞憂に過ぎず、第一生命は、金融機関による受賞は不可能であろうと言われる膨大なアセスメント作業を完遂し、卓越した経営と認められ、「日本経営品質賞」を受賞できた。

さて、この「日本経営品質賞」受賞が意味するものとは、先に触れたように、「終わりなき『経営品質』の旅」、いわゆる「クオリティー・ジャーニー」と呼ばれる、まさにゴールのない、徹底的顧客志向に基づく経営革新の旅路に歩み出すということである。

第一生命は、終わりなき「経営品質」の旅にいよいよ出発した。

この「クオリティー・ジャーニー」の真の意味とは、具体的にどういうことなのかをここで説明したい。

同賞への受賞を果たした第一生命は、第一義的には、絶え間ない経営革新を行い続けねばならないことになったわけだが、第二義的には受賞によって、第一生命は、社外的に新たな責任を負うことを意味した。

それが何かと言えば、業界内外他社からのベンチマーキングを全て受け入れなければならない責任である。

「日本経営品質賞」受賞企業は、ベンチマーキングを申し込まれれば、例えライバル企業であっても必ず、経営のありようを洗いざらい明らかにしなければいけないルールが定められているのである。

二〇〇一年の受賞後、私が社長に就任した二〇〇四年頃までに、第一生命がベンチマーキングを受けた回数は合計七十回にのぼり、このうち金融機関が二十四回であった。この二十四回中、延べ十七回のベンチマーキングを申し入れてきたのが、十一社の生命保険会社であった。

この十一社による十七回の内訳は、大手・中堅生保四社と外資系生保一社が各二回、その他外資系生保数社が一回ずつであった。

「日本経営品質賞」及び「経営品質経営」取り組みは、かように金融機関・生命保険会社から大きな注目を浴びているのである。

それにしても、一度受賞した企業が背負わねばならない責任は、誠に理不尽であるかのように一見、思える。

受賞企業はたとえライバル会社であっても、全てを教え、さらけ出して、そのうえで、他企業を圧倒するような差をつけながら、さらに経営革新を進めていかねばならないということである。

このことを指して、「クオリティー・ジャーニー」と呼んでいるのである。

しかし、我々に不利益は全くなく、先頭を走る者であることは、大変素晴らしいことだと私は考えている。

「いいものに第一生命は目をつけた」という、当初の思いは全く変わらない。

先頭を走れば、常に、いち早く問題や課題にぶつかる。

それを越えようとするときに、新たな創造と成長が必ず起こるからである。先頭に立つ者だけが経験できる創造があるのである。一番という順位が大事だと言っているのではない。先頭走者のみが見える何かがあり、先頭走者だけは、それを掴みにいけるということなのである。

その意味において、「経営品質経営」の先頭を走る第一生命の視座は、どの会社より一段も二段も高いはずである。

金融機関の受賞は、極めて難易度が高いと言われる。私も同感である。あれほどの作業を行える金融機関、生命保険会社はないであろうというのが、主宰組織で運動を行った私の偽らざる実感である。

第一生命は、先頭走者であることの利益を享受し、後続の手の届かない先まで、クオリティー・ジャーニーを独走しなければならない。それを私は心から期している。

「経営品質経営」結論

「暗黙知」から「形式知」へ

さて、ここからは、社長に就任して以降の出来事について順を追って、話をしてみたい。

「経営品質経営」戦略を継承した「コーポレートブランド向上経営（CSR経営）」戦略、保険金支払い問題、株式会社化といった事象とは一体何であったのか、改めて確認をしておきたいと思う。

その前にまず、二大戦略である「経営品質」と「生涯設計」とは、一体何であったのか。私なりの総括をしておきたい。

いずれの戦略も、一言ではその全容を理解することが難しい言葉であるように思う。

これまで明らかにしてきたように、「経営品質」とは、徹底的に顧客志向の視点で第一生命の組織の全てを総点検し、「真水の経営」と「真水の活動」で顧客志向の意識と活動を変革し、お客さまに選ばれる会社になるための経営戦略論であった。

一方、「生涯設計」とは、生産年齢人口減少社会が進行し、市場が縮小する厳しい募集環境に屈せず、いかなる未来にも必ず「お客さま第一主義」を貫き、「一生涯のパートナー」として認められる存在であり続けるための、高度かつ先進的な商品・サービスの提供を目指した営業現場論であった。

私はこの二つを、経営学者である野中郁次郎氏の言葉を借りて端的に言い表したい。

「経営品質」とは、「経営における形式知」であり、「生涯設計」とは、「営業における形式知」である。

私はそう考えている。

つまり、「経営品質」とは、それまで組織・個人に「暗黙知」として眠っていた知を、組織全体で共有可能な体系にまとめ、「経営の形式知」として活用していく活動である。

「生涯設計」とは、それまで組織・個人に「暗黙知」として眠っていた知を、組織全体で共有可能な体系にまとめ、「営業の形式知」として活用していく活動である。

そう考えれば、第一生命が「経営品質」「生涯設計」戦略によって、成し遂げようとしてきたこととは、経営面、営業面における知の体系化であり、まさに「知識経営」である。

すなわち、「体系化された知」という頭脳を持った組織として、新たな販売技術、未知の問題点、お客さま・社会に対する志を、役職員全員で共有化し、力を結集させて卓越した企業を目指すための仕組みが、「経営品質経営」であると私は思う。

リーダーの言葉は明快でなければならない。

特に「経営品質経営」のような、一言で伝えづらい概念を経営層が職員に向けて語る時、その言葉は、明快でなければならないと私は考える。言葉の明快さが、職員を動かし、あるいは動かさないことにつながる。

「生涯設計」の戦略遂行において、役職員を動かすことができたのも、簡潔かつ明快な言葉があったからである。

先にも述べた通り、「生涯設計」があったからこそ、第一生命は「日本経営品質賞」受賞の栄誉に浴することができ、「経営品質経営」に揺るぎなき自信を得て、今日の第一生命はある。

その「生涯設計」は、当時森田社長の明快な言葉で説明が為され、歴然たる活動原則として、職員の心を掴んだのだと思っている。

「お客さまの一生涯の生活設計のコンサルティングと、そのための手段の提供を我が社の業とする」

実に、簡にして要を得た言葉であった。

二〇〇四年の私の社長就任時、私は「生涯設計」とは何かを伝えるために、「ネットワーク社長室」でのメッセージや役職員が集うイベントで、森田前社長の右の言葉を引き、役職員に理解を促した。

それまで第一生命は、「お客さま第一主義」という経営理念に、第一生命の志を込めてきた。

無論、この短い言葉は、常に役職員の心の支えになってきた。

例えば、阪神・淡路大震災、東日本大震災という自然災害に見舞われ、一心不乱にお客さまを訪ね歩く時、またその営業職員を必死に支えた時、この言葉は、きっと第一生命人の胸の奥で心の支えになっていたと私は思う。

間違いなく、第一生命の志のありようを表す大切な理念である。

だが、短い言葉であるがゆえに、漠とした思念の残像として心に残るものである。

そこに、森田前社長の言葉があった。

我々の仕事の「使命」と「方法」を明快に表しているこの言葉は、これまでも、これからも第一生命にとって大変重要な意味を持ち続けるであろう。

そろそろ結論を出してみたい。

「経営品質経営」とは、第一生命が、「お客さまの一生涯の生活設計のコンサルティングと、そのための手段の提供を我が社の業とする」ための永遠の「形式知」である。

お客さまのための仕事を行い、社会に認められ、卓越した企業として成長を目指す第一生命の「経営品質経営」の本質は、この短い言葉に全て込められていると私は思う。

2 徹底的に考え抜いた企業が為す「決断」

「コーポレートブランド向上」戦略　我と他を区別する刻印

二〇〇四年、社長に就任した私は、「経営品質経営」という経営戦略名称を、「コーポレートブランド向上経営」と改称した。

新たな名称を用いて、森田前社長が起こした「経営品質経営」をより洗練させ、よりレベルアップを図ろうという意思で継承していった。

なぜ、改称が必要であったのか。また、それが「コーポレートブランド」であったのかを、これから明らかにしたい。

なぜ、名称変更を行わなければならなかったのか。

それは、先に述べたように「経営品質経営」の真の意味とは、その概念と思想の適用が主たる目的であり、名称や方法は従たる要素に過ぎず、時と場合に応じて最も効果的な形式をとるべきであるからである。

元来、「経営品質」という言葉は、地味な印象を与えるものであろう。

地味な名称で、ひたすら緻密な作業となるアセスメントに基づく諸活動を為さねばならない役職員は、長年にわたる作業の中で、どうしても倦怠する。気が倦んでしまえば、効果は落ちるであろう。

また、「生涯設計」という概念は、営業職員にしっかり浸透していたが、「経営品質」という言葉は、その字のごとく、経営めいたニュアンスが伴い、営業職員にはとらえづらいものであった。

そこで、名称を一新したということである。

これはある意味では、「お客さま第一主義」「一生涯のパートナー」という漠とした理念に、「生涯設計」という具体的概念を綜合させることで、営業職員の活動の明確化を図ったことにも通ずる。

すなわち、「コーポレートブランド向上経営」への改称の狙いは、役職員に対して、新味のある名称に改めることで、より「経営品質経営」の思想および「生涯設計」思想に基づいた活動を職員に訴求しようということであった。

社長就任当時、私は役職員に向け、「ブランドとは何か」と語りかけ、第一生命のブランド力を高めようという視点で、役職員全員に、より当事者意識を持って日々の「経営品質」活動にあたってもらおうと考えた。

次のような話を私は語った。

ブランドという言葉の語源は、古期スカンジナビア語の「brandr」(焼き付ける)とされている。牛の所有者が、自分の牛と他とを区別するために、牛の身体に焼印したことに由来していると言われている。

ヨーロッパ企業は、「ブランド」を大切にする。「ブランド」こそが、百年、二百年と企業が栄える原動力であると考える。

我と他を区別するものが「ブランド」である。

従業員にとっては、「コーポレート(企業・団体)ブランド」が、そこで働くことの夢や誇りの印であり、顧客にとっては、「コーポレートブランド向上」という印が、まさに心へと「焼き付けられた」ように、惹きつけられ、応援したくなり、単なる顧客以上のファンという存在にまで高める。

つまり「コーポレートブランド向上」を重視した経営は、従業員の会社への帰属意識を高める。同時に、ファン化した顧客が増えることによって、安定的な業績をもたらす。

「コーポレートブランド向上」力を強化することの効果を物語る明快な代表的事例として、米国の有名飲料水メーカーを私は例に挙げた。

同社の一九九八年のアニュアルレポート（年次報告書）によれば、同社の製造工場や棚卸資産が火災によって一夜にして消失しても、どの銀行にも再建資金を融資する用意があると言われたという。貸付金の保証は、同社の代名詞となっている「商品名」というブランド価値だけで十分だとされた。

このような話をすることによって「第一生命ブランド」を向上させることは、お客さま満足を飛躍的に高め、役職員の仕事へのやりがいをも高め、組織の活性化を促進することになることを訴えた。

すなわち、「コーポレートブランド向上経営」を追求することが、結局は、お客さまや社会からの評価を高めることにつながり、第一生命がこれからもずっと安泰であり続け、お客さまを守り続ける会社であるための条件であると私は語った。

いわばこれが、なぜ「コーポレートブランド向上」なのかの解である。

時ならず、「コーポレートブランド向上」という言葉が、当時、社会一般に聞かれるようにもなっていた。営業職員への「コーポレートブランド向上経営」に対する効果はどうであったか。

自画自賛だが、格段に向上したと私は感じた。

仮に、一人の営業職員に、「今日は『経営品質』につながるような仕事ができましたか？」と問い掛けたとしても、「経営品質」という言葉は馴染みが薄く、自分ごととしてとらえることは難しかったように思う。

しかし、「コーポレートブランド向上経営」への改称後は、例えば、お客さまに必要なお手続きを親身に行い、感謝の言葉をいただいたならば、「自社のブランドを高めたのだ」という達成感と参画意識を味わい、営業職員にとって、手の届く具体的活動論へと止揚させることができたように思う。

営業職員は、自身の課題であった「生涯設計」に加えて「コーポレートブランド向上」という新たな課題にも当事者としての意識を持ち、内省し、活動の改善を行えるようになったと思う。

お客さまに対する活動の三段階である「ご提案・引受時」「ご契約期間中」「保険金お受取り時・満了時」の全てで顧客志向であろうという思いで取り組みながら、同時に、自分の会社である「第一生命」の評価、すなわち「ブランド」力の向上のためにも頑張ろうと営業職員は活動に打ち込んでくれた。

現在、この「コーポレートブランド向上経営」は、さらなる「経営品質経営」の高度化を目指し、「CSR経営」を経て、渡邉社長によって「DSR経営」と戦略的に改称され、新たな第一生命の経営革新を進めるための志として、社内に浸透している。

新創業後、国内生命保険会社の枠を超越し、グローバル生命保険グループの道を着々と歩む第一生命は、「徹底的顧客志向」への意思を、この「DSR経営」という志にいっそう込めなければならない。

新たな課題を成長の機会とし、止揚させ続けるために、「DSR経営」は今後、ますます重要な意味を持つものになるはずである。

生命保険の社会的使命と功績を再認識する

「コーポレートブランド向上」の必要性を伝えると同時に、もう一つ、職員に対して私が意識的に問いかけたテーマがあった。

それは、「生命保険が、実際に果たしている社会貢献の現実の姿」についてであった。

営業現場では、募集・保全活動へ意識が集中し、生命保険がどれだけ社会に大きな役割を果たしているのかを振り返る機会は少ない。

生命保険会社で働く我々は、自分たちの仕事がどれだけ社会に大きな役割を果たしているのかを一度立ち止まり、深く認識し直し、職業への誇りを持つ必要があると私は考えた。

我々自身が行う「生命保険」という仕事がどれだけ社会に必要とされ、実際にどれだけお役に立っているのか。

また、「営業職員制度」というものの存在意義とは何か。

この二点を再確認したいと思った。

自分の仕事の意義とその具体的な成果である社会的な価値を、真に理解している会社とそうでない会社とでは、仕事に対する誇りも、仕事への集中力も達成感も当然変わるはずである。結果として、お客さまや社会の第一生命への評価も、自ずと変わってくるだろうと私は考えた。

当時、民間生命保険会社によって一年間に支払われていた死亡保険金は、三兆四〇〇〇億円にものぼり、一日あたりにして、一〇〇億円近くの死亡保険金がご遺族に届けられていた。

これは実に、厚生年金の遺族年金から支払われる死亡保険金の半分以上の金額を、民間生命保険会社はお支払いしていたことになる。大変大きな金額である。

ご遺族にお受け取りいただいた保険金は、何十万人のお子さまの進学資金となり、生活を安定させ、ご遺族が安心して生活を続けるために役立てられている。

これだけの金額を民間の生命保険会社はお支払いしているのである。我々は、かくもお客さまの、社会のお役に立っているのである。この事実を職員に改めて認識してもらおうと思った。

職員の中でも特に、営業職員には、是非、しっかり理解し、活動の励みとしてもらいたいと私は考えた。日々、常に新たなお客さまを開拓しながら営業活動を行う営業職員は、お客さまのもとに伺うことに対して、大きな心理的抵抗感を抱いている。その心理的抵抗感を、職業に対する大きな誇りを持つことによって、軽減させることになるだろうと思っていた。

「営業職員制度」の意義についても理解を促し、生命保険会社の価値をしっかりと理解し、職業への誇りを持ってもらおうと考えた。

生命保険会社の価値とは、一定規模以上の大きな保険加入者の集団を作り、相互扶助の働きを起こすことで成り立っている。

営業職員が多くのお客さまを契約者集団にお誘いし、より大きく、より健全な集団が作られることで、実際の契約者集団の死亡率は予定死亡率を下回り、そこから危険差益が発生し、契約者集団の加入者に契約者配当としてこれをお返しして、実質的な保険料を下げるという事業運営を、生命保険会社は行っているのである。

すなわち、このような仕組みを可能せしめているのには、「営業職員制度」が大きく与《あずか》っている。

いわば、生命保険事業と生命保険商品の基本に一度立ち返り、見えづらい生命保険というものの仕組みや、我々の本業を通じた実際の社会貢献の姿を再確認しようと私は考えたのである。

簡単に言えば、感情論として、営業職員へエールを贈りたかったということになる。

私の前任の社長の森田、その前任である櫻井は、営業畑を歩み、営業総大将として社長に就任した。営業の道を、多くの部下を率いながら進み抜いて、営業職に対する絶大なる影響力を携え、社長に就いていた。

私は営業の総大将ではなく、営業現場から見れば、いわば傍流《ぼうりゅう》であった。それゆえに、第一生命という会社の屋台骨である「営業」という仕事の厳しさが、素朴な形で私の眼に映ったのかもしれない。

おそらく当時、「生命保険の社会貢献」について、数字の証明を添えて言明した社長は私だけであったかもしれない。

生命保険事業、生命保険という商品が社会に対して果たさねばならない大きな使命、重大な責任を背負う我々が、しっかりその負託に応え、多大なる貢献を行っていることは、事実である。

厳しい活動の中で、営業職員は常にこの事実をよく理解し、励みとし、使命感とともに誇り高い仕事を為さねばならない。

「保険金不払い問題」と「第一生命の保険金支払い問題」

生命保険業界と損害保険業界による、いわゆる「保険金不払い問題」が発生したのは、二〇〇五年であった。

これ以降、金融庁による行政処分が発動され、大きな社会問題となって国民の不信を引き起こし、両業界共に信頼回復のための構造改革を迫られることになった。

この時期の第一生命は、「日本経営品質賞」の受賞という果実を掴み、企業文化として定着していた「経営品質経営」を、「コーポレートブランド向上経営」へとさらに前進させていた。

営業職員は、「経営品質経営」に基づく徹底的顧客志向の活動を習慣として身につけていた。生活設計のコンサルティング活動を展開し、先取的かつ広範囲の商品ラインナップでお客さまの様々なニーズに応えるご提案を行って、より多く、より幅広い年齢層のお客さまに「一生涯のパートナー」として認められる存在であろうと取り組んでいた。

「お客さまのための仕事とは何か」という問いの答えを、ご契約の「ご提案・引受時」「ご契約期間中」「保険金お受取り時・満了時」での活動で示そうと努めていた。まさに、「経営品質経営」運動が営業第一線で機能し、職業への自信と誇りを、営業職員は積み上げていたのである。

「保険金不払い問題」の発生は、まさにその矢先の出来事であった。

私の社長在任中に起きた、この「保険金不払い問題」とは何であったのか。「経営品質経営」との関わりはいかなるものであったのか。改めて総括してみたいと思う。

まずこの、いわゆる「保険金不払い問題」の概要について、簡潔に要点を整理しておきたい。

この問題は、二〇〇五年二月、生命保険会社と損害保険会社それぞれ一社に、保険金の不払いが発覚したことに端を発した。

両業界の全社に対し、二〇〇五年から二〇〇七年にかけて二度にわたり、金融庁の報告徴求命令が発せられ、各社の調査の結果、ほぼ全ての会社で保険金の不払いと認められる事案が判明した。

この結果、二〇〇五年に「保険金の不適切不払い」が突出していた生命保険会社一社に「業務改善命令」および「業務停止命令」が発出されるとともに、「付随的な保険金の支払い漏れ」が判明した損害保険会社二十六社に「業務改善命令」が発出された。

また、二〇〇六年には、支払い漏れの追加発覚および「第三分野保険（医療保険など）の不適切不払い」が判明した損害保険会社二社に対して、「業務改善命令」および「業務停止命令」が発出された。さらに二〇〇七年には「第三分野保険の不適切不払い」が多数に上った損害保険会社十社に対して、二〇〇八年には「保険金等の支払い漏れ等（支払い漏れ・請求勧奨漏れ）」が多数多額に上った生命保険会社十社に対して、「業務改善命令」が発出された。

これを受けた各社は、支払いの完了を目指すと共に、内部管理と支払態勢の整備を進め、再発防止策を講じた。

具体的には、経営管理態勢の改善および強化、保険募集人・支払査定担当者の教育の充実、商品開発部門と支払部門との連携強化、内部監査部門の独立性の確保や外部専門家によるチェック強化、苦情・相談に対する対応の強化等を各社は進めた。

この問題が起きた社会的背景としては、一九九〇年代後半に進んだ日米経済包括協議や、一九九六年施行の改正保険業法によって自由化、規制緩和が促進されたことが挙げられる。

こうした自由化へと向かっていく保険業界を取り巻く時代背景の中で、販売競争が激化し、保険商品の多様化と複雑化が進んだ一方、保険会社各社の支払態勢がこのような変化に対応しきれていなかったことが、この不払い問題の原因であった。

ここからは、生命保険業界における検証である。

生命保険業界における「保険金支払い問題」の実相とは、大きく二つの事象であった。

一つは、「保険金の不適切不払い」である。

これは本来、支払うべき保険金を支払っていない事例を指している。約款上の詐欺無効規定を適用する等の理由で、本来支払うべき保険金を支払わなかった。

もう一つは、「保険金等の支払い漏れ等（支払い漏れ・請求勧奨漏れ）」である。

「支払い漏れ」は、事務過誤等を主な原因として、保険金等を正しくお支払いできていない事例を指し、「請求勧奨漏れ」は主に、三大疾病特約などの支払いが可能でありながら、該当特約等の請求が漏れているという認識に至らず、お客さまへの案内活動が不十分だったために、お客さまから請求が行われず、支払いが為されなかった事例を指している。

つまり、生命保険業界における一連の「保険金支払い問題」とは、限定的な事象であった「保険金の不適切不払い」と、ほとんどの会社で発生した「保険金等の支払い漏れ等」の二つの事象が総称され、顕在化したものであった。

第一生命で発生していた問題とは、後者の「保険金等の支払い漏れ等」であり、その大半が、「請求勧奨漏れ」であった。

第一生命が、「支払い漏れ等」を起こした背景と原因については、森田特別顧問による検証文に譲り、問題発生時の社長としての思いについて記したい。

私はこの問題を受け、社長として大変恥じ入るような思いを抱いた。

その一つは、営業職員を通じ、お客さまに対するご契約の「ご提案・引受時」「ご契約期間中」「保険金お受取り時・満了時」における徹底的顧客志向を目指していながら、支払い漏れ等を未然に防ぐことができなかったからである。

振り返ってみれば、我々は、「経営品質経営」戦略を打ち出し、徹底的に顧客志向であろうとし、ご契約の「保険金お受取り時・満了時」におけるお支払いの大切さを認識していた。

ところが、従来の保険業界の常識であった、お客さまから保険金のご請求を受け、それに基づき、迅速かつ正確にお支払いを行うという、マスコミ等の言う、いわゆる「請求主義」という慣習の中に潜んでいた、支払い漏れ等につながる要因を見逃してしまっていた。支払態勢に対する「経営品質経営」の徹底が、十分に図られていなかったのである。我々の足らざる部分とは、この徹底力にあった。

もう一つ、私にとって実に痛恨であったのは、社長として、ご契約の「保険金お受取り時・満了時」の実務を熟知していなかったことである。

ゴールドマン・サックスの会長時代に何度かお会いしたことのある、米国第七十代財務長官であったロバート・ルービン氏は、その回顧録によれば、財務長官時代、ＩＲＳ（国税庁）のシステムの不備を自ら察知し、外部の有識者を招聘し、システムの再構築と健全化を行った。組織のリーダーとして、現場の実務に通暁していたがゆえに、事故を未然に防いでいたのである。

企業、組織のトップは、経営の実務に通じていなければならないことを痛感した。

この点、私は至らなかった。この「保険金支払い問題」への様々な対応を行う間、臍《ほぞ》を噛む思いであった。

ただ、その一方で、この「保険金支払い問題」は大変皮肉なことながら、第一生命の「徹底的顧客志向」に基づく保険金支払いへの意識、あるいはそれができなかった無念さを、全役職員が確認し合う貴重な機会になった。

支払い漏れの事実が明らかになると、第一生命は僅かな逡巡《しゅんじゅん》もなく、全ての対象契約に対する支払い漏れ等を検証するシステムを開発した。

医療関係者・弁護士の協力のもとで、全ての対象契約とその契約に関する診断書を精査し、支払査定担当者、本社の全職員、多数の臨時職員、その他多数の職員がかかりきりでコンピューターに情報を入力した。この書類の精査と入力を完了させるために、一カ月半程度を要した。全契約データはデジタル化され、キーワード検索可能なシステムの中で、診断書に記載された僅かな記述からも、支払い漏れ等を見逃すことの無いチェックが行われた。これ以上やりようの無いほどの決意と態勢で、全役職員は作業に取り組んだ。

生命保険会社の中でいち早く、全ての対象契約のコンピュータシステムによるチェックを行ったのは第

〈診断書〉

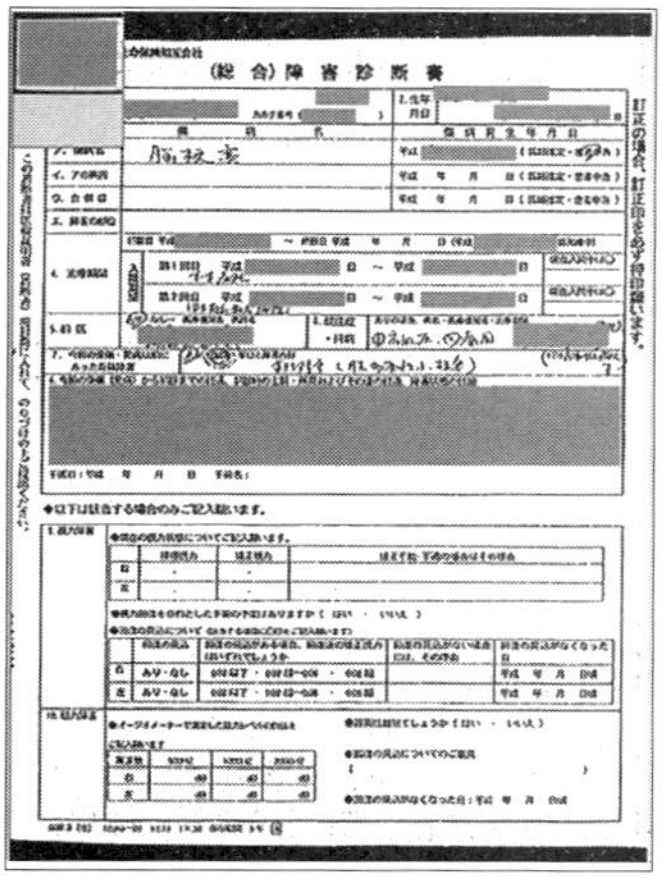

〈コンピューター入力画面〉

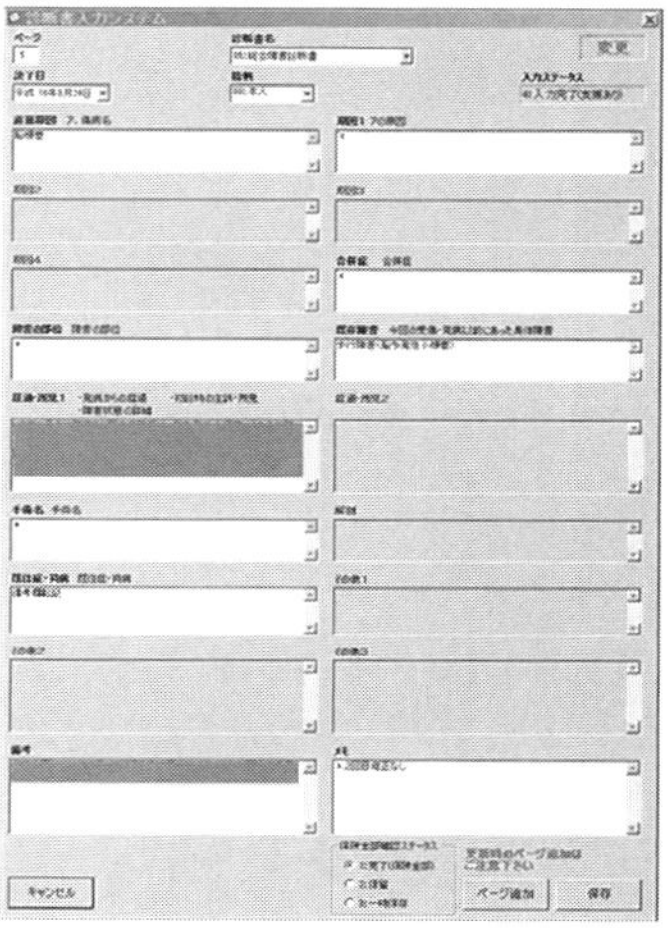

全ての対象契約を精査のうえ、診断書の情報をコンピューター入力

一生命であった。この検証結果に基づき、全国の営業職員は、該当契約の対象となったお客さまへ訪問、ご連絡を行い、保険金をお受け取りいただくお手続きに全力を尽くした。

この「保険金支払い問題」は、「経営品質経営」「コーポレートブランド向上経営」とどのような関連を持つものであったのか。

二つあると私は考えている。

一つは、当然のことながら、一九九七年から行ってきた「徹底的顧客志向に基づく経営革新」を行うべく取り組んできた「経営品質経営」は、未だ不十分であったことが露呈したことである。

保険金のお支払いという生命保険事業で最も重大なお手続きでありながら、我々は潜在していた請求漏れを看過してしまっていた。

この反省を踏まえ、徹底的な再発防止策を講じ、常にそのシステムの改善を図ることは無論のこと、第一生命の組織内部に潜む同様の問題の兆し

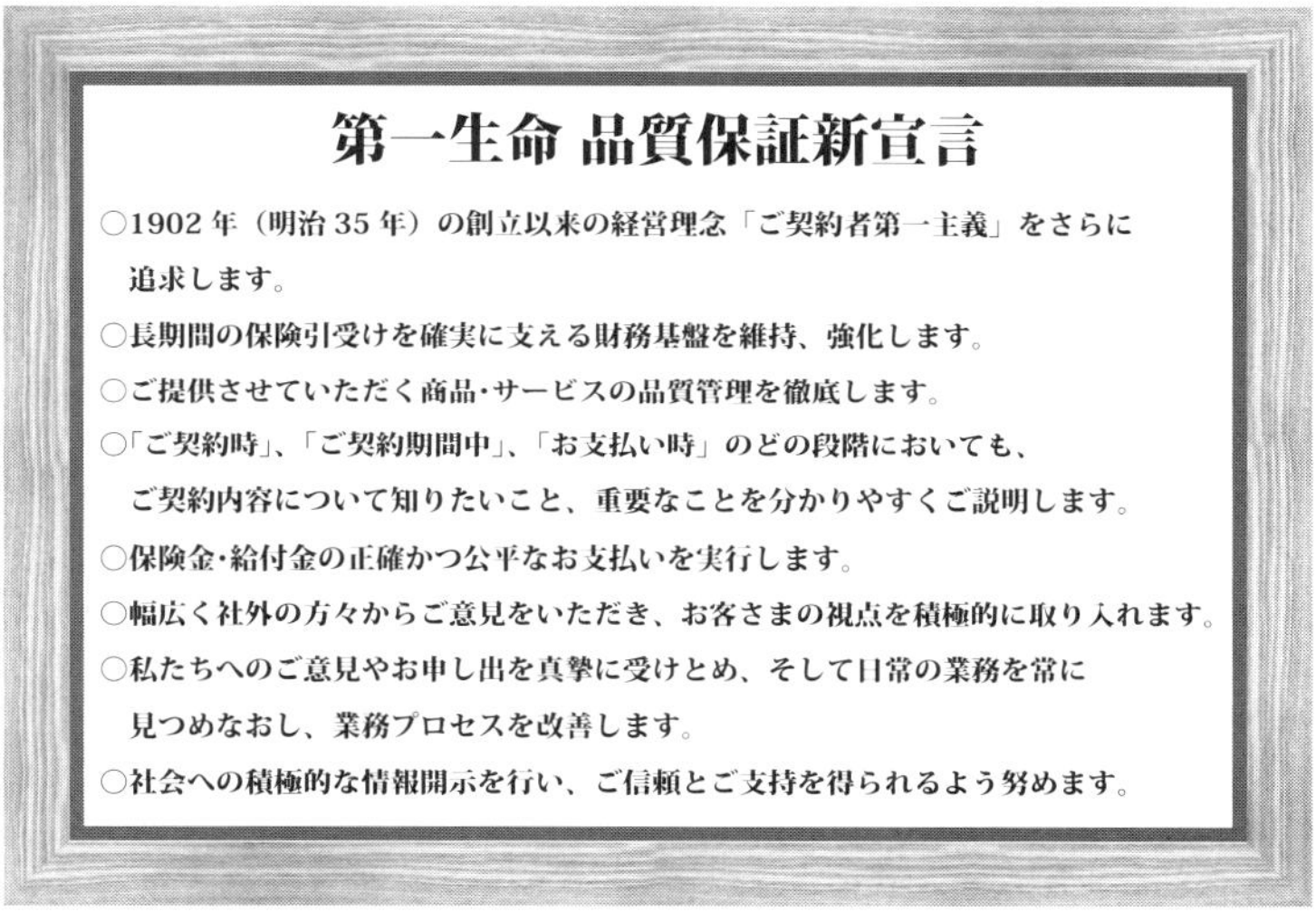
第一生命 品質保証新宣言

○1902年（明治35年）の創立以来の経営理念「ご契約者第一主義」をさらに追求します。

○長期間の保険引受けを確実に支える財務基盤を維持、強化します。

○ご提供させていただく商品・サービスの品質管理を徹底します。

○「ご契約時」、「ご契約期間中」、「お支払い時」のどの段階においても、ご契約内容について知りたいこと、重要なことを分かりやすくご説明します。

○保険金・給付金の正確かつ公平なお支払いを実行します。

○幅広く社外の方々からご意見をいただき、お客さまの視点を積極的に取り入れます。

○私たちへのご意見やお申し出を真摯に受けとめ、そして日常の業務を常に見つめなおし、業務プロセスを改善します。

○社会への積極的な情報開示を行い、ご信頼とご支持を得られるよう努めます。

2006年9月に発表した「第一生命 品質保証新宣言」

を見逃さず、社内で共有する風土作りを行い続ける必要がある。それこそが、「経営品質経営」の正当な姿であると思う。

二つ目は、この問題への対応に本社を中心とした多数の職員が関わったことで、改めて危機に遇した時の第一生命という組織、人の結束力を確認できたことであった。

もし、第一生命が「経営品質経営」を行っていなかったならば、この問題に対する役職員の意識は、いかなるものであったのか。

もしかすれば、支払い漏れ等のチェック態勢の整備等の非常時対応に、全役職員が適切な意識で臨むことができなかったかもしれないと私は思う。

そのような意味でこの「保険金支払い問題」を考えるならば、徹底度合いは不十分ではあったものの、「徹底的顧客志向とは何か」を問う意識改革を長年かけて行ってきたことは、決して無駄となっていなかった。ご契約の「ご提案・引受時」「ご契約期間中」「保険金お受取り時・満了時」でお客さま目線の営業・保全活動を行わねばならないという「経営品質」向上の思いを持ち続けてきたことで、一連の「保険金支払い問題」対応に一定の効果を生んでいたものと思う。

いずれにしても、この「保険金支払い問題」が我々に問いかけたものは甚大であった。

第一生命は、多大な忸怩《じくじ》たる想いとともに、事故・失敗のメカニズムのありようとして多くの教訓を学んだ。

二〇〇六年九月一五日の、創立記念日に、第一生命はこの「保険金支払い問題」への深い反省と、徹底的な顧客視点での全業務プロセス見直しの決意を込めて、「品質保証新宣言」を世に誓い、「営業革新105計画」を断行し、非連続なレベルでの業務品質向上に挑戦し、やがて実現に至るのは、先に述べたとおりである。

そして、今日の「DSR経営」、そして「生涯設計」戦略の発展形である「一生涯のパートナー With You プロジェクト」に、これらの経験が十分に活かされていることは、最後に強調しておきたい。

なぜ、「株式会社化」であったのか

二〇一〇年四月一日、第一生命は、「相互会社」から「株式会社」への体制転換を行い、東京証券取引所に上場した。

約十年ぶりの大型上場であった。

大手生命保険会社初の画期的な組織変更が行われ、八二〇万人のうち約一五〇万人ものお客さまは、この日、第一生命の「契約者」であり「株主」に変わった。

国内最多規模の株主をもつ会社として新たなるスタートを切った第一生命を、「歴史的体制転換」とマスコミは大々的に報じた。

一九〇二年の創業から百八年の星霜を数え、迎えたこの記念すべき日を第一生命では、何と呼んだか。「新創業」である。

新たな変革をこれからも為し続けながら、次の百年へと向かう第一歩目となる「二度目の創業」を「新創業」と名付け、大いなる決意を持って迎えたわけである。

お客さまと社会に大きな衝撃と影響を及ぼした第一生命の新たなるスタートは、私にとっては、ある意味において、ゴールラインであった。

先でも述べたように、株式会社化と同時に、社長交代を行った。

退任は、「新創業」直前の三月末であった。新たなリーダーによって「新創業」が果たされることで、「第一生命は常に変革し、成長していく」ことを社内外に強く喧伝される場としなければならないと私は考えていた。思惑通り、渡邉社長と新入社員たちが上場を告げるあの祝祭の鐘を鳴らす姿は、メディアを通じ、多くの人々の眼に映された。

二〇〇四年から二〇〇九年の社長在任中に、私が為した株式会社化の決断に至る大きな意思決定は、なぜ、そして、いかなる時代背景と社内風土の中で行ったのか。

第一生命の百十余年の歴史そのものであった「相互主義」理念に基づく「相互会社」からの「株式会社」

への体制転換とは、何を求めて行われたものであったのか。

日本の生命保険の歴史上、あるいは第一生命の歴史上において重大な出来事であったこの事象は、私の意思決定で為されたことは間違いがない。

しかし同時に、過去の第一生命の歴史、企業文化、創業者と第一生命人の想い、「経営品質経営」の文脈の中で語られるべき出来事でもあった。

すなわち「株式会社化」とは、第一生命自身の意思であり、感情であったのである。

それらのいきさつは銘記されるべきことであろうと思う。私の見た株式会社化をめぐる実相を記してみたい。

「株式会社化」直前の頃の第一生命は、相対優位という形ではあるが、着々と実績を積み重ねていた。

足元の本業は、最大限に強化された。

正味新契約高は、二〇〇七年以降業界トップを走り、保有契約高は「経営品質経営」の取り組みを開始した一九九七年以降、大手生命保険会社中、常に最も減少を抑制し、お客さまを守り抜いていた。契約の継続率はトップクラスにあり、長らく減少基調にあった営業職員数は増加していた。

第一生命は、常に生命保険業界で相対優位を維持してきたが、さらに優位度を高めていたのである。

その要因は、間違いなく「経営品質」と「生涯設計」の二大戦略にあったと私は確信していた。

社長就任以降、森田前社長の「経営品質」「生涯設計」戦略を継承してきた。

これに加え、「保険金支払い問題」の発生後、「お客さま目線」の仕事を緊急に見直すために行った全社的活動「営業革新105計画」の徹底的な遂行も、業績を高らしめた。

この活動と同時期にお客さまに向けて言明した「品質保証新宣言」は、お客さまへの「徹底的顧客志向」のお約束として、役職員の意識を著しく高めた。本社、営業現場ともに、真のお客さま目線の活動を目指し、ご契約の「ご提案・引受時」「ご契約期間中」「保険金お受取り時・満了時」における業務改善が進んだ。

「経営品質経営」以降、第一生命の全役職員のあらゆる業務運営に取り入れられた「ＰＤＣＡサイクル」の活動習慣の定着が進み、「お客さま志向」の活動は累進的に向上していた。

ＣＳ（お客さま満足）調査の総合満足度は八年連続で上昇を続け、我々の「徹底的顧客志向」に基づく活動は、歴然たる形に表れ、お客さまに評価されていた。

こうした第一生命の中核事業である国内の営業職員チャネルの着実な成長に加えて、他チャネルにおける成長分野への準備も不断に進め、未来の収益力向上のための体制整備が為された。

業界初の試みであった生命保険会社による生命保険子会社「第一フロンティア生命」が設立され、営業が開始された。銀行窓口販売チャネルとして貯蓄性商品を販売する同社は、著しい成長を遂げていった。

同時にベトナム、インド、タイ、オーストラリアの海外の成長分野への進出も次々と進めた。

第一生命の生命保険業界における相対優位性は、より高まっていった。

しかし、そうであったとしても、そのまま手をこまねいていれば、十年先、二十年先も必ずお客さまを守りきれる生命保険会社であり続けられるわけではないことは、すでに自明のことであった。

その最たる根拠となるのが、生産年齢人口の減少問題であった。

一九九五年から二〇〇八年に、五百万人を超える生産年齢人口が減少していた。生産年齢人口の減少は、あらゆる産業の売上を減少させ、生命保険の主たる市場である死亡保障市場にも大打撃を与えていた。生産年齢人口の減少は決して止まらず、その影響が続いていくことは不可避であった。

少子高齢化、生産年齢人口減少を要因とする死亡保障市場の縮小に「相対優位」だけで、耐え続けることが不可能であることは、かねてより我々ははっきりと認識していた。

第一生命が保有契約高シェアの相対優位を保ち続けていたとしても、市場が縮小し続けていけば、収益力は低下する。そうなれば、従来のような競争力ある商品開発もサービスの提供も困難となる。ならば、収益力を保っている時期に、成長分野へと第一生命は、進出しなければならない。では、どうするのか。

第一生命が導き出したその究極の答えが、「株式会社化」であった。

第一生命が「株式会社化」に至るまでには、あるいは私がその決断を行うまでには、「株式会社化」に関する社内検証の歴史があった。

「株式会社化」検討の端緒は、森田前社長時代に遡る。

森田前社長時代、企画部において、株式会社化について言わば頭の体操としての検討が行われた。

この時は、シミュレーションの結果、時期尚早という判断が下り、「株式会社化」というテーマは、ひとまず蓋を閉じられることになった。

しかし、この時に株式会社化についての課題が整理されていたことが、いざ株式会社化の作業をスタートするにあたって、大きく役に立つことになった。

私は社長職を六年間務めることとなったが、三年を経過した時点で、前述したような経緯で株式会社化を目指すことが最上の方向性だと確信するに至った。

冒頭記したように、一九九五年、櫻井社長（当時の生命保険協会長）時代に五十六年ぶりの保険業法の大改正に私は担当部長として立ち会っており、この改正によって株式会社化が可能となるよう、法律の条項が整備された経緯もよく承知していた。ただ、この時代はまだ保有契約高も減少に転じる前のことでもあり、株式会社化について臨場感を持って考える必要は感じていなかった。

しかし、いよいよ株式会社化について真剣に考えていかなければならない時がきた。

そもそも株式会社化のような大事業はボトムアップで持ち上げ、検討に付されるという性格のものではなく、熟考を重ねたうえでのトップダウンで、検討を開始するべきものとの思いを私は持っていた。したがって、本格的な検討に入る前段階は、社長たる私自身が考え方を整理して臨まなければならない。

そこで、まずは保険業法改正時に遡って、株式会社化の条項一つひとつを吟味していくことから始めた。担当としてこの業法改正に立ち会ったことから、この部分に私は土地勘があり、それぞれの条項の意味するところを即座に、そして深く理解することができた。

その結果、コロンブスの卵ではないが、私にとっては大きな発見・気づきがあった。つまり、この業法の改正によって、相互会社の概念が創業者の思い描いていたものと一八〇度変更されていたことに気づいたということであった。そういうことならば、株式会社化は決して、第一生命創業時の理念を否定することにはならない。

こうした気づきによって、相互会社の創始会社である第一生命であっても、株式会社化を本格的に検討していくことの正当性を得ることができた、と私は感じた。

相互会社の概念が変更されたということは、具体的に次のようなことである。

そもそも相互会社の契約者は、「契約者」という面と、会社の所有者である「社員」という面の、二つの性格を持つものだが、旧業法では会社の所有者という性格が重視された法律の佇まいであった。

例えば、契約者は会社の所有者であるからして会社が赤字続きだったりした場合、保険金の削減を甘受しなければならないとされた。また、いざとなった場合は、保険金の削減を甘受しなければならないことから、内部留保を充分に積み立て、将来に備えるという必要も薄かった。この背景には、相互会社では契約者から概算で保険料をお預かりし、効率的な経営に努め、剰余については内部留保を優先するのではなく、最大限、契約者配当として還元することによって、実質的な保険料を低廉することが使命とされていたことがある。

更に言えば、「先取特権」の取り扱いがある。旧業法では、保険会社が破綻した場合、その残余財産については契約者に優先的に配分されるのではなく、当該保険会社の一般債権者にまず配分されるというものであった。会社の所有者である契約者については、当然のこととして後回しにされた。

一方、新業法では契約者の位置づけが「所有者」という性格よりも、保護されるべき存在である「契約者」としての性格が大きく重視されるものとなった。この背景には、業法改正の基本理念が「契約者保護」にあったことが与っている。

したがって、「保険金削減条項」は削除されるとともに、いざという場合に備えて、「内部留保」を分厚く積み立てることを可能とする法整備が為されることとなった。また、「先取特権」も一般債権者ではなく、保険契約者に与えられることに変更された。

このように、相互会社の概念はこの業法改正によって、一八〇度変質した。株式会社化の必要性を思い詰めたからこそ、この概念の変質に気づくことができたと私は思っている。

先に明らかにしたように、第一生命は、生産年齢人口減少社会で縮小する市場を前に、相対優位だけでは、お客さまに選ばれ続ける生命保険会社として、生き残ることは難しいと考えていた。資本を投下し、成長市場に進出して、成長戦略を打ち出さなければならなかった。新保険業法に則り、新たな収益力の向上を追求し、契約者を守るために、内部留保を積み上げていかなければならない。

しかし、それを「相互会社」のまま行えば、「その余った資本を成長分野に投資するのではなく、契約者配当として還元してほしい」というお客さまの当然の要求が起こる。「相互会社」がお客さまに果たさねばならない使命とは、まさにこれである。契約者へ配当還元を増やし、低いコストでご契約をお預かりすることにある。

だが、「株式会社」であれば、成長市場への投資に必要な資金は、リスクマネーとしてマーケットで柔軟に調達でき、配当還元の増大を求めるお客さまに対する、剰余金の使い道をめぐる問題は生じない。

成長戦略を第一生命が志向していくことで、相互会社時代からのお客さま、すなわち「社員」に生じる価値観との齟齬《そご》と、想定される事業リスクが変化することの対価としては、「株式」を還元し、成長戦略を支持いただける株主として、事業リスクを負担いただくことで納得いただける。

つまり、「株式会社化」は、お客さまに対する道義的責任を果たし、成長戦略の遂行も可能とし、新保険業法下における正しい経営のあり方を遂行できるという、第一生命の求めるもの全てを満たす結論であったのである。

しかし、これだけの正当かつ合理的な客観的事実が揃っていても、「株式会社化」の決断を、私はまだできなかった。

それはなぜか。

第一生命がその存在理由としてきた「相互主義」と決別することについて役職員を納得させるための「何か」が見出せていなかったからである。

第一生命だけに見えた「株式会社化」決断の時

「十年、二十年経った時、『かってここに誰々ありき』と語られるようになれ」

入社十年目、姫路営業部への赴任前の研修で、若い私たちを直視し、巨躯《きょく》から高声を響かせた故・櫻井孝頴は、激動期に、第一生命が第一生命であり続けるための経営の近代化を進め、「経営品質経営」の基盤を遺した人物であった。

二〇〇七年夏、「株式会社化」の決断に逡巡していた私の脳裏に、その櫻井のある言葉が、ふと浮かんだ。

「矢野恒太は、相互会社絶対論者ではなかった――」

およそ二十年前、櫻井が口にした言葉だった。

「株式会社化」をせざるを得ない時が迫っていたことは、状況が教えてくれていた。

あとは、決断し、事務局に本格的な株式会社化への準備を指示さえすればよかった。

しかし、「相互会社」の始祖である第一生命が「株式会社」になることを、何の前触れもなく、職員に通達することなど、許されることではなかった。

第一生命は、創業者、矢野恒太が日本に初めて作った「相互会社」である。「相互主義」は、第一生命人が百年以上の歴史の中で守り抜いてきた矜持《きょうじ》である。それに無断で触れ、捨てるものと誤解されれば、それはまさにサンクチュアリ（聖域）への無断侵入であるだけでなく、冒涜《ぼうとく》とみなされるかもしれない。許されざることであった。

櫻井の言葉に触発され、創業者が遺した書物を私は読み漁った。

「一言集」という一冊の頁に眼が止まった。

「相互会社と株式会社でどちらがいいかと聞かれるけれども、相互会社には相互会社の長所があり、株式会社には株式会社の長所がある」のであって、「木造の家が良いか、石造りの家が良いかという問題と同じ」で、本質はその会社の形態でなく、お客さまにとって良い会社であることが良い会社の条件だと、創業者は記していた。

創業者、矢野恒太は、櫻井の言ったとおり、「相互会社絶対論者」でも「相互主義原理主義者」でもなかった。

創業者は、「絶対的なお客さま第一主義たれ」と言い遺し、「株式会社化」への扉を、後世の我々に対して、ちゃんと半分開けておいてくれたのである。

創業者の遺志と第一生命の未来について、そのひと夏をかけて、私は考え抜いた。

「株式会社化は、創業者に弓を引くことにはならない」

そう私は結論を下し、当時の櫻井特別顧問、森田会長に相談した。両者ともに、己の頭でものを考える経営者であった。私の意に即諾し、私の背中を押すように、圧倒的な力で「株式会社化の意義」を全国の営業現場へ腑に落ちるように諭してくれた。

もし、この二人が、過去の伝統と因習だけを守り抜こうとする経営者であれば、即座に否定され、社内は二分され、「株式会社化」は間違いなく実現できなかった。

よくもあの当時、第一生命は、「株式会社化」を推進できたものだと私は今、考える。

あの時が、我々が為すべき時であった。

あの時以外であれば、不覚を取っていたかもしれない。躓《つまず》いたままであったかもしれない。

二〇〇七年以降、およそ二年をかけて進められた第一生命の「株式会社化」への準備は、「保険金支払い問題」の非常時対応と同時に進められていた。金融庁から、「保険金等の支払い漏れ等（支払い漏れ・請求勧奨漏れ）」の報告徴求を受けたのが二〇〇七年、業務改善命令を受けたのは二〇〇八年であった。ややもすると消極的な思いにかられるような非常時対応の作業を進めながらも、役職員の心は未来を見ていた。

二〇〇八年に起きたリーマンショックに端を発した世界金融危機によって、第一生命の時価総額は想定の半分の水準となったが、あの猛烈な世界金融危機の只中で、「本当にこのマーケットでやれるのか」などという言葉を先輩社長たちは決して口にせず、全国の営業現場に向かって、応援の旗を振り続けてくれた。

薄氷の上を一枚岩になって、振り向かずに我々は歩いていた。そう私は思う。

営業職員は、幹事の野村證券が舌をまくほどの圧倒的な機動力で、全国のお客さまのもとに「証券口座の設定」のご案内訪問に何度も粘り強く励み、会社に活気を横溢させた。

第一生命のような契約者数が八〇〇万名を超える生命保険会社の株式会社化は、その当局折衝、契約者に対する何度にも及ぶ手続きの要請、上場のための手続きをはじめとする膨大な実務を確実にやり遂げる必要がある。

これを完遂するには、トップ層のリーダーシップ、会社全体で一枚岩で取り組む気風、質量備わった人的資源が必要なことはもちろん、業界をリードする新規案件についての相応の経験がなければならない。大手相互会社の株式会社化は初めてのことであり、そうした案件を想定していない当局の担当者に理解を得るには、「新規案件についての相応の経験」がなければ、極めて難渋することは明白である。

この点、株式会社化の検討に至る二〇〇七年秋頃までに、幸い当社は業界初の戦略的な案件をいくつか経験しており、社内にこうした面の知的インフラが十分に構築されていた。例えば、二〇〇一年から安田火災海上保険（現・損害保険ジャパン日本興亜）の損害保険商品、アメリカンファミリー生命保険会社のがん保険を、第一生命の営業職員が取り扱うことを当局折衝して可能とし、これに伴う営業現場への事務の落とし込みを完璧に仕上げた経験をしてきた。

また、業界で初めて生命保険会社が生命保険子会社を保有するという、第一フロンティア生命の設立も、保険業法の深い理解を含めての当局折衝をクリアしたことをはじめ、知的インフラの発射台の角度を大きく高めることとなった。こうした社内の動きについて私自身、担当として、あるいは社長として関わってきたことから、第一生命には株式会社化にチャレンジする総合力が、十分に備わっているとの手応えは持っていた。

「第一生命はついている」と、株式等の振替制度を運営する証券保管振替機構の経営者はある時、私に言った。株券の電子化が完成したのは、まさに我々の「株式会社化」と同時期であった。第一生命は、図らずも上場にかかる多額のコストカットができたのである。

このような経緯を経て、いよいよ「株式会社化」のための実務は終わろうとしていた。

私の次の思いは、株式上場の日が首尾よく行われ、新社長の手で、新たなる創業の始まりを告げる、東京証券取引所の鐘を高らかに鳴り響かせることであった。

「変革するのだ」「変わり続けるのだ」「新たな成長を目指すのだ」という第一生命の姿が広く知られる大イベントにしようと、私はずっと考えていた。

事実、第一生命の「株式会社化」は、いわゆる「巨大生保」と呼ばれる第一生命の大変革であった。相互会社時代となんら変わらぬ「お客さま第一主義」に基づき、未来永劫にわたってお客さまを守り続けるための、どこの会社も為し得ていないまさに大変革であった。

第一生命が、社会、お客さまの衆目を集める株式上場の二〇一〇年四月一日に新社長が鐘を叩くために、後任の社長へ交代を行うには、もう時間はあまり残されていなかった。

二〇〇九年十二月のクリスマスイブの日であった。

当時の渡邉専務を私は呼んだ。

「……そういうことで、次、頼むよ」

私は言った。

「駄目です」

と、渡邉専務は間髪を容れず言った。

渡邉専務にとって、二つの意味でまさかという思いであったと思う。

一つには、慣例的に社長交代のタイミングを逸していた。

もう一つには、ちょうど第一生命社長が生命保険協会長を担う年次を迎えており、新任社長を受け入れれば、両業務の遂行のために、常軌を逸する多忙を余儀なくされることは自明であった。渡邉専務にとって、あまりに予想外であり、あまりに異例の申し出であったのだ。

だが、当時、専務であった渡邉社長は、一度は拒んだものの、私の考える第一生命の「株式会社化」への意を汲んでくれた。年明け一月早々を対外発表の時期に定めた。

社長交代の手筈を整え、最高の「新創業」を迎えるためのシナリオを、私はやり終えた気がした。

私の見た第一生命の「株式会社化」とは、このようなことであった。

第一生命の「株式会社化」とは、第一生命人にとって、いかなる意義を持つものであったのだろうか。

創業者の矢野恒太が掲げた「お客さま第一主義」の精神を引き継いだ現代の第一生命人が、創業からおよそ百年をかけ、あらゆる今日的経営課題に勇気を持って立ち向かい、答えを出しながら、第二創業の「次の走者」にバトンをリレーしたという事象であったと私は思う。それが、大手生命保険会社初の「株式会社化・上場」という歴史的な体制転換の実相であった。

大手生命保険会社の中で、第一生命だけにそれが可能であった理由は様々あるだろう。

一つ、最たる理由をあげたい。

「第一生命とは何か」「相互主義とは何か」「お客さま第一主義とは何か」。これを徹底的に考え抜いた我々にだけ、見えた「何か」があったということである。

直感、閃《ひらめ》きというものは、ある一つのことを徹底的に考え抜いたものにだけ、神様からのプレゼントとして与えられる、との名言があるが、我々にとっての株式会社化はそういうことだったように思う。

多くの第一生命人が、「お客さまに選ばれ続ける会社であるためにはどうしたらいいのか」と考え抜いた時に見え、その手に握りしめることができた「何か」が、「株式会社化」であったのだと私は思う。

創業者が言葉にして遺したように、第一生命は、体制が株式会社であれ、なんであれ、必ずお客さまを守り抜かねばならない。

百年後の未来で待つ第一生命人にそのバトンをしっかりと渡せるよう、我々、現代の第一生命人は与えられた責任を全うし、お客さまのための第一生命を守り続けていかねばならない。

それは、我々の使命であり、創業者の遺志であると私は考えている。

第一生命保険株式会社
［社長］渡邉光一郎

第三章

人の力の総和による
「DSR経営」でグローバル生保へ
「起業家精神への遡上」

1 「人財」の価値創造力を止揚させる「DSR経営」

いちばん、人を考えた日

二〇一一年三月某日、私は東北へ向かっていた。

――東北・茨城の七支社、三千六百名の職員たちは、今、どうしているのか……。

三月十一日、東日本を巨大地震、巨大津波が襲った。

戦慄する災いの数々に、想いを馳せた。

気仙沼営業オフィスは、巨大津波に襲われた。建物二階まで濁流が押し寄せ、職員たちは三階に逃がれ、取り残された。火勢を伴った濁流が、街を「火の海」に変えた。焼死への恐怖と飢餓に二日間闘い、職員たちは無事、生還してくれた。

女川営業オフィスは、津波に飲み込まれ、建物全てが流失した。

各地の支社、営業オフィスは、情け容赦のない凄まじい惨禍に見舞われていた。

第一生命グループでこの時、四名の安否がわからず、十三名の職員のご家族が命を奪われていた。多くの職員が怪我を負い、家や家財を失い、避難所その他での仮の暮らしを余儀なくされていた。

連日の報道で、我が目を疑うような被災地の惨状が映し出され、私の心は揺さぶられた。

——みんな、元気でいるのか。打ちひしがれているのでないか……。

胸が塞がるような想いだった。いてもたってもいられなかった。

できる限り多くの支援物資をかき集め、できる限り素早く現地に送り届けていたが、しっかり役に立てているのか。様々な想いが駆け巡った。

山形経由で、仙台、盛岡、福島の各支社へ向かった。

学生時代、東北地方は私の街であり、私の故郷そのものであった。

海、山、川、田畠、街並み……。旅や遊びの思い出とともに、東北の美しい情景は私の記憶の像に結ばれていた。

海沿いの街の姿が、目に飛び込んでくる。膝から崩れ落ちそうになった。

私の知る東北の海岸、港、街並みは変わり果てていた。

厳しい冬の寒さが残る季節に、電気、ガス、水、ガソリンのライフラインは未だ十分に整っていなかった。食事、衣服に事欠く人もいた。皆、生存に必死であった。仕事どころではない。

——営業職員は、満足に出てきていないだろう……。

そう思いながら、濁流、がれきに襲われた痕跡、臭気の残る営業オフィスを訪ねて回った。

行く先々で、営業オフィスのドアを開けると、大きな歓声が沸き起こった。笑顔の数々に囲まれた。

驚くべきことに、どの営業オフィスでも、ほとんどの営業職員が営業オフィスに集まっていた。私は常に温かく出迎えられた。手を取り合い、無事を喜び、いろいろな想いを語り合った。

ある営業オフィスでのことだった。

照明が灯らない薄暗い営業オフィスで、泥にまみれた床に立ち、私はたくさんの営業職員とともに、また元気で出会えたことを喜び合っていた。

ある営業職員は、私の手を握りしめ、頬に涙を伝わせて言った。

「早く、お客さまのところへ行きたいんです！」

笑顔をたたえ、あるいは涙を流しながら、営業職員の多くが「お客さまに会いたい」「営業オフィスに来た方が元気が出る、お客さまのところに行くと、もっと元気が出る」と、私に言った。

「みんな本当によく頑張ってくれました！　ありがとう！　元気を出して、また頑張りましょう！」

そう威勢を張って、私は営業オフィスを後にした。

見送られながら、荒れた道をまた一人歩き出した。

皆、なんと逞《たくま》しいのか――。

「元気を出そう」と元気づけに来た私が、過酷な現実に圧倒されていた。むしろ、私が皆に勇気づけられていた。情けないような想いがした。

気配を感じ、私は振り返った。

遠くで、営業オフィスの外に出た営業職員全員が、私に向かって、精一杯にずっと手を振ってくれていた。

満面の笑顔を見せ、私の姿が見えなくなるまで、いつまでも大きく手を振ってくれた。私に会うため、何とか営業オフィスに出てきた営業職員たちは、最後まで私を励まそうとしていた。

彼女たちが、とてつもなく雄雄しく輝いて見えた。

胸を締め付けるような想いがこみ上げた。気高く、優しい営業職員たちに生きて、また出会えたのだと私は思った。

東日本大震災は、二〇一〇年に「新創業」を果たした第一生命が、初めて迎えた試練であった。

相互会社から株式会社への歴史的な体制転換を果たし、「DSR経営」戦略を経営の髄として、新たな成長を目指そうと、第一生命は歩み出していた。

新創業時、次の百年もお客さまに選ばれ続けるために、「変わるもの」と「変わらないもの」を全役職員と確認した。

混沌とし、先の見えない時代の変化に対応するために、「変わるもの」すなわち「変革」に勇気を持って挑戦する。その一方で、決して「変わらないもの」すなわち「お客さま第一主義」という第一生命の理念を守り抜いていこうと皆で誓い合った。

「DSR経営」すなわち、「経営品質経営」とは、第一生命の組織活動の全てを「見える化」「視覚化」し、絶えざる改善をしようということに他ならない。

いわば、組織活動の片隅や、個人の知恵の中に隠れていて、普段「見えないもの」を「見える」ようにしようという試みである。脈々と継承されるべき大切なものをいかに見えるようにし、組織全員がそれをどう引き継いでいくのか。

その答えが、「DSR経営」である。

では、いかにすれば、この「変わらないもの」――創業者が掲げた不変の経営理念である「お客さま第一主義」を、職員一人ひとりに仕事の基本精神として根付かせることができるのか。そのために、どうすればはっきりと目に見えるように視覚化できるのか……。

私はそれが「DSR経営」の大命題であり、大仕事であると考えていた。

だが、あの東日本大震災の混乱と悲しみの時、私の心を曇らせるような思いに、眩いほどの光が射した。図らずも、あの震災によって「お客さま第一主義」という見えざる精神は、職員の現実の活動の姿に、ありありと顕在化していた。

「お客さま第一主義」は、震災に立ち向かおうとする第一生命人の姿に顕れ、圧倒的な「現場力」となって発揮されたのである。

営業職員たちは、本社が職員用の支援物資として送った水を、お客さまのもとに届けていた。原子力発電所の放射能事故の影響が深刻化していたあの時、きれいな飲み水を、自分たちが飲むのでなく、お客さまの赤ちゃん、子供たちに飲ませようとお客さまのもとに届けていたのである。

営業職員たちは、幼い命を守ろうとしていた。

誰にでもできることなどではなかった。

あの非常時に、誰も真似できないような庇護を平然と為していた。それを知った時、私は陶然とした。胸が詰まった。

命を守ろうとする無数の物語が、被災地の営業現場にあった。

第一生命の営業職員は、圧倒的なお客さま安否確認活動を行った。一心不乱にお客さま、ご遺族の力になった。本社役職員、コールセンターも全力で被災地のお客さま対応に当たった。

全国の第一生命人は、仲間を助けようと反射的に動き出し、自然発生的に凄まじいチームワークによる支援態勢を構築し、活動した。

本社役職員は震災直後に現地入りして、被災地の情報収集を行い、大阪、福岡ではその情報をもとに、支援物資の調達に街中を駆け回った。協力会社である日本物産は、震災当日から、日比谷本社で帰宅困難者に食料を供するため夜通し営業し、翌日は支援物資の調達に奔走した。震災翌日の土曜日に支援物資の第一弾は送られ、なんと日曜日には、支援物資が現地に届けられていた。

第一生命情報システムはシステムの復旧に、ビルの安全確認、復旧には、不動産部と協力会社である第一ビルディングが全力で当たった。

全国の支社、営業職員は、被災地にあらゆる支援を行い、無数の心を届け、被災地の一隅を明るく照らした。

一刻を争う危機の只中で、第一生命グループの全員が「今、自分にできることは何か」と己の意思で、考え、動いた。

鬼気迫るような圧倒的な支援は、そうして成し遂げられていた。

皆、「人」を考えていた。

私は、それを見た。

想像を超える第一生命人の潜在力を、私は見た思いがした。第一生命人もそれを見たであろう。

全役職員は、あの震災に揺さぶられても、倒れなかった。

第一生命は、決して屈せず、まずいちばんに、人を考えていた。

「いちばん、人を考える会社になる。」

あの震災の時、このグループビジョンは、まるで第一生命人の心の鏡像そのものとなった。

「新創業」初代社長の使命

二〇一〇年四月、株式会社化・上場を果たし、「新創業」として新たなスタートを切った第一生命保険株式会社の「初代社長」に私は就任した。

社長就任に際し、私がこれから背負うことになるものについて、ある証券会社の担当者は次のように私に言った。

「初めて株価を背負う社長になるんですね」

まさしくその通りであった。

第一生命の百八年の歴史上、初めて私は株主への責任を背負う社長になった。今まで誰も経験したことのない責任を背負うことになったのである。それは何を意味するのか。彼は続けてこう言った。

「今まであなたたちは、株価を背負った経験がない。それがこれから問われることになる」

一般的に、株式会社とは、株主利益のために企業経営を行うことが当然ながら大前提となる。

第一生命にはその経験がない。

だから、これから今までに経験をしたことのない、想像を超える葛藤の中で、社長である私は経営を行っていかねばならない。そういうことを彼は私に伝え、示唆したわけである。

2010年4月東京証券取引所への上場時

第一生命の歴史の原初から今日までの歩みに想いを至らせば、確かに、株式会社の対極に位置するような経営を行ってきた。そして、生命保険事業によって社会保障制度を補い、国の補完産業としての役割をしっかりと担ってきた。機関投資家としても社会に貢献し、今日に至っている。それが第一生命であった。

株主利益を追求する株式会社が「自由市場主義」型経営ならば、かつての第一生命をはじめとする相互会社とは、いわば「共同体主義」型経営である。確かに社会におけるそのありようには、歴然とした違いがある。

しかし、あえて私は「第一生命とは何か」「創業者、矢野恒太が社会に対して果たしたことの本質は何か」と、自らに問い掛けた。

矢野恒太が第一生命を創業し行ったこととは、株式会社が中心であった日本の社会、生命保険業界に「生命保険会社とは契約者のための組織であらねばならない」ことを企業理念とした「日本に初めて」の「相互会社」を創造したことであった。

そしてその「相互会社」は、永く生命保険事業の規範とされてきた。

つまり、創業者は、一九〇二年当時の世の常識を覆した革命家であった。

社会の誰にとっても未知の「相互会社」という生命保険会社を、医師であった一人の人間が、己の力で創造した。

そして、株式会社しか存在しなかった日本に、全く次元の異なる「相互会社」という、契約者のための生命保険事業のあり方を問い質した偉大な革命家であったのである。

周囲から見れば、第一生命が株式会社化し、初めて株価を背負うことは、あたかも相互会社の対極に位置する経営へ無防備に踏み出し、士族の商法を行うかのように思えるはずである。

未経験の何も持たざるものが、未知なる経営課題に素手でぶつかっていくのか、と言うのであろう。

だが、我々、第一生命の視点で見るならば、変革こそ、第一生命の顕然たる伝統であり、遺伝子である。

そもそも、第一生命は、変革者なのである。変革者であることは、第一生命の常態なのである。

所詮、企業経営とは、いかなる時代においても、様々な経営課題が次々と現れ、矛盾を抱えるものではないか。

株価・株主を背負うという未知なる課題もそうであろう。だが、その矛盾を解決することこそが、我々の考える企業経営なのである。

矢野恒太が為したことを今、第一生命は行っていく。私はそう考えている。

「矛盾解決を図る経営とは何を為すことなのか」という問いの答えを、私は創業者に、そして歴代の社長たちの姿に見出してきた。

「経営品質経営」の弁証法的継承論

新創業した第一生命は、「DSR経営」と我々が呼ぶ「経営品質経営」に取り組み、生命保険業界の中で独自性を打ち出し、新たな価値創造を成し遂げながら、着実な歩みを進めたと私は考えている。本業の生命保険を通じた安心の提供に加え、あらゆるお客さま接点で、充実した健康サポートをお客さまに提供する「一生涯のパートナー　With Youプロジェクト」は、生命保険業界において、社会の課題解決に向けた先取的な取り組みであった。「安心の定期点検」という営業職員によるお客さま総訪問活動等、オール第一生命でお客さま接点を求め、健康・医療・育児・介護等の様々な情報提供を行い、お客さまとの絆をより強いものとした。

この「一生涯のパートナー　With Youプロジェクト」こそが、第一生命の不変の魂である「生涯設計」戦略の継承であり、進化形そのものである。

ネオファースト生命の設立、米国プロテクティブ生命の子会社化は、前者においては、多様化する社会・お客さまのニーズに応える商品とサービス体制を拡充し、後者においては、持続的成長を遂げ、全てのステークホルダーの負託に応えていくための、極めて「結果志向」かつ、「プロセス志向」の経営戦略であると自負している。

相互会社各社でも、国内外生命保険会社の買収が相次いでいる。しかし、第一生命による生命保険会社の買収、子会社化は、株式会社化を果たし、契約者へ配当還元に当てねばならない剰余金の使途のありようにおいて、信義的な問題・潜在的リスク要素を整理し、排除したうえで為されたものである。全てのステークホルダーへの責任を果たす「経営品質経営」の価値観がそこにはある。

第一生命が行う意思決定は、全て「ＤＳＲ経営」がその基本にある。


これから、第一生命が取り組んできた「経営品質経営」について、そして新創業後の「ＤＳＲ経営」の歩みについて、私の考えを語ってみたい。

まず、「ＤＳＲ経営」とは何で、いかなる経緯で、新創業時に生まれたのか、明らかにしておきたい。

「ＤＳＲ経営」とは何であるのか。二つの要素に分けられる。

広義でとらえるならば、「ＤＳＲ経営」とは、第一生命グループの社会的責任（DSR=Dai-ichi's Social Responsibility）を果たすことで持続的な価値創造を目指す、「経営品質経営」をベースとした「原理原則論」である。

第一生命の経営理念である「お客さま第一主義」に基づいた企業活動に終始一貫し、生命保険事業を通じて、お客さまの「一生涯のパートナー」たることへの、我々の絶対不変の想いをその根底に込めている。

グループビジョン「いちばん、人を考える会社になる。」には、グループ全員が、全てのステークホルダーをいちばんに考え、行動して、変革に挑戦し続けることで、新たな価値を創出し、持続的な成長を目指そうという我々の志と決意を、短文に表している。

つまり「ＤＳＲ経営」とは、「経営理念」と「グループビジョン」、あるいは企業行動原則である「ＤＳＲ

憲章」（＊5）等の第一生命の意思を綜合したものである。

すなわち、企業活動において第一生命が大切にすべき価値観を理念体系化し、全役職員が胸に刻み、実践するための、「原理原則論」になっているのである。

一方、狭義に表現するならば、「DSR経営」とは、第一生命の全役職員が拠って立つ「原理原則論」を、いかにして為すのかの具体的「活動論」でもある。

「日本経営品質賞」のアセスメント基準である「徹底的顧客志向に基づく経営革新」を、全社の全現場の経営枠組みに取り入れ、PDCAサイクルを回す活動を職員一人ひとりが実践し、第一生命という会社の全体で高品質の活動プロセスを目指す「活動論」として規定しているのである。

この「活動論」によって、営業職員チャネルにおいては、「生涯設計」による徹底的なお客さま志向の商品・サービスの提供を行い、あらゆるお客さま接点で、お客さまに選ばれ続ける企業、持続的成長を遂げる企業を追求することを目指している。詳しい「活動論」については、後に述べたい。

このように「DSR経営」とは、「原理原則論」と「活動論」を内包する総合経営のありようなのである。

では、「DSR経営」は、いかなる経緯で生まれたのか。

「DSR経営」は、第十代社長の故・櫻井孝頴が「経営品質協議会」創設に関わったことを端緒とし、第一生命といわゆる「経営品質」とのつながりは生まれている。

櫻井から「経営品質」という未知なる課題を引き継いだ次期社長の森田は、徹底的顧客志向に基づく経営革新を追求する戦略として具現化し、これが今日の「DSR経営」へと続く、第一生命の「経営品質経営」の起源となった。二〇〇一年には、当面の目標であった今日の「日本経営品質賞」を受賞し、同戦略は大きな果実を掴んでいる。

続く斎藤社長時代は、森田の「経営品質経営」を「コーポレートブランド向上経営（ＣＳＲ経営）」として引き継ぎ、それを私は、新創業と同時に「ＤＳＲ経営」と改称して継承したということになる。

実は私は、先輩社長の森田、斎藤の両社長時代から、「経営品質経営」の遂行に携わってきている。森田社長時代には、今の経営企画部に当たる、当時の企画第一部の担当部長・役員として、また品質向上委員会副委員長として、「経営品質経営」の推進事務局を担当していた。斎藤社長時代も同様に、事務局の担当役員として携わった。

したがって、「経営品質経営」の黎明期から今日まで、この取り組みの当事者として私は携わっているのである。

「経営品質経営」の意義を知るとともに、両社長がどのような経営課題に直面し、懊悩《おうのう》し、いかにして意思決定を為したのかを、私はよく知っている。

先代社長たちの経営の特徴点を、私なりにごく端的に言えば、次のようになる。

櫻井は、「人間力経営」であった。

バブル絶頂期とバブル崩壊後の激動期に、第一生命の近代的営業体制の基礎を築き、これが「経営品質経営」の基盤となった。

櫻井によって自由闊達な議論ができる社内風土が創られ、他業界との画期的な業務提携、株式会社化といった常識を打破する第一生命の変革精神は育まれていった。まさに、職員の「人間力」を引き出した経営であった。

森田は、「弁証法経営」であった。

「生涯設計」「経営品質経営」の二大戦略を打ち出すことで、一九九〇年代後半の生命保険会社七社の破綻に幕を開け、保有契約減少が不可避の時代に突入するという生命保険の歴史上の最悪期を乗り越えた。

混沌を極めた矛盾だらけの経営環境下で、対立する課題、まさに矛盾に対し「正、反、合」の生成過程を経て、摩擦によって事態を発展、成長させていく、つまりアウフヘーベン（止揚）させていくという「弁証法」の考え方に基づく経営を行い、第一生命は常に相対優位を築き上げることができた。

これは大変重要なことだが、「ＤＳＲ経営」の思想は、実は、この「弁証法経営」とその基本思想は同根のものである。

ここで、「弁証法」というものについて、説明を補足しておきたい。

「弁証法」という一言で説明の難しい概念を説明するために、私は「二兎を追って二兎を得るのだ」という例え話をよくする。本来であれば、「二兎を追う者は、一兎も得ず」だが、それは違う、ということである。野うさぎを一兎ずつ追えば、片方は逃してしまうが、両方とも捕まえる方法を真剣に考えようということである。野うさぎは、夜、巣穴に戻る。巣穴で一度に捕まえれば、二兎を得られるのである。要は、絶対に無理だと思われる課題や矛盾でも、必ず解決策はある。

常に現れる経営矛盾を解決することが、あらゆる時代の経営の真実であり、矛盾を解決した先に、より高い次元の価値を創造できるという「弁証法」の考えに、「ＤＳＲ経営」は基づいている。

ＰＤＣＡサイクルを回すことで、プロセスや戦略の高度化へつなげるためには、小さな改善の積み重ねだけでなく、「弁証法」の考え方を実践した「矛盾解決」が不可欠なのである。

斎藤は、「コーポレートブランド向上経営（CSR経営）」によって、「経営品質経営」という徹底的顧客志向の価値観を、職員一人ひとりの「活動プロセス」としてより身近に意識させ、企業価値を高めていった。

ブランド向上という新時代の価値観を、「弁証法経営」に綜合し、「経営品質経営」を着実に一段、高めた。結果、お客さま、社会からの第一生命への評価をより向上させた。

総括すれば、三者の経営は、すべてが「DSR経営」に不可欠な要素となっている。それを端的に説明してみたい。

櫻井の「人間力」経営は、組織のボトムアップ力の基礎体力を高めた。職員一人ひとりの意思を経営層へとつなげるボトムアップ力は、組織の隅々までを「見える化」するための絶対条件である。

森田の「弁証法」経営の理論は、PDCAサイクル活動の実践に欠くべからざるものである。職員一人ひとり、あるいは経営レベルの意思決定において、矛盾や課題の本質的な解決を図るための原理原則論となっている。

斎藤の「コーポレートブランド向上経営（CSR経営）」は、第一生命のブランド力を高めようという意識が、職員一人ひとりに浸透し、顧客志向の活動プロセスの精度を高めた。意識改革が図られたことで、お客さま、社会、株主・投資家、従業員など全てのステークホルダーの期待に応え続けるための、役職員一人ひとりのプロフェッショナル意識を向上させた。これが持続的な社会の成長への寄与を目指すグループ企業行動原則、「DSR憲章」を実行していくための土台となった。

これら過去の経営の全ては、まさに「経営品質経営」の基本枠組みそのものであった。

さらに言うなれば、これらの経営の変遷とともに、経営から経営へと「正、反、合」の弁証法的アプローチが重ねられてきたことで、第一生命の経営力は、止揚を遂げ続けてきたと私は考えている。

私が「ＤＳＲ経営」で目指すものとは、こうした過去の「経営品質経営」を継承し、さらに第一生命の経営力を止揚させようということである。

新たなリーダーが組織のトップに立って経営革新を目指す時、その事業継承のありかたにおいて、成否を分けるものとは一体どのようなものであろうか。

一般論では、革命的な経営革新は、前任者を否定することから始まると思われがちである。既存の経営を破壊し、過去と決別するからこそ、独創的な経営戦略を打ち出せ、組織力を高められるとする考え方である。

しかし、私はそうは思わない。一方的な破壊は、組織力の衰退を招くだけである。

重要なことは、弁証法的な思考によって、過去の経営を止揚させることである。

目の前に矛盾があるのならば、その矛盾を解決し、その過程に起きる摩擦の先にある高次元の成長を目指さねばならない。私が目指してきた経営は、全てこれであった。

私は若い頃から「変化は摩擦を生み、摩擦は進歩を生む」という言葉を、座右の銘としてきた。「ＤＳＲ経営」戦略の弁証法的な思考は、この言葉の持つ思想と一致する。

変化を恐れてはならない。摩擦に怯んではいけない。変化と摩擦によって、進歩を目指さねばならない。

振り返れば、第一生命はいくつもの「危機」を乗り越え、進歩を遂げてきた。生命保険会社の経営破綻問題、保険金支払い問題に立ち向かったあと、リーマンショックで悪化するマーケットの中で、「本当にできるのか」と言われながら株式会社化に挑んだ。

新創業後、初めて迎えた決算発表日にはギリシャ問題が勃発し、欧州債務危機が始まった。翌年には東日本大震災が発生した。数々の危機の只中で第一生命は、勇気を振るい、変化を起こし、摩擦熱を推進力に変えて、進歩し続けている。

危機や困難、混沌の時にこそ成長を目指さねばならない。変化は摩擦を生み、摩擦は進歩を生むというこの思想そのものである「ＤＳＲ経営」を追求することで、混沌と矛盾を克服しながら、第一生命は成長を遂げていけると私は確信している。

次からは、斎藤社長時代の「経営品質経営」であった「コーポレートブランド向上経営（ＣＳＲ経営）」から、いかにして「ＤＳＲ経営」戦略への止揚を目指したのか見ていきたい。

株式会社化・新創業を「起業家精神への回帰」と定義する

なぜ、前任の斎藤社長時代の「コーポレートブランド向上経営（ＣＳＲ経営）」を、「ＤＳＲ経営」へと名称を変えることになったのか。

順を追いながら、「ＤＳＲ経営」が生まれた経緯を見ていきたい。

その経緯の一つひとつに、対立する課題や矛盾を解決し、止揚させていこうとの意思が込められていることを理解いただけると思う。

まず、斎藤社長時代後期の「ＣＳＲ経営」は、いかなる背景に生まれた取り組みであったのか。

「CSR経営」は、いわゆる二〇〇六年以降の「保険金支払い問題」を猛省し、お客さま志向の経営のあり方を再検証したうえで、再び原点に立ち返り、「経営品質」向上を図らねばならないという危機感の中に生まれたものであった。

それゆえに「企業活動が社会に与える影響に責任を持ち、全てのステークホルダーに適切な意思決定と態度で臨む」ことの略称「CSR（Corporate Social Responsibility）」を経営呼称に据え、経営戦略の中核に位置付けていた。

その最たる運動が、二〇〇六年九月の「品質保証新宣言」であった。

社会の信頼を回復させようという切実なる思いを込めた取り組みとして、「品質保証新宣言」を表明し、営業品質を飛躍的に向上させる「営業革新105計画」という経営革新を通じ、お客さまにその履行を誓った。

これはお客さまへの我々の想いを表明するための活動であったが、それとともに、職員に対し、改めて自分たちの足元の活動を徹底的に見直すことに焦点を当てた取り組みでもあった。

この取り組みの結果、職員の「顧客志向」の仕事意識は向上した。社会やお客さまの利益を考える「経営品質経営」とは何かを再び自身に問い、職員は、基本姿勢に立ち返っていたと私は思う。

次に取り組もうとしたのが、「株式会社化」への運動であった。

これは、実に悩ましい経営課題だった。

「株式会社化」とは、一般論で言えば、「株主利益を追求していく」というイメージが否応なく喚起されるものである。そのイメージが、「日本最初の相互会社」に愛着とプライドを持っている職員にそのまま伝われば、創業以来培ってきた「顧客志向」の精神性を否定しているかのような誤解を与え、士気の低下を招きかねなかった。

職員に、どのような思想変化を求めればいいのか、私は懊悩《おうのう》した。

「相互会社」時代の第一生命の経営は、ある意味、その思想においては、実に簡潔なリーダーシップがあればよいものだった。

例えば、営業職員に正しい活動姿勢のあり方を徹底させようとする時、相互会社の使命や、創業者の経営理念を語ることで、想いは職員に明快に伝わった。

「経営品質経営」の思想も得心されやすかった。

第一生命の百十余年の伝統として「お客さまの会社たれ」という思想は、脈々と継承され浸透しており、それゆえに「CSR経営」は、役職員の理解と行動を自然に促し、それが斎藤社長時代の「品質保証新宣言」「営業革新105計画」の取り組みを推進させた。

では、「株式会社化」にあたり、いかなる方針を持ってすれば、顧客志向の「経営品質経営」を、職員にとって一見それと相容れないように思える「株式会社化」と親和させられるのか。つまり、止揚させられるのか。

この難題への私の答えは、「新創業」という、これ以上ないほど強烈な印象を与える表現を用い、役職員に対して「株式会社化」の本質的な意義を問い、その答えへと導くことであった。

すなわち、株式会社化は、ただの株式会社化という事象として通り過ぎるのでなく、全ての役職員が当事者として、思想変化の必要性を認識してもらう機会として欲しかった。

その思想変化とは何か。

「新創業」は、決して株式会社化を目的化した概念ではなく、これを機に、第一生命グループを構成する全ての組織、一人ひとりの職員が、第一生命の原点である「起業家精神に立ち返る」ことが株式会社化の意義であるということである。

つまり、職員一人ひとりが、第一生命の原点である矢野恒太が為したことと同じく、今、「起業家回帰」しなければならないということである。そのように、株式会社化という出来事を定義してもらいたかった。

創業者は、ずさんで、利益至上主義的な株式会社が乱立する混迷化した明治時代の生命保険業界に、全く新しい価値創造を行い、相互会社である第一生命を創業した。

まさに現代の第一生命が対峙しているのと同じような混沌とした世界に、勇気を奮って挑戦し、常識を覆し、偉業を果たしたのである。

我々も同じ道を歩むのだというメッセージを、私は全役職員に送った。

「新創業に立ち会った我々全員は、創業者のような起業家精神に立ち返った志を持たねばならない。それが我々の株式会社化であり、我々の新創業なのだ」と、私は語りかけた。

振り返れば、この当時の私の心境は、「賽《さい》は投げられたのだ」という思いであった。

株式会社化を前に、矛盾を抱える経営に挑まねばならないことは、十分すぎるほどわかっていた。

では、矛盾を解決していかねばならない経営の本質は何か、考えた。

その答えは、百年を超える企業は皆そうであるように、変わらない理念を守り抜き、経営環境の変化に対応する、変化対応力を持つ強靭な経営である。

ならば、「新創業」とは、まさに創業者と同じような起業家精神に立ち返り、どのような変化にも対応していく覚悟を決めなければならない。その態勢を築き、再び、大志を抱き、勇気を奮って前進していかなければならない。

私はそのような心情を、職員たちと重ね合わせたかったのである。

「CSR経営」から「DSR経営」へのアウフヘーベン

この当時、大変驚き、感動したのは、「いちばん、人を考える会社になる。」というグループビジョンが生まれたことであった。

株式会社化は既定となり、我々は、戻ることのできないルビコン川を渡ってしまっていた。急ぎ、第一生命グループとして、「お客さま第一主義」の経営理念を包括しながらも、グループ全体が同じ意思を共有し、同じベクトルに総力を結集できるグループビジョンとなる言葉が必要であった。

各部門の若い職員に、私はその仕事を求めた。

「あなたたちのビジョンを作るんだ」と、私は言った。

そのグループビジョンを胸に秘め、次代の第一生命を背負っていくのは、若い職員たちである。彼らが長い道のりを歩むうえでの道標となるビジョンは、彼らが考えるべきだと私は思った。

議論を重ね、検討の結果出てきたものが、「いちばん、人を考える会社になる。」であった。

私は心底、感動した。

株式会社化の際のビジョンだけに、また若い世代の発想だけに、乾いた言葉が出てくるものと予想していたのである。

「人の第一」と永く言われてきた第一生命に相応しい言葉だった。

企業文化とは、伝統の力とは、こういうことを言うのだ、と私はこの時、思った。いちばん「人」を考えるのだ、と若い職員たちが考えたことが、私はとても誇らしかった。

さて、なぜ「CSR経営」という表現を、「DSR経営」戦略に改めたのか。

それについて明らかにしたい。

株式会社化を目前にし、創業者の不変の経営理念はそのままに、今日的なマルチステークホルダー型の経営へと移行するにあたり、第一生命は相互会社時代の「企業行動原則」を、新たに制定する「DSR憲章」へと置き換えていった。

これを社内に打ち出す時、初めて「CSR」という表現は、「DSR」という言葉に置き換えられ、職員へと打ち出された。

理由は二つあった。

一つ目は、どこかからの借り物でない、第一生命の本気の願い、本物の目的をその名称に託すためであった。

「CSR」は、マルチステークホルダー型経営の代名詞として、欧米で普及した概念である。

しかし、こと日本においては、本業とは別物として取り組まれる社会貢献、地球環境保全、ボランティア活動を指す、いわゆる「狭義のCSR」として使われることが一般的になってしまった。

したがって、我々が「ＣＳＲ」という言葉をそのまま使えば、一般的に、企業が本業の他に余力で行うボランティア事業のような社会貢献活動と誤認されてしまう。

しかし、我々の行う経営、社会貢献とは、全くそれとは次元の異なるものである。第一生命は、生命保険事業という本業そのものが社会貢献事業なのである。国の社会保障制度を補完する壮大な社会貢献事業を担っていることこそ、第一生命の存在意義なのだ。

第一生命が、創業時から百年以上にわたり行ってきた社会への貢献、そして新創業後に果たしていく社会への貢献とは、狭義のＣＳＲたる社会貢献活動とはまるでその規模も、その目的も異なっている。機関投資家として長期資金を供給し、社会の経済活動に多大なる貢献を果たしてもいる。

したがって、「ＣＳＲ」と呼び続け、社会、お客さま、職員に、「第一生命は、その程度の社会貢献を経営戦略として定義している」と誤って認識されてしまうわけにはいかなかった。

では、広義の「ＣＳＲ」の概念を内包しながらも、本業を通じて圧倒的な社会貢献を追求し、さらに無数の様々な社会貢献活動を行っている第一生命らしい「経営品質経営」の新たなる名称は何なのか。

その答えが、第一生命の頭文字の「Ｄ」を冠し、第一生命の志であることの証を刻み込む「ＤＳＲ経営」という名であった。

理由の二つ目は、言葉の陳腐化によって、職員の「行動」の陳腐化を防ぐためであった。時の経過とともに戦略の呼び名が古びれば、どうしても組織、職員に倦怠は起こる。

時代に合わせて、時には名称を変えて戦略を打ち出すことで、言葉の陳腐化と行動の陳腐化を防ぐとともに、「経営品質経営」という戦略のレベルアップも図るために、「ＣＳＲ経営」から「ＤＳＲ経営」と改めたわけである。

さて、翻って「DSR経営」の一語に、新創業の意義、経営理念、ビジョンなどを綜合させ、託そうとした私の想いは何であったか。

一言で言うならば、新創業を機に、全役職員が起業家精神に回帰し、生命保険事業という本業に迫真して、その社会への貢献によって、第一生命が社会に認められ、選ばれ続ける存在であろうという意思である。

このような思いで、私は「CSR経営」から「DSR経営」へと止揚を目指し、「経営品質経営」を継承していったということになる。

これまで見てきたように、「経営品質経営」は、名称は変われど、その基本精神は変わらないまま継承されてきている。

なぜ、第一生命は、「経営品質経営」を継承し続けるのか。その答えは、歴代社長の言葉に見出すことができる。

森田は、巨大な生命保険会社である第一生命を、軟体動物に例えた。そのとらえどころのない巨大な軟体動物を内部からも外部から見えるようにし、理解するために「背骨を通すのだ」と言った。

その背骨が、「経営品質」であると定義した。

斎藤は、「経営の暗黙知」を「経営の形式知」へと顕在化させ、組織全体で共有可能な「知の体系」を構築することが「経営品質経営」であると定義した。

両論は異なる表現だが、全く同じ「経営品質経営」活動論の本質を明察している、と私は思う。

私の言葉で言えば、次のようになる。

「経営品質経営」すなわち現在の「ＤＳＲ経営」の正体とは、不変の経営理念、未来へのビジョンをベースに置き、マルチステークホルダー型の経営を行うことで、成長を遂げ続けねばならない第一生命という巨大組織を、内部からも外部からも「見える化」するための経営枠組みであり、その活動論である。

では、なぜ「見える化」が必要なのであろうか。

それについて、次から述べてみたい。

「ＤＳＲ経営」とは、真の三現主義を実現するための「見える化」である

二〇〇一年に第一生命は、金融機関として初めて「日本経営品質賞」を受賞した。大手金融機関の受賞は第一生命以後、不可能であろうとも言われている。実際、第一生命の受賞後、いわゆる「大企業」が全社規模で受賞することもほとんど無い状態が続いている。

こうした事態の理由は、明快である。

第一生命と同じような「巨大」な「金融機関」は、その組織規模の巨大さ、業務内容の複雑さと多様さ、商品・サービスが無形であること等によって、あらゆる企業内外活動の実態の追跡、精査、社内アセスメント（評価）、審査機関によるアセスメントが、実務上、多くの困難を伴うからである。

同賞で、定められているアセスメント基準は極めて広範かつ仔細であり、厳格である。

もし「経営品質経営」を行うならば、「経営品質」運動を全社的に指揮する専門部署を立ち上げなけれ

ばならない。恒久的に、職員に意識改革と業務改革を推進するという多大な労力が要求される。

このような体制を構築しなければ、社内で自社の組織の隅々までを評価はできない。評価できなければ、卓越した経営改善、経営革新は当然進まず、同賞への申請も、同賞の審査も為されるはずもない。

大企業、金融機関が「経営品質」運動に積極的に挑戦しない理由とは、このような背景がある。

第一生命では、一九九七年に「経営品質経営」戦略の取り組みを開始し、二〇〇一年の同賞の受賞以降、この「日本経営品質賞」のアセスメント基準を経営の基本枠組みとして取り入れ、「経営品質経営」を行ってきた。

徹底的顧客志向に基づく経営革新の精神で、第一生命グループの組織を徹底的に鍛え上げるために、戦略名称を変え、経営のありようを止揚させてきたことはこれまで述べた通りである。その詳しい経緯は、森田特別顧問、斎藤会長の経営論で補足いただきたい。

ともあれ、第一生命は、大企業、金融機関が積極的に挑まない、あるいは挑んでも諦めてしまいがちな「経営品質」という経営枠組みを取り入れることで、一般論でいう品質改善というレベルを超越する「全企業活動を対象とした経営品質向上」を目指し、第一生命の考える持続的成長を目指してきた。

逆を言えば、「経営品質経営」を取り入れなければ、第一生命は、第一生命の目指す成果は得られなかったということである。

なぜであろうか。

「経営品質経営」によって、第一生命を「見える化」しなければ、到底あらゆる経営革新は不可能だったからである。

経営者は、組織の隅々の様子を知ることができなければ、経営は不可能である。「三現主義」という経営の考え方がそれを表している。

多くの経営者は、経営の理想像、正しい姿として「三現主義」をよく挙げる。経営者は、現場・現物・現実を見なければ、会社の全容を理解することはできず、正しい経営を行うことはできないとする正当な考え方である。

この考えは至極正しい。特に工場や店舗という明確な場のある製造業や販売業では、違和感なく当てはまる。しかし、第一生命の経営にそのまま当てはまらないという意味において、実は、間違っているとも言える。

第一生命で経営者が、営業現場をその目で見て、知ることなどできないからである。

第一生命には、国内で四万名の営業職員がおり、お客さまは一千万名いる。四万名の営業職員が、毎日、全国で一千万名のお客さまに何らかの接点を持ち、動き、営業活動を行っているのである。

森田の言う「軟体動物」とは、まさにこの不可視かつ、とりとめのない事態を指しているが、このように軟体動物のような営業現場の生の姿を、経営者が現場で全て見ることなどできようもない。また、経営者が現場に行ったところで、その動的な活動の正当な評価は、不可能である。

すなわち、正しい経営の意思決定ができるはずもない。その意味で「三現主義」は、そのままでは、第一生命においては理想論なのである。

しかし、経営者が営業現場を知らずして、経営などできるものではないのも事実である。

そこで、「経営品質経営」「ＤＳＲ経営」なのである。

第一生命が「経営品質」の考え方をベースとして経営を進めている理由とは、本社、支社、営業オフィス、グループ会社の全ての組織階層で「見える化」し、経営品質の向上につなげるためなのである。「見える化」が為されていない限り、第一生命の経営者に各現場は全く見えない。

だが、「ＤＳＲ経営」戦略を推進することで、ある支社では数年先までの環境変化を踏まえて組織ビジョンをこのように掲げている、こうやって意識改革を行っている、こうやって業務改革を行っているということが紙に書かれて、説明が為され、指標の推移を確認し、すなわち、「見える化」されることで、経営者は初めて、全国に展開している組織のありように確信を持つことができる。

つまり、第一生命という巨大で、とりとめなく動体的な営業現場のありよう、その他膨大な数の組織現場は、「ＤＳＲ経営」によって、初めて見えるようになり、経営層に理解されるようになっている。「見える化」されることで、何を改善し、何を評価するのかの経営判断が可能になっているということである。

したがって、第一生命の真の三現主義は、「経営品質経営」による「見える化」によって果たしているということになる。

第一生命が一九九七年から行ってきた「経営品質経営」とは、懸命にこの事象を追求してきた歴史だということである。

「ＤＳＲ経営」活動論――人間力の総和で価値創造を起こす

では、「ＤＳＲ経営」がどのような仕組みになっているのかを簡単に説明してみたい。

「ＤＳＲ経営」はすでに説明の通り、基本的に「日本経営品質賞」のアセスメント基準に則っている。

まず、「組織プロフィール」で「組織の目指す理想の姿」の実現に向けて、「何を変革すべきか（変革課題）」を洗い出す。そして、変革課題実現にむけた経営活動のプロセスとその状態を、「八つのカテゴリー（＊6）」の視点から多面的に検証し、強みと改善点を明確化し、対応策の検討へつなげる。この過程で、組織の本来目指すべき姿を再確認し（あるいは新たに見出し）、組織の成熟度を測ることで、さらに次のステップを目指す契機とすることが出来る。これらの一連の作業（アセスメント）について、「全カテゴリーで精緻に行うフルアセスメント」「幾つかのカテゴリーに絞って行う簡易アセスメント」「組織ビジョン設定・課題認識・振り返りにフォーカスしたベーシックな枠組み」などのバリエーションを用意している。そして「第一生命全体」「事業部門」「本社各部」「支社」「グループ会社」といった組織の特性に合わせて適用し、運営している。

また、全組織、全職員は、計画達成・問題解決に向け、日常の業務プロセスを一貫した「ＰＤＣＡサイクル」で回していく。「ＤＳＲ経営」では、この「ＰＤＣＡサイクル」の活動・思考を最重要の習慣として位置付けている。何事においても、第一生命では常に「ＰＤＣＡ」である。

組織、職員は、全ての業務プロセスでPlan（計画）、Do（実行）、Check（評価）、Action（改善）を繰り返していく。この一連の流れを繰り返し、日常業務に対して改善や変革、達成を果たして、当事者として「見える化」の作業も行う。

そこから経営層へのボトムアップや組織間の横の連携を図り、好事例や潜在するリスクなどの全社的な共有が行われている。

「見える化」の最たる成果物が、紙に書かれた「経営品質報告書」と「DSRハンドブック」である。「第一生命全体」についての精緻なアセスメントを目的に編纂したものが「経営品質報告書」であり、本社組織で独自に作成しているものが「DSRハンドブック」である。

「DSRハンドブック」は当該組織のビジョン・価値観、戦略、事業計画、人財育成方針、その他諸々の部方針やルールを毎年一冊にまとめ「見える化」したもので、第一生命、そして当該組織の原理原則論と活動論を職員へ共有し、共感、自分ごと化するのに大いに役立っている。

会社全体・組織の実相を読み込むことで、職員は、第一生命という会社が何を目指し、何を実際に為しているのか。また、自分の所属する組織が第一生命の企業活動においてどんな役割を持ち、何を目指し、何を為しているのかを見る。

目標、課題、立場、為すべきこと、為されていないことの把握を、「見える化」された紙の上で見るわけである。そして、自身が為すべき仕事の全容を知るわけである。

この「見える化」に基づく振り返りの作業が、まさに「DSR経営」そのもので、振り返り作業が、さらなる「DSR経営」の確度を高らしめている。

第一生命全体の活動実態について、A4用紙で百頁近いボリュームで徹底的にまとめあげる「経営品質報告書」は、手前味噌ながらよく出来ている。その圧倒的な検証項目の仔細さ、おびただしさもさることながら、第一生命の経営理念をベースとした「経営思考のありよう」と、「経営の客観的な全活動の結果」が、しっかり書き上げられ、まとめられている。大袈裟に言うなれば、第一生命の哲学と文学と数学と科学が、徹底的に丁寧に分析されているのである。

森田社長時代に、私はこの「経営品質報告書」をまとめ上げたことがある。二〇〇一年の「日本経営品質賞」受賞後、受賞機関は三年間、「経営品質報告書」の作成義務がある。その作業に私は携わった。

この時、初めて自分の会社の全容を私は知った。八つに分類されたカテゴリーに分けられ、文字によって書き上げられ、綜合された会社の意思と経営の全実態を知ると、「経営品質経営」の威力に目が覚めるような思いがした。

それまで、自分の知っている会社は、所属長の語る言葉の中にあった。しかし、第一生命と所属組織の実相は、このひと束の書類の中にあったわけである。それをこの時、初めて理解することができた。日常業務を追う毎日の職員が知っている会社像とは、目に見える会社の断片に過ぎないものである。

しかし、この「経営品質報告書」や、一部の組織がまとめている「DSRハンドブック」を見ることで、職員はまさに第一生命や所属組織の全てが理解できるようになっている。

これが「DSR経営」の基本的な流れになるが、一つ、運営において重要な事柄を強調しておきたい。

この「DSR経営」を各組織、各職員が行っていくうえでの非常に重要なルールについてである。

それは、「DSR経営」の主たる目的は、組織・職員にとっての「あるべき姿」に向かって変革し続けることであり、その「方法」は、従たるものに過ぎないことである。

すなわち、方法論は、決して限定しないということである。

例えば、ある組織が「あるべき姿」へ変革を追求するために、「日本経営品質賞」の経営枠組みそのものを必ずしも用いる必要はない。

その部・支社、その組織に適した「DSR経営」を組み立て、それに従った運営によって、絶えざる意識革新、業務革新が為されていればいいということである。

「DSR経営」は、その意味では、その形式や呼び名という現象には一切こだわりはない。本質の追求だけに価値を置いている。

本質とは、「DSR経営」を磨き上げることではなく、組織と職員を磨き上げることである。

実は、「経営品質経営」は、時とともに進化している。

「DSR経営」へとその歴史を重ねる中で、各組織の取り組みは成長、進化を遂げている。「日本経営品質賞」の経営枠組みをベースとしながらも、組織によっては、「バランス・スコアカード」（＊7）等の視点も加え、最適な経営枠組みを取り入れている。

現在の第一生命の「経営レベル」における取り組みが、まさにそれである。

「日本経営品質賞」の経営枠組みに加え、より成長戦略的で、より株式会社に相応しい内部統制を目指すための経営枠組みを取り入れ、独自に新たな経営枠組みを創造し、取り入れている。

「経営レベル」の意思決定を行うための経営枠組みは、相互会社から株式会社化に組織改正するにあたり、適正な概念へと高度化する必要が生じた。株式会社化後、緊要となった広範な内部統制の諸課題を、従来の経営課題に綜合させ、把握し、そのうえで経営の意思決定を為さなければならなくなったのである。

そこで、「日本経営品質賞」の経営枠組みに、より高度な経営枠組みを重ね合わせた独自の立方体（COSOフレームワーク）の概念図として、「見える化」している。ここでも、二つの経営枠組みを摩擦させ、止揚させたわけである。

「DSR経営」はこのように柔軟な「経営枠組み」の加工を行いながら、経営革新を目指そうとする概念である。

「DSR経営」という戦略の本質は、規定の「DSR経営」を行うことでは決してなく、経営革新を行い続けるために、組織、職員を磨き上げることだけを希求している。つまり、組織と職員を磨き上げるための自由闊達《かったつ》な原則論的「活動論」が、「DSR経営」なのである。

各現場、各組織に適した経営枠組みを使い、PDCAサイクルを回し、らせん状の成長を求めて意識や業務プロセスの変革を行い続け、目の前の矛盾を止揚させていく活動の原則論が、「DSR経営」だということである。

「DSR経営」は、難解に思われるかもしれないが、その精神は極めて簡潔である。

煎じ詰めれば、職員一人ひとりが人間力を高め、その総和として、組織力を高めようとしているに過ぎない。職員が進化し価値創造を行えば、その総和がすなわち、第一生命の進化と価値創造につながるということである。

では次は、職員、組織の価値創造がいかに為されているのかについて、例を挙げて論じてみたい。

価値創造は、恒久的運動性から生まれる

二〇一〇年四月の新創業後にスタートした「DSR経営」は、その後も大きな進化を遂げ続けている。一例を挙げたい。

ここ数年、格段に進化を遂げているのが、全国に約九〇ある支社で取り組んでいる「DSR経営」、つまり「支社DSR」である。

「支社DSR」を進めるにあたっては、営業現場である支社へ「経営品質」の視点をいかに効果的に浸透させるかという観点から、「八つのカテゴリー」は持ち出さず、まずは最も基本となる「人財育成・お客さま対応・コンプライアンス」という課題について、全社共通の必須課題と位置づけ、PDCAサイクルを回していくこととした。

さらに支社独自課題を加えることで、各支社の「あるべき姿」に向けた価値創造につなげ、これを徹底した好事例共有によって全国展開し、レベルアップを図っている。

そして各地の支社は、二〇二〇年までの中期ビジョン「安心の最高峰を、地域へ、世界へ」を、支社独自の視点でとらえ、意識変革、業務変革を起こし、「健康お届け活動」をはじめ、行政とタイアップした革新的な地域貢献活動に乗り出し、PDCAを回しながら進化させている。生命保険業界はもちろん、民間企業としても極めて先取的な数々の取り組みが、日本各地で始まっている。

「安心の最高峰を、地域へ、世界へ」という中期ビジョンには、第一生命がグローバル企業として海外に

進出していく先の「地域」「世界」という意味があるとともに、国内の支社、営業オフィスの周囲の「地域」という意味も込められている。

その地域、その国で生きる人からの信任を得られなければ、グローバル企業たりえず、地域で成長できる企業になれはしない。すなわち、この中期ビジョンは、グローバル志向の第一生命のこれからの課題の一つということにもなる。

その第一生命の全社的な想いを汲み取り、全国の支社では、支社長のリーダーシップにより、自治体に働きかけ、地域のマスコミや企業、団体も巻き込みながら、がん検診の推進、認知症サポート、高齢者見守り活動など、様々な健康に関するご案内活動といった地域貢献活動を始動させている。

それぞれの地域の社会的課題に対し、第一生命の持つ営業職員の組織力、お客さま対応力を活用し、貢献しようということである。

各支社のこうした自発的な地域貢献活動を見ると、毎年、毎月、毎日の意識改革、業務改革への努力が積み重ねられた結果、こうした活動を具現化してきたのだな、と私は感じる。

「第一生命は、それをやって何の得があるのか」と首をかしげる企業や人が多いという。つまり、全く本業とは別の地域貢献活動を、第一生命の支社が総力を挙げ、日常活動として行っている。それが、不思議な現象に映るのであろう。

もしも、第一生命が利益至上主義の会社で、「とにかく業績をあげろ」というだけの経営をしていたら、とてもではないが、このような地域貢献活動が自発的に行われるわけはない。

なぜ、多くの支社でこうした地域貢献活動の多くが自然発生的に為されているのか。

一つには、第一生命の「健康経営」の歴史と伝統に基づく、「企業文化の力」が現場に作用しているからである。

創業来から「保生会」「保生館」の結核撲滅事業や、「保健文化賞」の保健衛生向上活動など、社会に向けて「健康経営」を歴史的に行ってきた第一生命の文化が、営々と営業現場に培われているからである。

もし他の企業が、突然「健康経営」をやろうとしたとして、簡単にうまくいくものだろうか。そう簡単なことではない、と私は思う。「健康経営」の企業文化がなければ、「なぜそれをやるのか」と重い腰はなかなか上がらず、職員の意識と意欲はついてこないであろう。また、地域とのつながりをもたない企業は、人や企業に簡単に受け入れられるものでもない。「健康経営」の歴史と文化を持つ第一生命では、過去からの「健康経営」の歴史、社会とのつながりの歴史という資産を土台として、自然な取り組みが為されているのだと思う。

もう一つの理由は、やはり「ＤＳＲ経営」である。

全国の支社では、「支社ＤＳＲ」の運営が為されている。

「支社ＤＳＲ」の推進によって、多くの支社では、第一生命が行う生命保険事業の意義が、国の社会保障制度を補完することであることを教え、新たな時代の課題は、健康サポートのような社会貢献活動を行うことだという意識改革が始まっている。

つまり、「支社ＤＳＲ」の活動を通じ、職員たちは、常に新しい「第一生命のあるべき姿」を追い、「自分の使命は何か」という問いをしっかり持ち、己の頭で考え、答えを出しているということである。現場の一人ひとりの職員の「人間力」向上が果たされているという点で、「ＤＳＲ経営」の大いなる好事例だと私は考える。

「地域と共に成長しよう」という言葉の意味を、今の第一生命の多くの営業現場は、自然に理解するだろうと思う。もはや、利益だけを追求しようとする企業が、その地域で生き残ることは難しいという時代認識をしっかりと持っている。

生産年齢人口が減少し、少子高齢化が進む社会となり、ますます市場競争は加速する。自己利益だけを追求する組織がお客さまから選ばれるわけがない。地域の人とともに成長し、地域の人に支えられて企業は成長できる。全国各地の支社が、独自の「ＤＳＲ経営」を行うことによって、こうした新たな時代の常識を取り入れ、地域社会、人との関係を非常に強化している。このことを私は大変高く評価している。

もう一つ、例を挙げたい。

二〇一三年度に情報取扱不適事象を発生させたグループ会社の第一生命情報システムと「ＤＳＲ経営」戦略との連関について考えてみたい。同件で紛失した情報記憶媒体は、いずれも第三者の閲覧は困難で、外部流出の可能性はゼロに等しく、不正利用を引き起こす一大事には至らなかった。

どんな組織、職員にも失敗は起こりうるものである。失敗をいかに成長の機会へと止揚させるのかということは、「ＤＳＲ経営」戦略の重要なテーマである。まだ結論を出すには早計かもしれないが、失敗事例として取り上げ、教訓として活かしていきたい。

不適事象の原因は何であったのか。

同社は、決して「ＤＳＲ経営」の態勢が脆弱であったわけではなかった。しかしながら、業務プロセスの基本動作の中に、「慣れ」があったものと思う。それが不適事象につながったと私は考える。

つまり、問題の核心は「ＤＳＲ経営」の徹底度にあった。

日々の業務プロセスでＰＤＣＡサイクルを回し、徹底的顧客目線の活動と思考があったならば、事前のミス発見につながっていたはずである。

第一生命情報システムでは不適事象後、このような原因を認識し、より磨きをかけた経営枠組みを構築し、再発防止に全力を注いでいる。

組織全体での「ＤＳＲ経営」の重要性と意義を再確認し、徹底教育を全ての職員に行った。職員一人ひとりの業務への責任の重要性を確認させ、個人の価値創造が組織の価値創造につながるという意識を再度、共有した。まさに「ＤＳＲ経営」を粘り強く用いて、社内の隅々まで業務プロセスの総点検を実施し、リスクと課題を洗い出し、失敗を成功に止揚させる機会として発展させようと取り組んでいる。

企業、組織は、必ず何らかの失敗を犯す。

摩擦、困難にも必ず直面するものである。

重要なことは、失敗や危機や困難の時、リーダーによってどんなメッセージが伝えられ、一人ひとりの職員がそのメッセージをどう受け止め、動くかにかかっている。

困難の時、企業、組織は強くもなり、弱くもなる。弱くなれば、とめどもなく弱体化してしまうが、失敗を止揚への機会ととらえ、「ＤＳＲ経営」がしっかりと為されていれば、むしろ、活きた本物のＰＤＣＡサイクルを実行するきっかけになり、未知の課題の洗い出しやアセスメント力を高め、組織は強靭になっていくだろう。

経営革新とは、実は、困難の時にこそ為されなければならない、ということである。

先にも述べたが、第一生命という企業もまさに同じであった。失敗や困難を、成功への教訓と鍛錬の機会として今日の姿がある。

株式会社化は、生命保険業界を揺るがした一連の「保険金支払い問題」の解決に向かって、全職員が立ち向かい、その中で組織が鍛えられ、「経営品質経営」の先にある未来へ向かっていこうとする、勇気ある意思決定があって成功できた。

今日のプロテクティブ生命などの海外案件や第一フロンティア生命、ネオファースト生命などの子会社の育成も同じである。リーマンショックの余波が続く中での株式会社化後、ギリシャ危機に始まった欧州債務危機、東日本大震災という困難に次々見舞われながらも、狼狽えずに着々と経営革新を進めたことで、その努力が、今日の成長、興隆につながっている。

企業経営、組織運営とは、常に矛盾の塊である。

矛盾に満ちていることが、常態なのである。

矛盾を解決する方法は、弁証法の思考で、意識と行動を改革し続けることである。それしか方法はないと考えねばならない。

「ＤＳＲ経営」を行い、組織、職員が、業務プロセスでＰＤＣＡサイクルを回すことの意義は、まさにここにある。

恒久的運動性による測定と鍛錬からしか、価値創造は生まれないということなのである。

2 「グローバル生命保険グループ」への挑戦と「経営品質経営」の立証

マッカーサールームの絨毯――「人財力」で強靭な組織を織る

「ＤＳＲ経営」の最大の課題について、これから考えてみたい。

これまで見てきたように「ＤＳＲ経営」は、第一生命が真の「三現主義」を実現するための「見える化」の仕組みであった。

ＰＤＣＡサイクルによる恒久的運動論を、全組織の経営枠組みとすることで、あらゆる組織で品質改善や生産性向上を追求し、すなわち顧客志向の「経営品質経営」を為すことで、第一生命に価値創造を起こすことを追求してきた。

第一生命は、この活動を行うことで、何を為そうとしているのだろうか。

第一生命の全組織が価値創造のシナジーを煥発させることによって、第一生命全体の「価値創造」の確度をさらに高め、他社の追随を許さぬ独自性と強みを、第一生命は手に入れようとしているのである。

「生命保険に加入したい」ではなく、「第一生命に加入したい」と言われるような、「お客さまに選ばれ続ける会社という姿」に向かうためには、顕然たる「持続的成長力」が必要である。徹底的顧客志向の姿勢とともに、その不動の安泰たる姿勢を見せねばならない。そのための、さらなる推進力とさらなる浮力を、「ＤＳＲ経営」で同時に加えようとしているのである。

さて、その取り組みの最大の課題とは何か。

「人財力」である。

第一生命では、人材を「人財」と記す。「人」こそが競争力向上の源泉であると考えている。第一生命の商品とサービスによって「顧客価値」創造を行うことと並行して、その商品とサービスを提供する「人財」の価値を創造することが、他社の追随を許さぬ強烈な強みを発揮することにつながり、第一生命のブランドを高らしめることになると私は考える。

しかし、「経営品質経営」という文脈で「人財価値」創造を考えた場合、その取り組みに対する考え方は、修正が必要となる。

「組織」に対して「経営枠組み」は非常なる効果をもたらすものだが、「人」に対しては、その効果はまちまちである。

「日本経営品質賞」「バランス・スコアカード」の経営枠組みを組織に当てはめ、組織運営がうまくいったという評価ができたとしても、全ての「人」が、進化を遂げたことを意味するわけではない。そこに、摩擦からの止揚という大きな経営課題がある。

「人財力」を高めるという課題で、最大の焦点となるのは、「営業職員」である。

「営業職員」という第一生命の人財価値をいかに高めるのかが、経営品質に取り組み始めて以来、現時点においても最大の焦点と言って過言ではない。

本社組織である部やグループ会社は、一九九七年からの「経営品質経営」取り組みがあり、「コーポレートブランド向上経営（ＣＳＲ経営）」があり、新創業から五年間の「ＤＳＲ経営」の歴史を経て、「経営品質経営」は進化を遂げ続けてきていると私は見ている。

全国の支社における「支社ＤＳＲ」についても、目覚ましい進化が見られる。営業職員の採用や新契約成績、継続率という指標で明らかな改善が進むとともに、革新的な地域の健康課題解決に向けた社会貢献活動などによって、さらに地域社会とのつながりの強化が図られ、社会課題への対応という新たなる価値創造が日本全国で展開されている。そして明らかな経営革新が為されている。

しかし、その支社の傘下に属する「営業オフィス」はどうなのか。

現状において、「ＤＳＲ経営」の浸透という面で、まだ改善の余地があると言わざるを得ない。

ここが、最大の課題なのである。

「ＤＳＲ経営」は、その目的は組織と人を磨き上げることにあり、その形式を一切限定しないことは、すでに述べた通りである。

「営業職員」という「人財」の価値を高めるという取り組みにおいても、それはまさに同じである。

日々、「生涯設計」という極めて高度かつ競争力のある商品・サービスで、お客さまに営業・保全活動を行っている「営業職員」に、「組織」同様に経営枠組みをそのまま当てはめることは、全くのナンセンスに等しい。経営枠組みは、あくまで「経営」の枠組みに過ぎない。

「営業職員」は、地域のお客さまと共に生きる地域人として、人間関係を醸成し、親身で誠実な対応を行い、その職業人としてのプロフェッショナル性を認められながら活動している。

では、どのような考え方があれば、「営業職員」に価値創造を遂げさせられるのか。具体的に、いかなる意識と活動の変革を促す考え方があれば、「人財」育成が進み、その人間力を結集させられるのか。

その答えが、「プロフェッショナル&チームワーク」「ダイバーシティ&インクルージョン」の二つの取り組みであった。

いずれも、第一生命が「DSR経営」によって持続的価値創造を目指すうえで不可欠の要素となる「社員重視」の価値観から生まれた取り組みである。

前者は、「お客さま志向」の姿勢を一人ひとりの「営業職員」が最大限に高め、営業オフィスで共に働く仲間たちとのチームワークを結び、仲間同士の絆をもとに、営業現場の総力、価値創造性を増大させようという取り組みである。

この考え方を営業オフィスの長であるオフィス長を通じ、様々な研修、教材、表彰制度等の仕組みを作り、PDCAサイクルを回す高品質の活動プロセスでその仕組みを回して、意識改革、活動改革を行っている。

この仕組みの中で、「営業職員」に求める、生命保険営業という職業における「プロフェッショナル性」とは、一〇〇%お客さま志向の活動を行うことだと私は考える。

突出したトップセールスを挙げる「優績者」は、皆、一〇〇%お客さま志向の活動を通じ、お客さまに選ばれ、その信頼と評判がさらなるお客さまの新規開拓を可能としている。お客さまへの貢献の大きさに比例して、多くの紹介が生まれる。言うなれば、人格の大きさが、その実績の大きさとなって返ってくる、生命保険営業という仕事は、徹頭徹尾、人間性のごまかしが効かない職業である。

第一生命は、ＭＤＲＴ（＊８）という生命保険業界のトップセールスマン組織に、大手生命保険会社中、最多の「営業職員」を輩出し続けている。第一生命の全国の営業現場には、お客さまからの厚い信頼を得て、活動している突出した成績を挙げる「営業職員」たちが、多数在籍しているということである。

第一生命の「優績者」は、一様にお客さま本位で、地域、社会との太いつながりがある。そして地域社会への貢献意識が極めて高い。社会に貢献しなければならないという想いを当然のように持って、日々の活動を行っている。

こうした姿勢こそが、全ての「営業職員」が身につけなければならない「プロフェッショナル性」であると、私は考えている。

「優績者」のような、突出した「個」を数多く増やすとともに、いかにチームワーク化できるのかが、「プロフェッショナル＆チームワーク」の取り組みが目指す姿である。

他方、後者の「ダイバーシティ＆インクルージョン」は、第一生命が、多様な「人財」を受け入れ、それぞれの価値観を尊重して、個性と才能が存分に発揮される職場環境を作り、人財育成を行うことを目指す取り組みである。

職員一人ひとりの個性を活かすからこそ、職場、組織、第一生命の価値創造が生まれるという考えで、意識と活動の改革を行っている。

さて、この「プロフェッショナル＆チームワーク」「ダイバーシティ＆インクルージョン」の二つの価値観が、「ＤＳＲ経営」における「人財価値」創造への取り組みであることを、いかに「営業職員」に理解させ、当事者の意識を醸成させて、真のお客さま志向の営業活動を実践させ続けることができるのか。

実に、難しい課題である。

たとえ、こうした概念を理解させることができても、一朝一夕にプロフェッショナルな営業職員になれるわけではない。長い年月をかけて多くのお客さまと出会い、多くの経験を積みながら、人間力を磨き、鍛錬を積むことで、突出した営業職員へと成長していくものである。お客さまや地域社会への貢献という高いレベルの職業意識は、数々の成功や失敗を経た自分自身の実体験からのみ生まれてくるものだと思う。

あるとき、この実に悩ましい、伝えることの難しい答えの一つについて、通称、マッカーサールームにいた時、突如、頭蓋の蓋が開いたかのように、気づきを授かった事があった。その話をしてみたい。

答えは、まさに私の足元にあった。

「マッカーサールームの絨毯」に、両取り組みの目指すべきありようのお手本が存在していた。

広く知られている通り、第一生命本社「第一生命館」は、戦後、ＧＨＱに接収され、連合国最高司令官マッカーサー元帥の部屋が置かれた。この部屋は、家具、壁、カーテン等の室内調度品が、当時のまま現在まで保存されている。

この部屋に敷かれている絨毯は、七十年前から今日まで酷使されているにも関わらず、いささかも破れることなく、見事なまでの美しさを保ったままである。七十年前、上海で織られ、取り寄せられたものだという。

なぜ、七十年前のこの絨毯は、かくも強靭なのか。

「段通織り」と言われる手織りの製法に、その秘密はある。

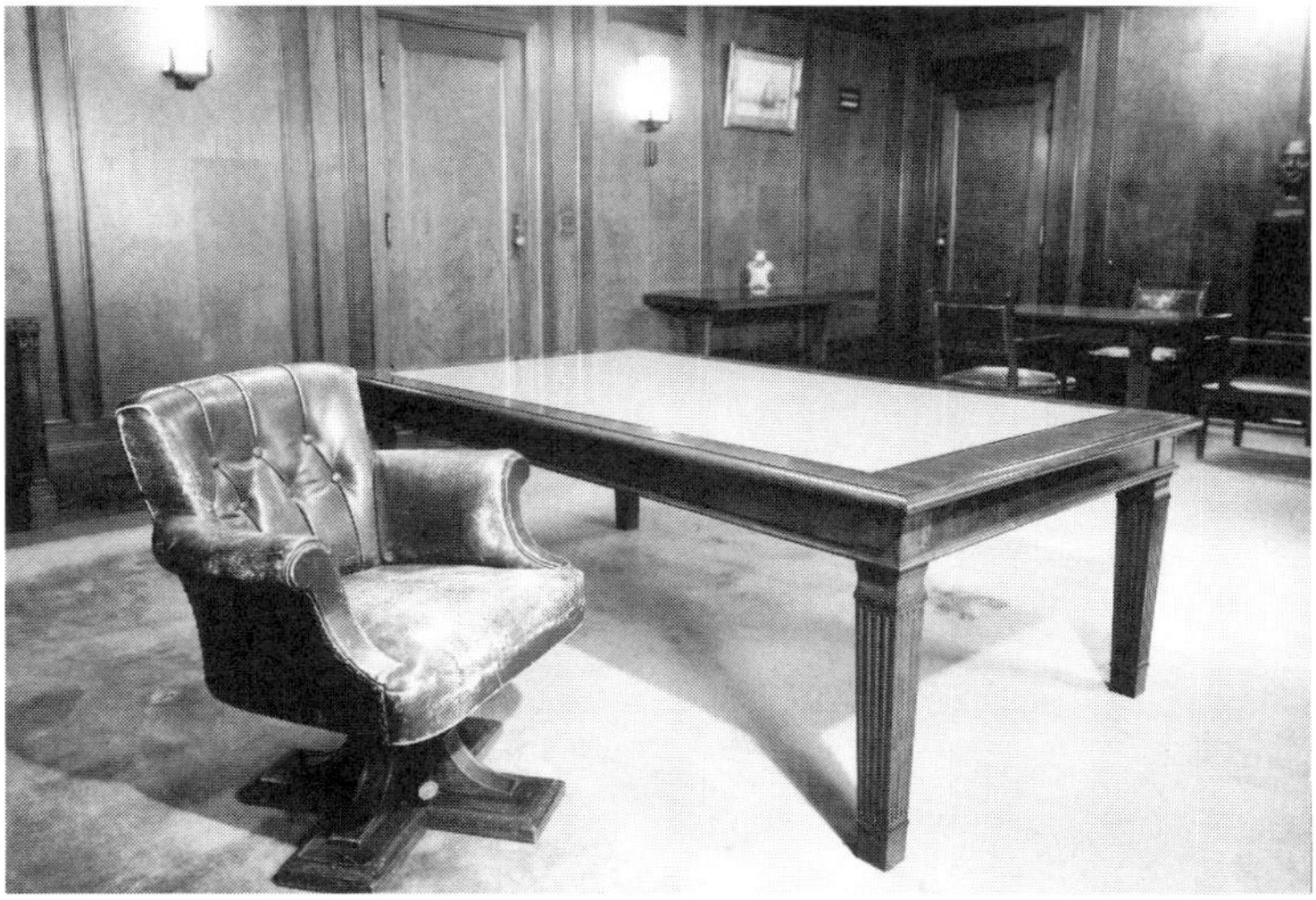

マッカーサー元帥の執務室。通称「マッカーサールーム」（第一生命日比谷本社６階）

縦糸と横糸とで編み込まれ、さらに、縦糸と横糸の交差点をパイル糸で結びつけ、編み込まれている。

それを知った私は、「強靭な組織も同じなのだ」と思った。

組織をこの絨毯になぞらえれば、縦糸は、職制である。横糸は、チームワークである。つまり、縦方向の職制を通じたトップダウン、ボトムアップの意思伝達の徹底が為されるとともに、横、水平方向のインフォーマルなチームワーク力によって組織運営は成立している。

では、縦横の糸を結びつけ、強靭な一枚の分厚い絨毯を完成させる要件となるパイル糸は、何か。それは、職員に他ならない。

個性的で、お客さま志向のプロフェッショナル性を身に付けた職員一人ひとりが、職制とチームワークの縦横の糸を、無数の点で結びつけることで、第一生命は強靭な組織になるはずである。

多様な個性を持った職員がさらに個性に磨きをかける。そして、徹底的顧客志向のプロフェッショナル性にも磨きをかける。一人ひとりの職員が、人間性を高めながら、それぞれの持ち場で存分に能力を発揮して働くことで、組織は活性化される。これを果たすことで、「人財」の総体としての第一生命という組織は強靭化されるのだ、と私は思った。

営業職員に対し、私はこの例え話を繰り返して、「プロフェッショナルたれ」「個人の成長とチームワークが組織の進化につながり、第一生命の進化につながるのだ」と激励し続けてきた。

生命保険営業という職業は、ある意味で、過酷な職業だとも言える。「お客さまを守る」ために、まず自分自身が安定した成績を挙げ続け、精神的にも経済的にも自立を遂げていなければならない。自分自身の生活の安定を図りながら、厳しい営業活動によって、お客さまを増やし、保全活動によって、お客さまを生命保険で守らねばならない。何十年にもわたって、お客さまの「一生涯のパートナー」であらねばならない。

自分自身だけの自立を果たそうとして、それが決して叶わない職業である。長期的な成功は、お客さまや地域とのつながりの中からしか生まれない。

すなわち、永遠なる「社会貢献」の意識がそもそも必要となるのである。それをいかに職員、特に、経験の浅い営業職員に授けるのか。

大変難しいテーマだが、絶えざる「人財」「営業職員」の進化を目指すためには、ここに挙げてきたような「人と組織の変化」というテーマで、語り続けなければならないだろうと私は思っている。

好事例を学ぶ機会を作り続け、自身の人間的成長が、組織や会社の発展につながり、その結果として、地域や社会を支えることになることを伝えていくしかない。社会への貢献こそが、我々の使命であることを、何度でも語りかけ続けなければならないだろう。

折り鶴に込められている「人の想い」

「人」「人財」というテーマで、もう一つ、話を続けてみたい。

仕事を通じ、「お客さま」「従業員」という人とつながりを持つ我々が、人を「どのように」評価することが正しいことなのかを、考えさせられる出来事が近頃あった。

第一生命が郵送した書類の中に入っていた「折り鶴」に対し、一定数のお客さまから苦情が寄せられた。これらお客さまからの苦情に対して、第一生命が一体どのように対応したのかが、実は、とある中学校の教科書に掲載されている。我々も大いに学ぶべき、この事例を取り上げてみたい。

その「折り鶴」を折っているのは、第一生命の特例子会社「第一生命チャレンジド」の職員である。「第一生命チャレンジド」は、知的障がい、精神障がいなどを持つ職員が、全体の約七割を占める会社である。

日比谷本社の喫茶事業業務の他、お客さまへの各種書類の発送業務などを担っている。「チャレンジド」とは、米国では、「障がいのある者」を表現する言葉として、神から「挑戦」という使命や課題、チャンスを与えられた人たち、という意味であり、障がいをポジティブに活かして行こうという想いをこめた呼称である。

責任と創意工夫を求められる仕事を通じて、職場は大変活気に溢れている。仕事を通じてのモチベーションアップの取り組みが先進的であることから、多数の見学者が職場を訪れている。

同社の一つの職場では、お客さまにご郵送する入院給付金請求書類に添える「折り鶴」を、職員が心を込めて折っている。怪我や病に見舞われたお客さまへの、職員からのささやかな心づくしである。

ある時、第一生命に、一定数の苦情が寄せられたとの報告を私は受けた。どういう苦情なのか質したところ、入院給付金請求書類に添えられていた「折り鶴」に対する苦情だという。

「意味がわからない」

「誰が折ったのかわからないような折り鶴を入れないで欲しい」

そういう内容の苦情であった。

企業では、お客さまからの苦情が寄せられたならば、苦情の内容を分析し、「改善をしていかねばならない」という固定観念を持つ。第一生命も同じである。

では、この場合、「折り鶴を贈ることをやめる」という判断が正しいのであろうか。

私は直感的に、それはおかしい、と思った。

続けて、「折り鶴」に対して、他のお客さまから声が届いていないかを調査した。

無数にあった。

たくさんの「折り鶴」に対する感謝の声が、届いていたのである。

「とても心が弱くなっていた時に、折り鶴に励まされた」という声が多数寄せられていた。涙が出るような、切実なる療養に立ち向かうお客さまからの「ありがとう」という言葉があった。

我々は、いつでも真実は何か、自分たちの正しい行為は何かを探求しなければならないと私は考える。我々は、真のお客さまの気持ちと、真に大切にしなければいけない「想い」について、心から大切にしなければならない。

この出来事以降、第一生命は、苦情や感謝などお客さまの声を全てお聞きする中で、「正しい判断」は何か、という基準を徹底することにした。

無論、お客さまから寄せられる苦情は、第一生命の顧客志向のあり方を見直し、改善へとつなげねばならない貴重な声が多数あるのも事実であり、それは継続して行っていく。

だが、入院給付金をご請求くださったお客さまに、心を届けようとした職員の気持ちと、それを受け取って心を温めたお客さまの気持ちを蔑《ないがし》ろにするようなことはあってはならない。

人事評価についても、この「折り鶴」の出来事と同じことが言えると私は考える。

職員を、一面で評価してはならないのである。

一面だけで評価が為される時、マイナス面が表立つことが起こり得る。

「プロフェッショナル&チームワーク」の概念を取り入れた、多面的評価体系による人事評価を第一生命は志向しているが、今後もそれを徹底し、大切にすべき「真実は何か」「本当の正しさとは何か」という判断を行わなければならないと私は思う。

お客さまの声も、人事評価も、一定のルールや基準で為されるべきものではない。目には見えない想いや、目に見えない才能があることを見過ごさないことが、様々な意思決定に必要である。

我々の価値観に根ざした「お客さまの声を大切にする」という基準に照らし、「折り鶴」の贈り物は、当然、今も継続して行われている。

この「折り鶴」の出来事に、我々は大いに学ばねばならないと私は思う。固定化された枠組みで評価できないことだけに、人格が問われる。それゆえに易しいことではない。

「人財シナジー」で挑んだ茨の道

株式会社化とともに新創業を迎えた五年前、第一生命は「経営品質経営の終わりなき旅」の新たなスタートラインを走り出した。

逆風が吹きすさぶスタートラインだった。

「保険金支払い問題」、そしてリーマンショック後に起きた世界金融危機によるマーケットの大混乱の只中で、経営環境は劣悪極まりなかった。「本当にできるのか」という声が彼方此方から聞こえた。怖気づきそうになりながらも、株式会社化を全役職員でやりきった。

「全ては次世代のための変革なのだ」と、私は役職員に新創業記念式典で語った。

「我々は、茨《いばら》の道を行く。残念ながら、バラ色の株式会社化などではない。しかし、次の世代には、必ずこれが評価されるだろう」と私は決然と語り、不退転の覚悟を皆と共有した。

矛盾と困難が必ず立ちはだかるであろう茨の道を行くうえで、第一生命の挑戦の意義を次のように確め合った。

新創業とは、本創業からの経営理念「お客さま第一主義」を不変の信念として継承し、お客さまの「一生涯のパートナー」であり続けるための変革であること。新創業とは、「いちばん、人を考える会社になる。」ために、起業家精神と社会事業家の精神を共有する全第一生命人の原点回帰の機会とし、その責任を果たしていこう。こういうメッセージを役職員に贈った。

あれから五年が経過した。

第一生命は、「ＤＳＲ経営」の取り組みを一歩一歩、続けてきた。

長引くデフレや低金利により、運用環境は相変わらずアゲインストで、国内生保市場の最たるマーケットである死亡保障分野は縮小を続けた。東日本大震災という生命保険会社の使命と存在意義が問われ、試される甚大な自然災害も発生した。

そのような逆境下にありながら、第一生命、第一生命グループは、目前の課題に集中し、独自性を打ち出す方策で、その課題を克服してきた。

第一生命の本懐である「お客さま第一主義」の精神に則る新たな活動として、「一生涯のパートナー With You プロジェクト」をはじめとするお客さまと接する機会を、「オール第一生命」の力で創り、文字通りの「オール第一生命」で、お客さま一人ひとりに向かい合ってきた。

中でも営業職員は「生涯設計」を行い、生命保険という商品とサービスで、お客さまに安心と健康をお届けしてきた。日本各地の地域の人たちと一緒になって、社会の課題にも寄り添ってきた。多大なるお客さまからの信頼の声もいただいた。新たなる顧客価値と人財価値の創造を、大きく一段進めたのだと私は感じている。

国内外における生命保険事業も着実な成長を遂げ、第一生命グループの存在感を高めた。

プロテクティブ生命ジョンズ CEO（左）、第一生命渡邉社長（右）

銀行窓口販売のシェアトップを誇る、第一フロンティア生命、そして、ネオファースト生命が第一生命グループに加わり、国内三社での生命保険会社体制を構築した。

海外では、オーストラリアの保障性市場シェアトップを走るTAL（Tower Australia Group Limited）、米国のプロテクティブ生命、ベトナムの第一生命ベトナム、インドネシアのパニン・第一ライフ、インドのスター・ユニオン・第一ライフ、タイのオーシャンライフが、独自の強みを活かして成長を続けている。

顕然たる成果は、生命保険事業のみならず、資産運用・アセットマネジメント事業でも確固たる利益の成長という形として現れた。

第一生命グループの新創業からの業績を見れば、グループの企業価値を表すエンベディッド・バリューは累増し、二〇一四年度末は過去最高の五兆七千億円に達した。生命保険事業の成長性を示す、保有契約年換算保険料は三兆円を超え、グループ連結純利益は、上場後、堅調に増加し、一千四百億円を超えた。

世界七カ国、七万名の第一生命グループの全ての人たちによる努力の結実であったと私は思う。

こうしたグループ全体の成長理由は何か。私は二つあると考える。

その答えの一つは、言うまでもなく「DSR経営」を、第一生命グループ全員が一枚岩となり、絶えざる努力を結集させ、圧倒的な迫力で成し遂げ続けたからである。

徹底的顧客志向の経営戦略である「経営品質経営」を、巨大金融機関である第一生命グループは取り入れ、セルフアセスメントに取り組み、「DSR経営」戦略へと止揚させた。これにより、逆風の経営環境下にありながら、独自の目線による成長戦略を次々と打ち出し、国内、国外の生命保険事業で歴然たる結果を残し、客観的事実として成長を実現してきた。

では、もう一つの答えは何か。

それは、従来のグローバル生命保険グループ、国内グローバル企業が今まで果たせなかった、「DSR経営」という、革新的かつ戦略的なビジネスモデルの潜在力にあると私は考えている。

「DSR経営」の何が革新的で、戦略的なビジネスモデルなのか。その潜在力とは何か。

「DSR経営」は、これまで述べてきたように、徹底的顧客志向に基づく経営革新を行う経営戦略である。すなわち、第一生命グループが、全てのステークホルダーに高い価値を提供するために、矛盾解決に挑戦しながら、社会的責任を果たそうという第一生命独自の「経営品質経営」ということになる。

これを一般的な表現で言い表せば、「マルチステークホルダー型経営」と言えるだろう。社会的責任を重視し、お客さま、社会、株主・投資家、従業員という、「人」を大切な資源とする経営である。

第一生命グループでは、その基本的姿勢をさらに止揚させ、「人」に焦点を合わせた独自の価値創造を加えている。国内外グループで相互に学び合い、尊敬し合う「人財」「ノウハウ」のシナジーを、多大なる活力源としている。

実は、この進化系「マルチステークホルダー型」経営を志向するグローバル生命保険グループ、国内グローバル企業は、見事なほど皆無である。

それはなぜか。

グローバル生命保険グループと呼ばれる欧米主要生命保険グループの経営手法は、統一ブランドを形成し、統一インフラを整備し、大数の論理によってコスト効率を高めるというものである。この手法で競争力を高めるという「コストシナジー」主体型のビジネスモデルである。

したがって、「人財」シナジー、「ノウハウ」シナジーをも包括した総合戦略的「ＤＳＲ経営」で、グローバル生命保険グループを目指すことは革新的であり、極めて大きな成長の可能性を秘めているということなのである。

かつて、第一生命と同様に「経営品質」を経営に取り入れた大手メーカーが、成長を遂げ、さらにグローバル化にも挑戦した。だがその多くが、海外戦略の頓挫とともに、「経営品質経営」をも手放してしまった。

今、私はこのように考えている。

海外進出を果たした日本企業、主として製造業企業は、極めてガラパゴス化した国内で、先進的な製品を作っていた。その卓越した製品を海外、ＡＳＥＡＮ（東南アジア諸国連合）で販売すれば、当然、競争力を発揮し、勝負できると考えたのではないか。

ところが、海外市場においては、その見立て通りにならなかった。コモディティ化した市場は、コモディティ化した製品が消費者に選ばれ、価格競争が起き、低価格の製品を作る海外企業に太刀打ちできなかった。その結果、多くの日本企業は「経営品質」は、使い物にならない戦略であると誤った評価を行い、離れていった。

しかし、事の実相は、「経営品質」そのものに問題があったわけではない。真の顧客志向に根ざした経営革新と、今日的かつ地域特化型マーケティング論の軽視が、真因だったのではないかと思う。日本国内には日本国内の、ＡＳＥＡＮ、欧州、米国にはやはりそれぞれの国、地域の文化、市場性に合わせた経営戦略が必要であった。戦略そのもの、あるいは戦略を策定するプロセスが確立していなかったことが真因ではなかったか。

つまり、真の「経営品質経営」が為されていなかったことが真因であり、徹底した顧客志向の経営戦略と経営革新が為されているならば、日本企業は海外で成長できるのだと私は考える。

グローバル生命保険グループへの挑戦と貢献

では、第一生命の進化系マルチステークホルダー型の「ＤＳＲ経営」の革新性と潜在力について、改めて何であるのか明確にしたい。

一つは、既存のグローバル企業とは思想の異なる「人財シナジー」「ノウハウシナジー」中心型の経営戦略で、グローバル生命保険グループを目指すということである。

もう一つは、日本企業として初めて「経営品質経営」を武器に、グローバル企業を本格的に目指すということである。

これを為したグローバル企業は、世界に未だ存在していない。

第一生命は、それをやろうと考えている。第一生命の見据える次の目標はこれである。

第一生命が、新創業から五年を経て、着実な成長の階段を一段ずつ登ることができた最大の要因は、「経営品質経営」を基軸にした「人財シナジー」「ノウハウシナジー」中心の、「マルチステークホルダー型経営」があったからである。言い換えれば、綜合戦略たる「DSR経営」があったからだ。

これが他社、他グループには真似のできない独自性と卓越性を備えた経営戦略であり、第一生命グループの強みだと私は考える。

ならば、この戦略で「グローバル生命保険グループ」を、威風堂々と我々は目指していこうと考えている。

すでにその取り組みは、着々と進んでいる。

国内、国外のグループ会社間で、「エグゼクティブサミット」や「グローバル・マネジメント・カンファレンス」などの場面を通じ、

・共に尊重し（Respecting each other）

・共に学び合い（Learning from each other）

・共に成長する（Growing together）

の三つのキーワードで相互の価値創造経営が始まっている。

ＰＤＣＡサイクルを回し、高品質の活動プロセスを踏むという、まさに「ＤＳＲ経営」で、互いの好事例、長所、強みを研究し、企業価値を高め合っている。ごく一例を挙げれば、オーストラリアのＴＡＬの優れたセグメントマーケティングを、ダイレクト販売と代理店チャネル販売を行うネオファースト生命が学び、取り入れている。各社間で、こうした研鑽が進んでいる。

我々、第一生命グループの強みのもう一つは、「人財シナジー」「ノウハウシナジー」を活性化させる「ＤＳＲ経営」の機動性にもあると私は考える。

グループ企業において、経営理念やミッションの共有のもとに、「経営品質経営」が為されているのであれば、「ＤＳＲ経営」という名称や、経営枠組みや、販売手法などは一切、自由である。そのような機動的態勢であることこそが、第一生命グループに多様性をもたらし、「人財シナジー」「ノウハウシナジー」の相乗効果を生み、また、その国、その地域の社会貢献につながって、各社の価値創造、グループ全体の価値創造につながるからである。

例えば、もし、「第一生命」というブランドを強要し、各国でブランドの統一化を一方的に行ったならば、常に国民に受け入れられ、支持されるわけがない。

ベトナムにはベトナムの、オーストラリアにはオーストラリアの、アメリカにはアメリカの地域性、価値観がある。それを受容することで、各企業の潜在的な力を引き出すことにつながる。よって、第一生命グループの各社の社名は、「第一ライフ」の付く会社とそうでない会社があるわけである。このようなフレキシブルなグループ体制も、今日のグローバル企業には極めて珍しく、革新性と潜在性を秘めた第一生命らしい経営思想であるように私は思っている。

第一生命、第一生命グループが挑み続けてきた「経営品質経営」である「DSR経営」について、また、それに賭ける第一生命の想いについて、これまで話してきた。

我々は、こうした取り組みを通じて、二〇二〇年に目指す姿として新たな中期ビジョン「安心の最高峰を、地域へ、世界へ」を掲げた。これは、我々が事業展開する全ての国、地域社会において、最も信頼され、最もお役に立てる「一生涯のパートナー」として、世界中の方々から選ばれ続けるグローバル生命保険グループとなることを高らかに宣言したものである。

無論、経営理念だけで、企業経営は成り立つものではない。

世界中の方々から選ばれ続けるグローバル生命保険グループになるためには、これからも収入保険料、利益、エンベディッド・バリュー等の業績面でも、より大きな成長を遂げ、企業の宿命であり責任であるお客さま、社会、株主・投資家、従業員からの負託に応え続けていかなければならないと考えている。

さて、最後に、こうした第一生命の「マルチステークホルダー型経営」で、グローバル企業へと成長を目指すことの意義について、一つ付け加えておきたい。

なぜ、第一生命は「経営品質経営」に執念を燃やしているのか、その理由と言っても良いと思う。

第一生命、第一生命グループが、世界中の方々から選ばれ続けるグローバル生命保険グループになることで、「経営品質経営」という手法を武器に、日本企業が堂々と世界で成長できるということを、我々は立証したいのである。

「経営品質経営」は、その精神を極限の髄まで分解すれば、「人」のありようへと遡上するであろう。

第一生命グループが為そうとしている成長の姿も、「人の進化の総和」で果たす価値創造経営に他ならない。

社会で生きる一人ひとりの人間の力を頼みにし、課せられた社会的責任を全うしていこうとする「人」の力を集めて企業経営を行い、成長を目指す姿に、我々は、企業経営の理想像と大いなる可能性を見出している。

すなわち「経営品質経営」とは、このような「人間」の正しい生き方への情緒を持つ、日本企業に適した成長戦略であろうと私は思う。

日本企業が「経営品質経営」を志向し、グローバル企業へと躍進していくための手本となるような姿を、第一生命、第一生命グループはこれから見せ続けたいと思う。

また、「日本経営品質賞」と「経営品質」の考え方が、グローバルでの成長を目指す企業をしっかりとサポートし、日本企業を導いていくための歴然たる道標として、確固たる存在となっていくことにも、微力ながら尽力していきたい。

こうした日本企業への成長に寄与することが、日本という国、社会の発展につながり、国民一人ひとりの安心と健康を支えることにやがてはつながると私は信ずる。

第一生命は、本創業から百年以上をかけて社会の変革に挑んできた。

新創業を迎えた第一生命の社会の変革への次なる挑戦とは、「経営品質経営」がグローバルでも戦えることを立証することである。

これはすなわち、日本企業が世界で活躍できることの証明であるとともに、「人」の努力と成長が、企業の価値創造を生み出し、やがて地域、社会、世界を豊かなものへと変えられることの実証でもあるのだと私は確信している。

※5 「DSR憲章」 「お客さま満足」「コミュニケーション」「コンプライアンス」「人権尊重」「ダイバーシティ」「環境保護」「社会貢献」「健康増進」「持続的な企業価値の創造」の各項目について目指すべき行動のありかたを掲げ、持続可能な社会づくりに貢献していくための第一生命グループの企業行動原則。

※6 「八つのカテゴリー」 経営全体を分類する八つの要素として「リーダーシップと社会的責任」「戦略の策定と展開のプロセス」「情報マネジメント」「組織と個人の能力向上」「顧客・市場理解のプロセス」「価値創造プロセス」「活動結果」「振り返りと学習のプロセス」を定め、組織の理想的な姿に対して、提供価値、顧客、競争、経営資源について、現状と環境変化を整理し、変革の方向性や経営課題を明らかにする（二〇一五年度版日本経営品質賞アセスメント基準書に基づく）。

※7 「バランス・スコアカード」 財務視点、顧客視点、内部プロセス視点、学習と成長視点で分類される、企業戦略のための経営枠組み、業績評価システムのこと。

※8 「MDRT」 世界六十七カ国と地域五百社以上で活躍する、四万三千名以上の会員を有する卓越した生命保険と金融サービスの専門家による国際的かつ独立した組織。卓越した商品知識を持ち、厳しい倫理基準を満たした顧客サービスを提供する営業職員が入会できる組織。

第二部

「経営品質経営」現場論

「生命保険」本業で果たす社会貢献

第四章

「DSR経営」現場論1

徹底的顧客志向の遺伝子

知の創造

第一生命 太田支社 館林中央営業オフィス

営業現場における価値創造は、徹底的顧客主義的な活動を為し、「お客さま第一主義」の精神で「一生涯のパートナー」としてお客さまを守り抜いていくという目的に向かいながら、次々と為されていかなければならない。その目的というゴールへ向かうプロセスには、これまで果たされてきたいくつもの価値創造の「点」が存在するはずである。

あらゆるルートが存在する中で、営業オフィスが歩むゴールへの道筋を決定するものは、その「点」に込められたオフィス長の「経営の魂」そのものだと私は考える。各時代の経営課題を克服しながらも、歴代のオフィス長たちによって普遍的な「経営の魂」、すなわち徹底的顧客志向に基づいた活動を行う「人財づくり」が継承されていたならば一貫した道筋を歩み、そうでないならば営業オフィスは紆余曲折を行くのであろう。

二〇一四年度の営業オフィス経営優秀表彰の年間優秀営業オフィスに贈られる「総合優等賞」、そして、持続的な価値創造につながる優れた組織運営を為した組織に贈られる「DSR経営大賞」に輝いた、館林中央営業オフィスの長である朝倉健氏の「点」とは、言うなれば「仲間を支える職場づくり」であった。

経営者、支社長、オフィス長、職員、人は、最も大切なものと、最も失いたくないもの、拒むべきものについて多くを語る。それがその人が重要視する価値観であろうと私は考える。朝倉氏が最も大切にする価値観は、「人」「仲間」であり、「支え合う組織風土」であり、これがすなわち朝倉氏の「経営の魂」である。

朝倉氏の行った「経営品質経営」における価値創造の起点は、「仲間を支える組織作り」であった。この組織風土を構築し、「プロフェッショナル＆チームワーク」の精神を現実に具現化していた。より具体的に言うのならば、組織の「チームワーク力」を強固化することによって、個人の「プロフェッショナル性」を高めた。その結果、お客さま志向の活動へ営業オフィス全体が向かい、「総合優等賞」「ＤＳＲ経営大賞」受賞に至らしめた。

その方策は何であったのか。

リーダーの存在感を高め、チームの所属員への影響力をもたらすための「サブリーダーの任命」「サブリーダーを巻き込む幹部会議」により、「職員全員の経営参画」文化を創造した。リーダーと所属員、先輩と後輩、つまり仲間同士が対話し、協調し、支え合い、同じ目標に向かって仕事をすることの責任と誇り、喜びを職員に与えた。これにより、新人育成をはじめ、営業オフィス目標、募集技術、課題などの共有に職員が一丸となったのである。

ここで行われた「チームワーク力」とは一体、何であろうか。チームワークによって、コミュニケーションが図られ、職員間で交わされたものとは何であろうか。

それは、よく言われる「情報」の共有ではない。

「情緒」「人の想い」の共有であった。

コミュニケーションとは、「情報」ではなく、「情緒」や「人の想い」を運ぶ行為であると私は思う。すなわち、館林中央営業オフィスの「チームワーク力」とは、相手の想いや、目的や、喜びに合致するような人の連帯であり、それが職員全員の「経営参画」意識を煥発した。その組織風土の中で、市場開拓のアイデア、ノウハウ、成功事例等々が二次的に共有されていったのである。

翻って「チームワーク力」とは、「経営品質経営」において、何をもたらすものなのか。

人の連帯によって、職員個々に眠っていた断片的な「暗黙知」を、組織の知恵に綜合、昇華させる方法論なのだと私は考える。営業オフィスにおける「知の創造」のための方策である。

朝倉氏は、着任翌年に業績の低迷に落ち込み、その後、右に述べたような組織改革、意識改革を成し遂げた。それを果たした朝倉氏の「人間力」に私は瞠目する。人間力は、「経営品質経営」を成功に導く一因となる。

「人間力」とは、全く目に見えず、正体不明である。見えないからこその「人間力」なのであろう。

しかし、朝倉氏の為したことを観察すれば、三点が浮かび上がる。

「職員第一主義であれ」「人を大切にしよう」という「強靭な意思」。やらずに失敗するより、やって失敗したほうがいいという「度胸」。サブリーダー改革等の「機知」である。これらは「人間力」のある要素かもしれない。

朝倉氏が「人間力」経営を為せた理由ははっきりとしている。朝倉氏を常に温かく見守り、挑戦と失敗の責任は自分が取るという支社長の存在である。価値創造を果たし続けた朝倉氏もまた「人」に支えられていた。

1 「いちばん、仲間を考えるオフィスづくり」

第一生命保険株式会社　太田支社　館林中央営業オフィス　営業部長
朝倉　健

職員の力で成し遂げた営業オフィス改革

「人は自分一人で生きているのではない。人に支えられて生きているんだよ――」

幼い頃から、「人に感謝して生きなさい」と父と母に教えられ、私は育った。

「人に感謝しなさい」という言葉は、いつも胸の奥のどこかにあった。

第一生命へ入社を決めたのは、入社説明会で会った第一生命の先輩の一言に胸を打たれたからだった。

「第一生命には、『人の第一』という言葉があります。『人』を大切にする文化があるんです」

入社してからこれまで、第一生命に人生を教えていただいた。

数々の上司、先輩、仲間、職員の教え、支えのおかげで今日の私はある。だから、私は仲間や部下を大切にしたい。ずっとそう考えてきた。オフィス長としての経営信条が何かと問われれば、「職員を大事にすること」だと私は答える。

二〇一二年にオフィス長として着任した館林中央営業オフィスで、また人に支えられながら、私は仕事をさせていただいている。

オフィス長として三場所の経験を積み、過去の経験を頼りに、館林中央営業オフィスの経営に私は挑んだ。

だが、着任二年目の二〇一三年度に、業績を大きく落とした。新人育成は進まず、「個人」「組織」ともに伸び悩んでいた。その理由が何かわからなかった。

自分の経営能力の非力さを思い知り、塞ぎ込みそうになった時、支えてくれたのが、営業オフィスの職員たちだった。

職員みんなに支えられたこの時、私はそれまでの自分を変えた。

自分が理想とする組織作りとは何かを、もう一度考えた。オフィス風土、チーム運営、新人育成の理想像を考えた。職員を信頼し、責任を与え、営業オフィス全員が一緒になって一つの目標に向かっていく組織作りを目指そうと思った。その想いのままに行動に移した。職員たちが一つに団結した時の力は、凄まじいものだった。

館林中央営業オフィスは、見違えたように変貌していっ

太田支社 館林中央営業オフィス 朝倉営業部長

た。

翌二〇一四年度、館林中央営業オフィスは、著しい成長を遂げていった。

私が目指したものは、「職員が、自分で考え、行動し、成果を出せるオフィス」だった。

個人の力、チームワーク力が高まり、職員全員が経営に参画をする風土が強化された。「職員全員の経営参画」によって、仲間同士が、互いの提案手法、市場、販売戦略に関心を抱くようになり、情報の共有が進んだ。新人育成も捗った。結果、営業オフィスの総力が激増し、営業オフィスの業績、個人能率において目覚ましい向上を遂げ、全国営業オフィスの中でトップクラスに昇った。年間優秀営業オフィスとして「総合優等賞」の受賞を手にした。

「プロフェッショナル&チームワーク」の精神と活動により、持続的な価値創造につながる優れた組織運営が為されたと評価され、「DSR経営大賞」という、栄冠を手にすることもできた。

あまりにも嬉しい受賞だった。

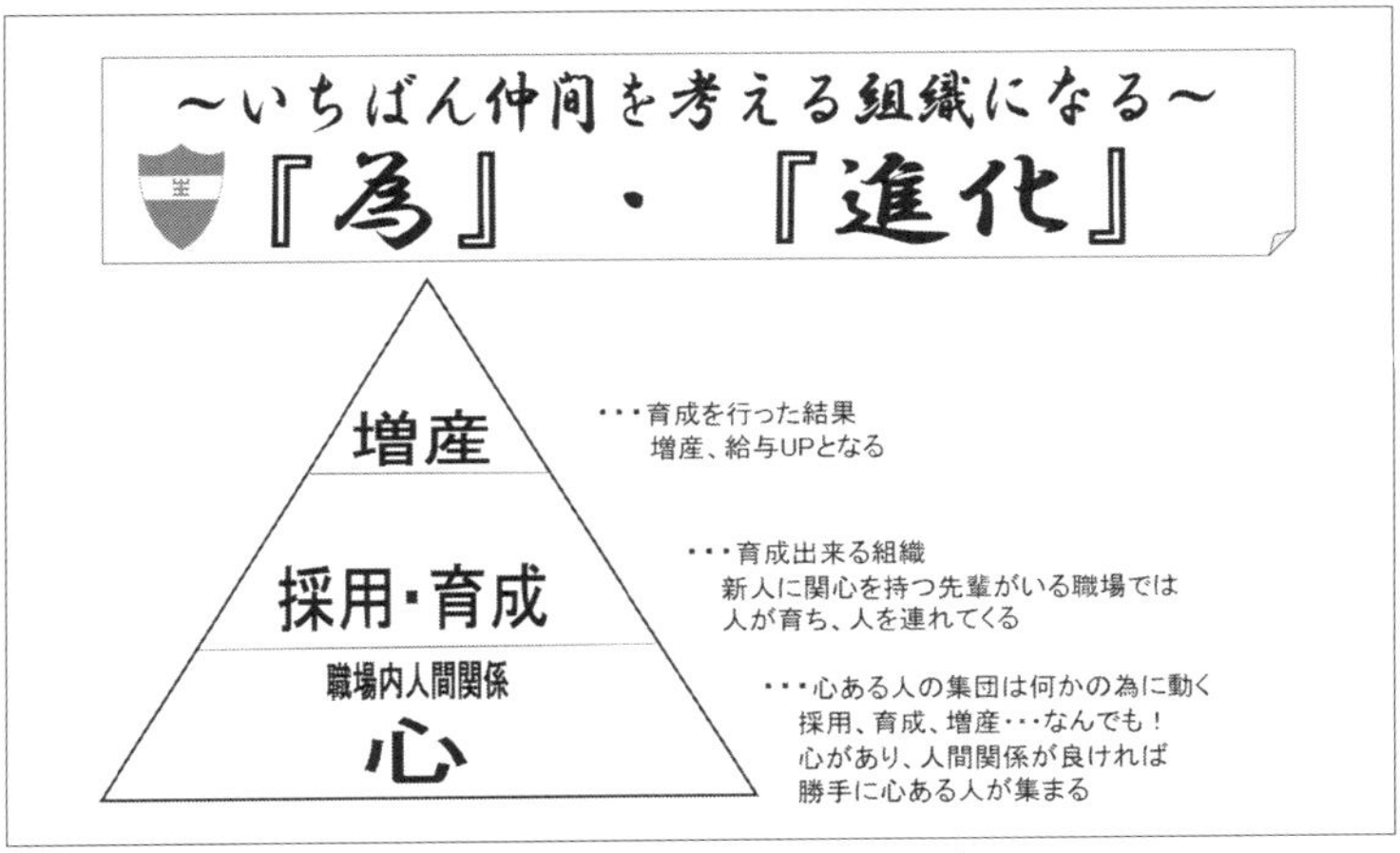

館林中央営業オフィスのオフィスビジョン

だが、「総合優等賞」「DSR経営大賞」は、私がいただいた賞揚ではない。私の力でいただいたものでもない。職員たちの力で掴んだ賞である。もし仮にオフィス長が私でなくとも、館林中央営業オフィスの職員たちならば、受賞できた賞であると私は思う。

職員たちが営業オフィスを変えたのだ。

自分の力で仲間を支え、仲間に支えてもらうチーム意識を作り、営業オフィスの一体感をみんなが創り出した。先輩から後輩、仲間と仲間の連帯感を強め、新人育成やチーム運営に「自分のこと」として関わった。「人を支える喜び」「人に頼られる喜び」を自覚、共有したことで、皆が組織の成功を、自分の成功として喜び、誇りとした。その誇りが、お客さまへの最高のご提案と最高のサービスにつながり、まさに「お客さま第一主義」の活動へと、自分たちで自分を仕向けていったのだ。

一言で言うならば、仲間を想う連帯意識の醸成、そして「チーム意識」「オフィス意識」への変革が職員たち自身によって起こされ、館林中央営業オフィスの「経営品質経営」は高まっていった。

恐れが失敗をもたらす

館林中央営業オフィスへの着任は、オフィス長として四場所目になる。

過去の経営を振り返れば、素晴らしい支社長、上司、仲間、部下、職員に恵まれ、温かい人間関係の中で機関経営を学んだ。

多くの人たちに支えられて、一定程度の業容の拡大を果たすことができた。自分なりにではあるが、預かった営業オフィスの成長に貢献できたと考えている。

その要因は、やはり「心」と「情」を通わせられる「人」たちに恵まれたからだった。機関経営は、数字のみの成績の管理や、一方的な情報の伝達や、定型の会議でうまく行えるものではない。そこで働く人たちが、信頼と絆で心を結び合って、一つのチームになった時、初めて大きな成果を生み出す。そのことを私は教えていただいた。

では、着任時の館林中央営業オフィスはどのような組織だったのか。

過去の営業オフィスと同じように、情が深く、非常に勤勉にお客さまのための仕事をする職員たちの組織だった。言うなれば「働く集団」だった。

ただし、過去の機関とは大きく異なる点もあった。

一つは、過去の赴任機関と比べ、大変大きな陣容を擁していたことである。館林中央営業オフィスの四十五名という職員数は、私にとって未知の世界だった。

二つ目は、業績水準において、全国上位十%を定位置とする優績営業オフィスであることだった。これも私にとって初めての経験だった。

三つ目に、良い意味でも悪い意味でも、自分の仕事に誇りを持つ、個人主義的なプロフェッショナルの職員が多いことだった。

良い意味においては、淡々と自分のお客さまを守るプロフェッショナルな職員、優績者の安定的な活躍がなされていることにより、営業オフィスの高業績を支えていた。悪い意味においては、職員同士の連帯感が薄く、営業オフィスの一体感を創るには、難しい要素となっていた。

これらの点から、私は何を考えたのか。

大変に重い責任を感じてしまった。「失敗は許されない」という想いである。多大な重圧を感じ、現状維持をしようと考えてしまった。

現状維持の経営を行えば、従来通り高い水準の業績を残せるだろう。したがって、現状の組織風土を壊してはいけないのだと考えてしまった。

このような考えに囚われ、私は次のような経営を目指した。

マーケティング力の強化、商品戦略・話法の高度化を図り、職員一人ひとりの販売技術の向上だけに経営の焦点を合わせようと考えた。

つまり、営業オフィス全体で大きな目標を立て、チームワーク力で営業オフィス・チームのPDCAサイクルを回し、価値の共有を図りつつ様々な指標の目標達成を目指す「組織運営」ではなく、コンサルティング技術の向上を個々に行い、それぞれがそれぞれの想いで活動させていく「個人運営の集合体」である。個人の成績を一人ずつ追求し、結果として、その和が営業オフィス全体の業績となる運営である。

振り返れば、私は大変甘かった。恐怖に囚われたことが、あらゆる意思決定を鈍らせた原因だった。

優績営業オフィスの伝統を壊してはいけないという恐怖。従来通り大きな業績を上げ、筆頭機関として太田支社を支えなければならないのだという恐怖に支配された。それが「現状維持」を目指す、すなわち当たらず障らずの経営をしようという過ちにつながった。今、振り返れば、明らかに「問題」「課題」であることを、それと認識できなかった。それゆえに、私は業績の低下をはじめとする悪い予兆に気づくことができなかった。

リーダーたちに支えられ「いちばん、仲間を考える組織」へ

悪い予兆、あるいは、それが問題の原因であることと全く知らずに行っていた最たる行為が、私一人で新人育成を抱え込もうとしたことだった。もちろん、育成を担当しているトレーナーはおり、日中、しっかり新人への同行指導を行ってもらっていた。

私は、朝礼時、帰社後などの個人対話による新人に対する目標管理、ご提案先管理などあらゆる指導を全て自分で行っていった。当然ながら、オフィス長である私は新人だけでなく、営業オフィスにいる全ての職員の指導、教育も行わなければならない。中堅層、ベテラン層の職員に対し、朝礼や会議、研修はもちろんの事、様々なアドバイス、同行指導・支援、ご提案先の管理、資格の管理、マーケティング戦略の立案・研究、職域基盤の整備なども十分に行い、そのうえで新人育成に必死になった。

時間は常に不足した。新人の募集活動の成果に、目覚ましいものは生まれなかった。いくらやっても結果はついてこなかった。

――苦しい。しかし、頑張ればなんとかなる。自分一人が頑張って新人を育てていき、中堅、ベテランの職員には、育成で手を煩わせてはいけない……。

新人の育成は、オフィス長である私の仕事であり、職員には決して頼ってはいけない。そう考え、一人もがき苦しんだ。

新人が思うように育たず、営業オフィスの業績が低迷し始めると、夜も眠れなくなった。誰にも相談で

きずに、悶々とした。「力を貸してほしい」の一言が職員たちに言えなかった。弱気な姿を見せまいとすればするほど、孤独になり、不安と苦しみは大きくなり、余計に助けを求められなくなっていった。二〇一三年二月の頃だった。

私が新人育成を一人抱え込み、結果が出なかった理由は、明白である。

第一に、四十五名もの職員全ての活動管理を私一人で行うことが、そもそも私の能力を超えていた。私は過去の経験則で、それができると見込み違いをしていたのである。過去の三十名規模の営業オフィスではそれができた。だから、できるのだと私は考えていた。

第二に、新人が最も信頼を寄せ、心を開いて話に耳を傾け、営業活動に立ち向かう知恵を求めている相手は、同じ職員である「先輩」だということに気づけなかったのである。

新人は、同じ営業の道で成功している「先輩」の言葉に大きな影響を受ける。大いに学ぶことができる。女性同士ゆえに可能な心の交流もある。このような新人の心理を顧みず、いくら私が一人で奮闘してもうまくいかないことがほとんどであったのは、自明だった。新人を本当の意味で一人前の職員に育てるためには、先輩たちとの人間関係を新人にしっかりと結ばせ、先輩や仲間を介して、様々なメッセージを伝えなければならなかったのである。

私は、そのような結論に達し、一度、放心状態になったあと、これからどうするのかと自問した。

――本来、やりたかった営業オフィス経営が、自分にはあったはずだ。それをやろう。

そう私は考えた。過去を振り返れば、やって失敗した後悔と、やらずに失敗した後悔のどちらが多いのかと言えば、やらずに失敗した後悔が私は圧倒的に多かった。

——今、ここからもう一度、怖くて変えられなかったものを変えよう。「職員が自分で考え、行動できる環境づくり」を行い、「先輩と新人」「仲間同士」「チーム同士」のつながりの中にあらゆる価値の共有が為され、営業オフィスの総力を高めていく運営への改革をしよう！

もし、挑戦して失敗するならば、それは仕方がない。同じ後悔をするにせよ、やらずに失敗する後悔よりは、やって失敗する方が後悔は小さいはずだ。私はそう覚悟を決めた。

まさに、そう考えていたその時だった。三人のリーダーたちは、それぞれ別々の機会に私のところへやって来て、「私たちを頼ってください！」と言った。

リーダーとは、職員で構成するチームの長で、自身の募集活動を行いながらも所属員のとりまとめを担っている。館林中央営業オフィスは八つのチームで構成されている。私はリーダーたちのこの言葉に涙が出そうになった。彼女たちは、私が思い悩んでいることを感じ取っていたのである。

——そんなことを言ってくれるのか……。

「もっと私たちに言って欲しい。頼って欲しい。もっともっと私たちは頑張るから！」

館林中央営業オフィスの成功への転換点は、この時であったのだと私は思う。私は、自分の理想とする経営を本気で進めようと、もう覚悟を決めていた。その理想とする経営の究極の姿を一言で言い表すならば、着任来からのオフィスビジョン「いちばん、仲間を考える組織」である。

第一生命という会社に入り、仕事をするということは、いかなる仕事をすることを言うのだろうか。ただお客さまを向いて、「お客さまからの感謝」だけを喜びとし、一人で営業活動を行い続けていくということではない。同じ職場で働く仲間を支え、また仲間に支えられるという信頼と絆の活動の中に、本物の「やりがい」「喜び」があるのだと私は考える。自分という人間と仕事に「仲間との調和」という付加価値を求めることが、人、職業人としての誇りにつながる。それが生命保険営業という職業で永く成功していくために必要なものだと思う。

そのような風土をもう一度真剣に創りにいこうと私が覚悟したまさにその時、リーダーたちは私に救いの手を差し伸べてくれた。本気の想いをぶつけてくれた。

やはり、職員たちに私が支えられたことで、館林中央営業オフィスは新たな成長の段階に進むことができたのである。

サブリーダーを巻き込んだ「職員全員の経営参画」改革

このような経緯を経て、館林中央営業オフィスには、リーダーを中心とした経営参画の意識が芽生えた。ありふれた言葉だが、優しく、淡々と、大人の態度で物事を冷静にとらえるリーダーたちに私は励まされ、私の決意もこれに加わって、新たなる営業オフィス運営改革の機運が起きたのだった。

これから述べる館林中央営業オフィスの成長要因を整理すれば、一に、リーダーの影響力を極大化させ、リーダーシップを最大限に発揮させることによって、「職員全員の経営参画」を促したことがあった。

二は、一によって生まれた職員の連帯意識を、営業オフィス全体の高品質なPDCAサイクルへと発展させるための「サブリーダーを巻き込む幹部会議」「チーム主導による新人のご提案先管理」、そして、これらの高品質な運営風土を土台とした、「地域に特化したマーケティング戦略などによるお客さま接点の増大」が図られたことがあった。

全ての取り組みが功を奏したのは、まず何よりも「職員全員の経営参画」意識が、職員の意思によって育まれ、納得感とともに取り組まれたからだと私は考える。これが、成功のための基盤となったことは間違いがない。

納得感、やりがいを持ち、自発的に活動することで、職員は潜在能力を最大に発揮できる。一人ひとりの職員にそのような仕事をさせることが全ての活動の原動力となり、館林中央営業オフィスの著しい成長をもたらした要因だった。

一つずつ順に見ていきたい。

リーダーたちに営業オフィス運営に対する主体性が生まれたことで、何が変わったのか。まず、「幹部会議」が歴然と変貌した。

従来の幹部会議は、静まり返る空気の中で、ただ黙々と情報の伝達と確認が為されるだけの時間だった。

理由は、リーダーたちの優しさにあった。

優績者が多数を占めるリーダーたちは、ずっとこれまで先輩や仲間に頼らず、自分の考えで市場開拓をし、自分の力で成長し、自分の意思で行動してきた。だから、他のリーダーや、あるいは仲間、新人にも「それぞれの考えでやることが正しい」として、意見や主張を抑え、接することが礼儀であると自然に考えていたように思う。それがリーダーたちの優しさなのである。

私はこのリーダーたちの想いを汲み取り、何か手を打たねばと考えた。

もっとリーダーたちが、会議で堂々と想いを表現し、意見をぶつけ合えるようにしなければと考えた。

幹部会議は、リーダーたちが本音で、喧々諤々と議論した結果、営業オフィス全体の一つの方向性を決める場に、私はかねてからしたかった。そして、その会議の結果に基づき、リーダーたちが、所属員たちを強く導いて欲しかった。かつ所属員たちにリーダーがリーダーとして認められ、日常から頼られ求められるような環境がリーダーに必要だと私は考えた。

私が出した答えは、「サブリーダーの任命」と「サブリーダーを巻き込んだ幹部会議」である。

二〇一四年四月から新たに行っていった。

なぜ、これらを行ったか。

リーダーたちは気持ちが優しいがゆえに、所属員に対し、強いトップダウンができないでいた。

それはある意味では、チーム内でリーダーが孤立化しているからだった。しかし、もしそばに同じ思いを共有するサブリーダーが一緒にいるならば、幹部会議で、チームミーティングで、遠慮がちなリーダーたちは堂々と意思を表明できると私は考えた。これが実現するならば、最終的には、営業オフィス全体に各チームの成功事例や課題が共有化される。新人を中心とした募集指導、育成指導にも今までにない価値共有が図られるのではないかと私は期待した。

私は、各チームあたり一名のサブリーダーを任命することに決めた。

その任命に際し、各リーダーに希望のサブリーダーが誰なのかを質問をした。

「このサブリーダーがいたら、頑張れるという人は誰?」

そのリーダーの想いを踏まえ、八チームに各一名サブリーダーを任命し、リーダーたちと合わせて、営業オフィス全体の約半数の職員が、幹部会議に常に出席する仕組みを創った。

この結果、まず、部下を持つことになったリーダーの、リーダーとしての自覚が高まった。

幹部会議前のチームによるミーティングでは、皆で意見を出し合い、それをまとめ、サブリーダーとともに自信を持ってリーダーは、幹部会議に臨めるようになった。

サブリーダーたちは自分がサブリーダーに任命されたことで、自分が責任を与えられ、認められたことを大いに喜び、リーダーを支えようと努力した。「リーダーは自分を任命してくれたのだ」という嬉しさは、何よりの誇りになり、自分の責任で考え、行動する意識を高めたと思う。

リーダーとサブリーダーのチーム運営への意識が一気に高まったことで、幹部会議は白熱し、本質的な議論ができるようになった。私はこれが嬉しかった。

議題となる各種イベントの企画、特別増産月の戦略などに対し、「自分のチーム員の想いを届けよう」とするリーダー、サブリーダーによって意見、アイデアがどんどん発言され、他のチームに共有化されるようになった。それぞれのチームがそれぞれの想いをぶつけ合うほど、「営業オフィス全体で成功を目指していくための議論」へとつながっていった。

このような幹部会議の結果、チームの所属員は、「自分たちの想いによって営業オフィスが動いているんだ」と理解し、リーダーへの信頼感を深め、自分自身の活動への納得感を高めた。

館林中央営業オフィスの成功要因は、煎じ詰めれば「職員全員の経営参画」に極まる。その「職員全員の経営参画」意識を醸成した最たる要因が何かと言えば、この「サブリーダーの任命」「サブリーダーの幹部会議への出席制度」という改革にあった。

将来のリーダー候補であり、着々と能力を高めている職員をサブリーダーに抜擢し、経営参画させたことで、営業オフィス全体を活性化させた。

リーダーであれ、サブリーダーであれ、新人であれ、職場で共に働く仲間からの応援、声、意見がよどみなく交流される文化の中に、新たな価値創造は起きるのだと私は思う。館林中央営業オフィスが、いうなれば「サブリーダー改革」によって活性化できたという事象は、ある一定程度の陣容規模を持つ営業オフィスにおいて発生し得る、キャリアや経験などの差異による職員間の意思疎通の停滞に対する、一つの解答とみてもいいのかもしれない。「次代を担うサブリーダー」ではなく、今の時代を担う存在として、責任と役割を求めることで、サブリーダーたちは、誇りと喜びに満ちて仕事に打ち込んでくれた。

新人育成の鍵は「先輩との心のパイプ」

「職員全員の経営参画」を目指していくためのもう一つの取り組みは、「チーム主導による新人のご提案先管理」の導入だった。

従来、新人に対する「ご提案先管理」は、トレーナーやオフィス長の私が行っていた。

朝礼後、あるいは帰社後等の個別対話を通じ、新人の日々の新規開拓先、明日訪問すべきお客さまについて指導を行っていた。経験が浅い新人にとって、次のご提案先を見つけることは、最重要の課題である。ご提案できる先を見つけられなければ、生命保険営業の仕事は成り立たない。やがて成績は低迷し、退職を余儀なくされることもある。

リーダー、サブリーダーの経営参画意識が高まると、日々の新人の「ご提案先管理」を、従来の私とトレーナーの指導に加えて、「チーム主導の運営」として日常のチーム活動に落とし込んでいった。

これを開始した理由は、前に述べたように、新人が最も助言を求めている相手は、様々な経験を積み、成功している先輩たちだからである。

リーダーがサブリーダーを心の拠り所としたことで、大いに自分の意見を幹部会議で発言できるようになったように、女性を中心とする組織である営業オフィスに自由闊達な意思の疎通をもたらすためには、女性同士、仲間同士のインフォーマルな関係創りをオフィス長はしっかりと考えなければならない。つまり、上司と部下という「縦」という意思疎通の行い方と、仲間同士の「横」のつながりのそれぞれを縦横に活用することを十分意識しなければならない。

週に二回、朝礼の場で、チームによる新人の「ご提案先管理」を行う事とした。リーダー、サブリーダーが主体となり、新人に先輩の目で、助言をしてもらうことを目指した。

最初はうまくいかなかった。

きちんとできるようになるまで時間を要した。私の指導が至らなかったこともある。新人が用紙に「ご提案先」と思われるお客さまを書き出し、それを先輩がただ見て、それで終わるということが続いた。

「違うよ。もっとよく見て、一件一件、どういうお客さまなのか、本当のご提案先なのか新人の立場になって考えてあげて」と伝え続けた。

やがて、新人が考えている「ご提案先」を先輩たちが精査し、アドバイスをするように変わっていった。経験に基づき、「これは『ご提案先』とは言えないよ。他の『ご提案先』を探してみたら」などの助言を新人は一件一件もらえるようになっていった。新人は、「ご提案先」に対して、先輩たちから本気で正しい基準を教えられ、その基準によって考え、計画を練られるようになっていった。

この「チーム主導による新人のご提案先管理」を行うようになり、営業オフィス全体で優れた活動内容を共有し合う「好事例発表」にも熱気がこもるようになった。

先輩は、新人の活動成果、成長に意識的になっていった。

自分があの日、教えた新人がどう活動し、その成果はどうであったのか、教えた先輩はやはり気にかかる。ご契約をお預かりできたとなれば、みんなでその成功を声を上げて喜ぶようになった。

この取り組みを始め、新人の育成は格段に進んだ。が、大変嬉しいことに、同時に「目に見えない大きな成果」も手に入れた。それは、新人と先輩との「心のパイプ」を創ることができたことである。

生命保険営業という仕事を長く続け、成功している職員の共通点は、新規開拓能力や話法の技術以上に、「先輩との心のつながり」を持っていることである。

苦しい時、困った時、最も役立つ助言をしてくれるのは、その経験を積んでいる先輩しかいない。いくら同じようなキャリアの新人に相談をしたところで、同じ悩みの周りをグルグルと回り続けるしかない。先輩こそが新人の心の拠り所であり、その先輩をどれだけ数多く作ってあげられるかが新人育成では大変重要なのである。

館林中央営業オフィスでは、ごく自然に先輩と新人が声を掛け合い、会話が交わされるようになった。先輩の指導・アドバイスは朝礼時だけでなく、帰社後、互いが顔を合わせた時にも行われる。忙しい先輩から新人に「あのお客さまはどうだった?」と声かけがいつでも行われるようになった。

仲間への関心を高めることが、営業オフィス運営では何においても大切になる。しかし、オフィス長が職員がそのように動いてくれるわけではない。「仲間に関心を持って欲しい」と言葉で言うだけで、職員がそのように動いてくれるわけではない。関心は、自然発生するものである。

それをどう導くのか、そしてそれをどう新人育成の組織文化に高めていくのか。

館林中央営業オフィスでは、「職員全員の経営参画」を図るために、これまで述べたようなリーダー、サブリーダーへ責任と喜びを与える工夫を行うことで、職員の他の職員への関心が高まり、経営が好転していった。

どのような企業であれ、ある職場で働く以上、その職場のルールを守り、経験、立場に応じて果たすべき役割は必ず果たさねばならないものである。第一生命において、先輩が新人に教えることも、果たさねばならない役割の一つである。それをしっかり正面から職員に私は伝えてきた。職員たちは、もともと責任感が強く、思いやりがあり、仲間想いであった。

ではなぜ、今までそのような新人育成ができていなかったのか。答えは簡単なことである。

館林中央営業オフィスの中堅、ベテラン層の職員たちは、入社からこれまで、ずっと先輩の背中を見て学び、自分一人の力で育つことを習慣としてきたプロフェッショナルだった。自分がそのように育ってきたから、新人にもそれが当然だという意識があったのである。人の調和を否定していたのではなく、実際には、人の何倍も心が優しく後輩想いの職員たちだった。

そのような職員たちだったからこそ、館林中央営業オフィスでは、仲間同士、オフィス全体の一体感が著しく高まったのだと私は思う。

私は、仲間を想う職場風土を創るために、今述べた自分の役割を果たす事への意識とともに、「職場のルールの遵守」が非常に重要だと思っている。基本的な勤務規律が正しく、守られているかどうかが、営業オフィス運営の基本中の基本になるからだ。

館林中央営業オフィスで定めているルールは、言葉にすれば大変当たり前のことである。正しい出勤態度、誰が見てもきちんとした服装を整えること、人の邪魔をしない、人の悪口を言わない、人の足を引っ張らない等々の事柄である。

これらはあまりにも普通のことのように思えるが、しかし、実はそうではない。毎日の仕事で疲労し、成績が低迷し、感情が不安定になると、普通のことができなくなることがある。たった一人の乱れた行動は、営業オフィス全体に影響を及ぼす。したがって、私は、入社する新人にきちんとこのルールについて教え、さらに毎月一回、必ず、職員全員に遵守すべき項目について、繰り返し指導し続けている。

このルールがしっかりと意識されている館林中央営業オフィスは、見事なほど、規律が正しく守られ、諍いは全くない。誰が見てもとても明るく、居心地のいい営業オフィスである。来社されたお客さまにも「すごく雰囲気がいいですね」と、営業オフィスの雰囲気を褒められる。お客さまの目にも、館林中央営業オフィスは、仲間同士が調和し、明るく、いい職場だと思っていただける営業オフィスである。

特別増産月に起きた奇跡

リーダー、サブリーダー、そしてその他全員の「チーム意識」「オフィス意識」が格段に高まったある出来事があった。それは、二〇一四年度最初の特別増産月、七月のことである。

この特別増産月に挑むにあたり、幹部会議で、私はリーダー、サブリーダーたちと館林中央営業オフィスが目指さねばならない目標について話し合っていた。

あまりにも大きい目標が与えられていた。

「エクセレント実働」と呼ばれる職員の資格に応じた個人目標を全員が達成したとしても、達成できない、大きな厳しい目標だった。

私は正直なところ、「絶対に達成は無理だ」と思った。

そこで、絶対に無理だとわかりきった目標に営業オフィスの総力を挙げて挑戦し、全く届かないという結果によって、営業オフィスの士気が低下するくらいならば、せめて、全職員が「エクセレント実働」は絶対にやり切るという「独自目標」に置き換えるべきではないかと思った。

私は、その思いをリーダー、サブリーダーたちに話した。

「いや、ダメです。目標を下げちゃダメです！」

と、あるリーダーは言った。

「みんなで頑張りますから、この目標達成を目指しましょう！」

その言葉に、リーダーたち、サブリーダーたちは頷き、「がんばりましょう！」とみんなが声を上げた。

私はこの時、心から驚いた。私の意見に同意し、「目標を下げましょう」という人は誰一人、いなかった。

リーダー、サブリーダーの「みんなで頑張りますから」の言葉の真意は、まだ大きな成績を出す募集力のない多くの新人の分まで、営業オフィス目標の実現のため、リーダーたちが頑張り、本来自分が目指さなくてもいいほど多くのお客さまから、ご契約をお預かりすることである。私は、リーダーたちの経営参画意識の高まりを感じてはいたが、まさかここまでとは思っていなかった。それだけに大変嬉しかった。

この会議の中で、館林中央営業オフィスの目標は、全員の力で達成を目指すことが全員一致で決められたほか、全員が必ず一件お預かりする「全員実働」を目指すことも決められ、その達成日を六月十日と定めた。これはつまり、募集経験の少ない新人をリーダー、サブリーダー、トレーナーが全面的に同行指導などで支援することを意味する。

六月十日は、全国のどこの営業オフィスを見渡しても、「いくらなんでも早過ぎる」と私は思ったが、みんなの総意で決めたことならば挑戦しようということで、我々は大いなる意を持って、特別増産月に動き出した。

会議を終え、私は一人、冷静になって考えた。

皆の「営業オフィスの目標」に対する意気込みに大変喜んだ。感動していた。しかし、いくらそうだとしても、「本当にできるのだろうか……」との大きな不安は拭えなかった。それほどに館林中央営業オフィスに与えられていた目標は、私には不可能と思われるほど大きな目標に思えたのである。

リーダー、サブリーダー、そして所属員たちは、見事なチームワークで、この特別増産月に挑戦していった。リーダーは、所属員の募集活動の進捗状況を確認し合い、連携をとった。必要に応じて新人を同行支援した。入社してまだ日の浅い新人までが必死に、トレーナー、先輩の力も借りながらお客さま訪問を繰り返した。皆が一日中、お客さまとの面談を繰り返した。目の色を変えて、連日、たくさんのお客さまに生命保険の必要性を訴え、ご提案を行っていった。

「全員実働」の目標としていた六月十日――。

あと一人の職員がご契約をお預かりすれば、全員実働が達成というところまで来ていた。その最後の一人がご契約をお預かりできた時、営業オフィスは騒然となった。皆が手を叩き、拍手が鳴り響いた。みんながお互いを称え、歓喜の声をあげて、大喝采が起きた。私は鳥肌が立った。リーダー、サブリーダー、トレーナー、新人みんなが笑った。泣いている人もいた。

その後、絶対不可能だと思っていた営業オフィスの高い目標も、なんと達成率一四％オーバーでの達成を果たした。この特別増産月のあまりにも見事な目標の達成によって、リーダー、サブリーダー、職員たちが得たものは大変大きかったと思う。

初めて、自分たちで納得をして大きな目標に挑み、営業オフィスの一員として仲間たちと助け合い、主体的に目標をやりきったのである。その達成感は相当大きく、仲間とともに仕事をすることの醍醐味を味わったと思う。

この出来事を振り返れば、二〇一三年二月から目指してきた「職員全員の経営参画」の日々の努力が、数字という明らかな形として、また、大変高い営業オフィスの目標達成という形で、初めて報われ、証明された出来事だった。

リーダー、サブリーダーが出席する真の意味での「経営会議」が為され、本質的で、建設的な各チームの意見と情報交換が行われて、営業オフィスの一体感が生まれていった。リーダーはリーダーの、サブリーダーはサブリーダーの、新人には新人のそれぞれの営業オフィスにおける役割が意識され、縦横に信頼関係が築かれた。そうした日々の目に見えないお互いへの関心の積み重ねが、あの特別増産月の大きな成果によって報われたのである。

成功の連鎖を生み出す「振り返りシート」

ここからは、二〇一四年七月の特別増産月の成功後、成長著しかった新人層を中心とした職員の育成をさらに一歩進めるための取り組み、「振り返りシート」について述べていきたい。

この「振り返りシート」は、好業績を収めた特別増産月で得た経験を、次の特別増産月に活かすための、ＰＤＣＡサイクル循環型の経営品質向上を目指した取り組みである。

チーム主導の新人育成が進んだことで、特別増産月で新人は大変目覚ましい成長を遂げていった。そこで、特別増産月の成功を生み出した活動プロセスを次につなげていくために、翌月の活動に入る前に一度立ち止まり、記憶の新しいうちにきちんと振り返りの場を設けることとした。

方法としては、まず、特別増産月が終わったその日に、営業オフィスの全員が「良かったこと」「改善したらいいこと」の二つを書き出していく。「改善したらいいこと」というフォーマットにしたのは、「悪かったこと」とすると、どうしても職員は心理的に失敗したことを思い出し、書きにくくなってしまうからである。

次に、リーダーが所属員の書いた用紙をまとめ、チームごとにリーダーによって、振り返りの内容を営業オフィス全体に発表してもらう。これをすることで、営業オフィス全体に成功体験、課題が共有化される。

さらに、その内容を幹部会議で再び取り上げ、各チームのリーダー、サブリーダーが学び合いを行う。

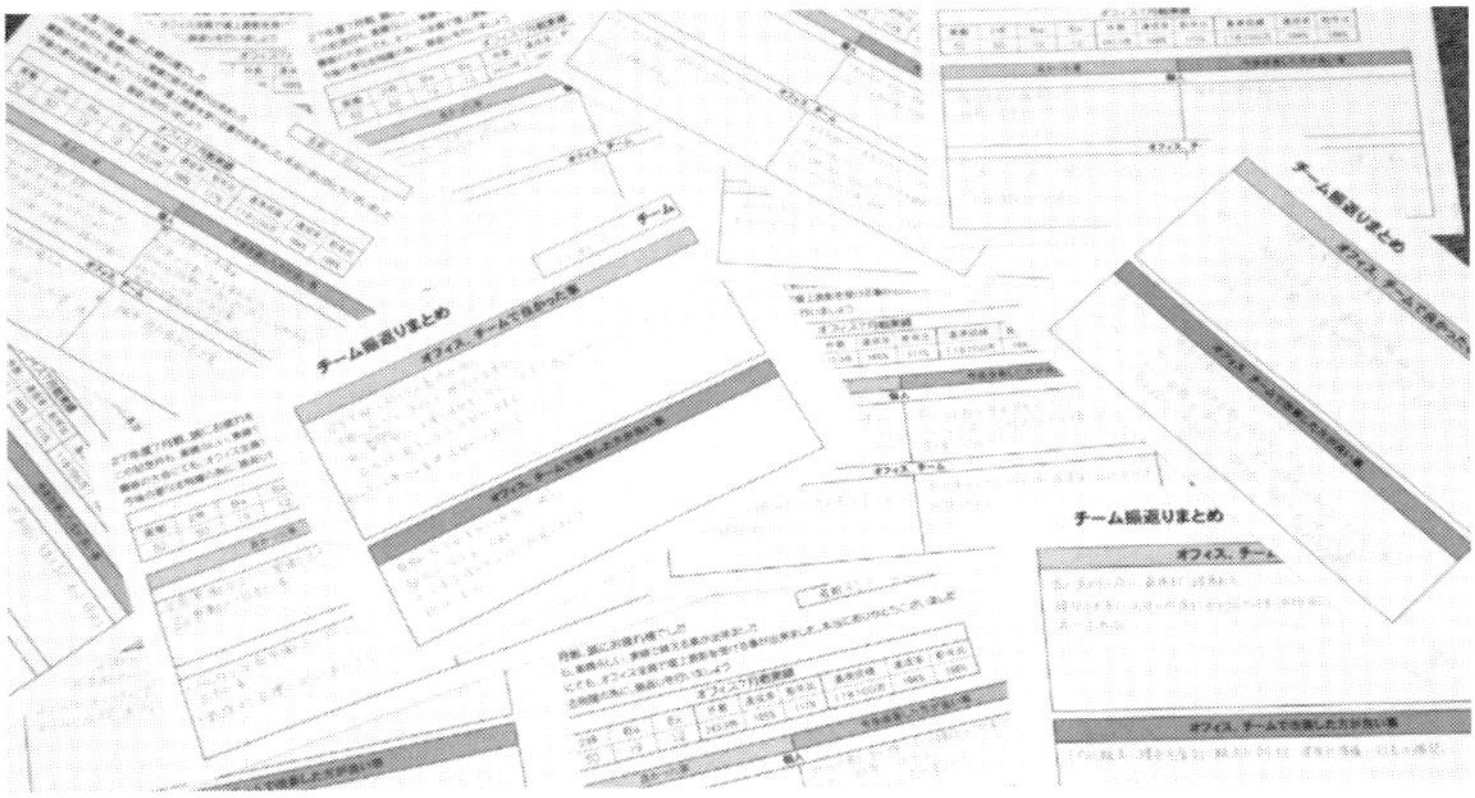

成功の連鎖を生み出す「振り返りシート」

この一連の流れの中でまず大事なことは、それぞれの職員が、自分の活動について冷静に振り返り、次の活動に活かすために、「さらに伸ばしていくことは何か」「反省すべきことは何か」をしっかり考えることにある。

一度は成功につながる活動ができていたのに、それが次にできなくなってしまうのは大変もったいないことである。それをしっかり思い返し、記録し、記憶に定着させ、「成功の方程式」として、あるいは同じ過ちを犯さないために、明日からの活動に活かせるよう、自分で意識してもらうことに大きな意味がある。

次に、非常に大切なことは、幹部会議で所属員が書いた二項目を発表し合い、共有化することである。これを行うことで、将来の育成やアドバイスに活かしていく。予想外であった効果は、普段、あまり聞くことができない新人からのたくさんの感謝の想いを幹部層が知ることができることだった。

所属員の「良かったこと」に書かれた文章には、当然、お客さまからご契約をお預かりできたことへの喜びが綴られており、それと併せて、そのご契約につながったリーダー、先輩たちのアドバイス、思いやりの心への想いも書かれている。「チームミーティングで教えてもらった言葉に勇気が湧きました」「アドバイス通りにやってみたら、お客さまにご提案を認めていただきました」などという感想とともに、「感謝しています」「ありがとうございます」という言葉がある。

忙しい日常の中で、面と向かって感謝の言葉を言われる機会はあまりない先輩たちは、その言葉にとても喜び、「また頑張ろう」という気持ちが芽生える。その気持ちが嬉しくて、また、新人や仲間に一生懸命に指導する。そういう好循環が、「振り返りシート」で生まれている。

この「振り返りシート」を行い、その後の特別増産月でまた目覚ましい業績を残すことができた。十一月は達成率一二四％、二月は同一五三・一％という驚くような好業績につながった。

信じられないような好業績だった。

「職員全員の経営参画」の風土がしっかりと根付いていたうえに、この「振り返りシート」を行うことにより、前回よりも次回、さらにその次というように、個々の職員の募集活動の精度が高められたことで、営業オフィス全体の業績を牽引したと私は見ている。まさにＰＤＣＡサイクルの秘めたる力だと思う。

加えて、「感謝の想い」をやりとりしたことで、改めて、とても新鮮な想いでのチーム内でのリーダーと所属員の絆が一層深まり、「所属員を育てよう」「リーダーのアドバイス通りやってみよう」というまるで家族のような想いがそれぞれに芽生えたことが、間違いなく好業績の大きな要因だった。

この「振り返りシート」は、以来、継続して行っている。

そもそも本来の目的は、個々の職員の成功を次につなげるというところにあったが、感謝の想いが文章によって伝えられたことで、仲間を助ける、支えるという組織風土がより一層強くなるという思わぬ効果をもたらした。職員たちの胸の中にあった、それまで見えなかった仲間を思いやる優しい想いが、「振り返りシート」で顕在化したのである。

「経営参画意識」「連帯意識」で、地域戦略を成功に導く

次に、地域に特化した「マーケティング戦略」の取り組みについて見ていきたい。

着任来、継続的に行ってきたのが「相続コンサルティング」だった。

これは、二〇一五年一月からの相続税の改定による増税というタイミングをとらえ、これに対応するための研修や好事例研究の組織運営のありようについて強化を図っていくものだった。

この取り組みは大きな成果を生み出したが、これを行うことで私が学んだことは、いかに優れた戦略や戦術を考え抜いて職員に指導したとしても、職員たちの心が乗っていなければ、単なる空論に過ぎないということだった。

ある戦略を自分が取り入れれば、成果をつかむことができそうだと思っても、チーム内の人間関係がうまくいっていなかったり、「チームでの役割を果たすのだ」という、より大きな仕事への意欲がない職員は、どんな戦略であれ活用しようと思わないものである。その意味では、やはり「経営参画意識」の醸成が組織の隅々にまで浸透していたからこそ、この取り組みは、実のある活動とすることができたと私は考えている。

貯蓄性商品を好む土地柄を考えると、相続税の税制改正を前に、「生前贈与」による「相続コンサルテ

ィング」が大きなビジネスチャンスになると私はとらえた。

伸び悩む新人からの成果を期待し、税務知識・商品の研修を重点的に行っていった。研修を行うにあたっては、正しくかつ説得力のあるご提案を行うために、「生前贈与」について税務署に問い合わせをしながら、より効果の高い指導を行っていった。

この「相続コンサルティング」の取り組みはどのように推移していったのか。

まず伸び悩む新人から、成果が上がりだした。

まだ生命保険の募集力がそれほど付いていない新人が、「相続コンサルティング」によって次々とご契約をお預かりし、それが朝礼で好事例として発表されると、中堅、ベテラン層の職員たちは瞠目《どうもく》した。新人には失礼かもしれないが、「あの新人にできたんだ」と、中堅、ベテラン層に意外なこととして響いたのである。注目を集めた理由のもう一つには、新人が、いつものお客さま一件当たりの成績の五倍、十倍もの保険金額のご契約をお預かりしていることもあった。

この一連の「波及効果」の流れがうまく機能した理由は、成功事例を皆で共有し合う仕組みがしっかりと定着しており、その規律的な学習の場で発表が為されたことである。中堅、ベテラン層は真剣に「自分を磨こう」という想いで臨んでいる。そのような環境と姿勢があったことで、まだ未知の経験である「相続コンサルティング」をありありと疑似体験したわけである。この仕組みが大変よく回り、「相続コンサルティング」による成果は、私の想像を超えるような業績となった。

二〇一五年二月、特別増産月の「相続コンサルティング」による成果は、総件数六十三件で、第一生命全千二百四十二営業オフィス中、トップに立ったのである。

これだけの成果を上げることができた背景には、比較的富裕層の多い募集テリトリーで、首都圏のように、すでに「相続コンサルティング」の競争がまだ起きていなかったことが一因にあるように思う。

その潜在性を秘めた市場に対し、「商品・金融知識研究」「成功事例の共有」「潜在的なご提案できるお客さまの顕在化」をスピード感をもって対応できたことが功を奏したのであろう。スピード感をもたらしたものは、やはり何と言っても、組織力であり、その組織力は、自発的に経営に参画しようとする全職員たちの意識によって構成されていた。つまり、ターゲットとタイミングをとらえたマーケティング論と、職員の高い「経営参画意識」「連帯意識」が、この取り組みの成功をもたらしたのだと私は思う。

「職員第一主義」なるDSR経営

館林中央営業オフィスは、このような取り組みを行い、高い実績を上げるとともに、働く喜びに溢れた営業オフィスとして、大変な飛躍を遂げたように思う。

リーダー、職員は、「みんなで運営していく文化になった」とその変貌ぶりを喜んでいる。ある職員は「トップダウンではなく、みんなが自分で経営に入っていき、一つの方向をみんなで決め、組織が創られている」とも言ってくれた。まさに、私はそうだと思う。

私のトップダウンによって、目指そうとした営業オフィスの姿が、今、目の前に実現されている。職員たちの力でそれが実現した。

私がトップダウンで職員たちに伝えたかったことは、オフィスビジョンやオフィスのルールという形で表現しているが、それをたった一言に表現すれば、「『人』を大切にする」ことに尽きる。

お給料を稼ぐために職員は仕事をしているが、お給料のためだけではなく、生命保険会社、第一生命で働くことで得られる人間の絆の中で働ける喜びを味わってほしいと願ってきた。

第一生命は、「お客さま第一主義」を経営理念とし、徹底的顧客志向に基づく経営品質向上に今取り組んでいる。私はこれを大変誇りに思っている。

私はこの「お客さま第一主義」という言葉に加え、「職員第一主義」という言葉を、オフィス長の志として持っていたいと思っている。

営業オフィスの経営者であるオフィス長は、連日、目の前で厳しい仕事と闘い、自分と闘っている「職員」と、その「ご家族」を守る責任がある。

その責任を果たしてこそ、職員の先にいるお客さまに対し、真の「お客さま第一主義」の仕事は達せられるものである。

もし、営業オフィスで、オフィス長に大切にされず、仲間とも意思の疎通がない孤独な職員がいたならば、お客さまと対面し、本当にお客さまを大切に想って、お客さまのための生命保険をご提案・保全することは不可能である。だからこそ、「人」を大切にするという職場風土が絶対に必要なのである。

着任してからこれまでずっと「仲間を支える組織であれ」「仲間に頼られる人であれ」と私は願い、指導してきた。

それは、人間関係が職員を退職に至らせるとともに、人間関係が職員を成功に導くものだと考えているからである。つまり、職員、新人がしっかりと育っていかないことの重大なポイントは、その職員の販売技術の問題や、新規開拓能力の問題ではなく、「人間関係のありかた」にあるということである。かくいう私が、まさにリーダーたち、職員たちに支えられて現在の姿はある。

館林中央営業オフィスの「ＤＳＲ経営」の真実は、何であったのか。

大変、偉そうなことを言わせていただけば、私は、「職員第一主義」の精神が、館林中央営業オフィスの「ＤＳＲ経営」だったと結論付けたい。

私は、いつでも職員に感謝の想いで接してきた。

それは、家族にするのと同じような、無償の活動だった。

その想いは、黙々と自分の仕事に専念する職員の心に届き、「無償」の想いと行動につながった。「職員全員の経営参画」体制を構築することにつながった。仲間を自然に助け合う職場風土ができた。それがあらゆる業績、徹底的顧客志向の活動の源泉だった。すなわち、「職員第一主義」「『人』第一主義」が私の行った「価値創造」だった。

だが、私にとって、高い評価などより何より誇らしいのは、今、心を通わせ、共に同じ目標に向かって仕事をしているという喜びの日々である。

人間性とは、人間と人間の関係性のありようのことだと私は思う。館林中央営業オフィスの職員たちの「人間性」の中で仕事をさせていただいていることが、私は何より誇らしい。職員の皆に心から感謝の思いでいっぱいである。

「価値の連鎖」の始まり

第一生命　成田支社

支社長と業務リーダーのリーダーシップによって創案された社会貢献活動が、地域に巨大な潮流を起こした。

成田支社が起こした「高齢者見守り活動」は、管下、市町との「高齢者見守り協定」、千葉県との『ちばＳＳＫプロジェクト』――しない（Ｓ）、させない（Ｓ）、孤立化（Ｋ）の頭文字をとってＳＳＫと記号化」等に関する協定の締結へと至った。「認知症サポーター養成講座」を全職員が受講し、その組織力、機動力、女性ならではのたおやかな触れ合いによって、地域密着の「高齢者見守り活動」を行っている。協定企業中、唯一の生命保険会社であり、女性が中心に活躍する組織である。第一生命と第一生命人の「お客さま目線」の企業文化に照らして考えてみるならば、その活動の本気度、貢献度は、他と一線を画するものと私は見る。

自治体、ご家族、そして高齢者にとって切実な問題として顕在化している高齢者独居問題、孤立化問題に対し、成田支社全職員は、「当事者」として行動を起こした。

「高齢者見守り活動」が確たる結果を残していることは、数々の好事例、自治体からの賞賛の声が物語っている。人口減少時代、少子高齢時代において、地域共生を目指さねばならない「人」「企業」の燦然《さんぜん》たる「価値創造」事例であると私は考える。

地域貢献活動を「自分ごと化」し、迫真する組織は本業の成績も突出する。

成田支社がまさにそうである。この事象は、第一生命一世紀の本業を通じた社会貢献の歴史を誇り、生命保険事業を誇り、地域で生きる人間であることを誇ることが、人、組織、企業に喜びを与え、活気をもたらし、あらゆる活動プロセスの高品質化につながることを意味している。「経営品質経営」そのもののありようである。

この「高齢者見守り活動」の成功要因は何か。

成功の基盤は、雨宮進支社長、田中いづみ業務リーダーの燃えるような地域貢献への情熱であった。地域に必要とされる「人」「企業」であろうとし、「今、最もこの地域で己の力を提供できることは何か」と考え、迅速に動いた。その問いを持ったこともさることながら、「スピードを持って動いた」ことが「高齢者見守り活動」を成功に導く強力な推進力であったと私は考える。その「スピード」をもたらしたのは、紛れもなく、目の前の困った人のお役に立ちたいという「人」の「熱」であった。

この成田支社の「高齢者見守り活動」を「経営品質経営」の文脈でとらえるならば、成田支社が起こした事象は、営業現場における「価値の連鎖」の始まりであると私は考える。

つまり、「経営品質経営」における大切な九つの考え方の一つ「創発」である。「創発」とは、ＰＤＣＡサイクルプロセスを循環させる中で、上位階層が有していない機能や価値創造が、下位層で、ある意味では、偶発的に、予想外に発現したという事象と私は考える。「経営品質経営」は、確かな道を歩んでいるのである。

「高齢者を見守ろう」とする価値の連鎖が、まず成田支社内で起きた。次に、千葉県との協定締結を後援すべく本社への連鎖が創造された。さらに全国各支社は、この成田支社の「高齢者見守り活動」を学び、実践しようとし、相次いで照会が為され、全国へとその知見と経験が連鎖している。

成田支社の「高齢者見守り活動」は、第一生命における「価値の連鎖」の始まりの一つであり、「創発」を果たした優れた好事例であったと見ることが、「経営品質経営」を目指す第一生命にとって正当であり、肝要であると私は思う。全国の各支社では、がん検診啓発活動、認知症サポーター活動、あるいはこれら健康課題解決を図るための自治体との包括協定が次々と結ばれている。「価値の連鎖」の始まりは、そこかしこに起きている。

各地各支社の地域貢献の「熱」「経験」「人を支えることの喜び」という「価値」をいかに第一生命全体へ連鎖させるのか。「価値の連鎖」の始まりをどこまで活かしきることができるのか。この問いを問う先に、第一生命独自の強みや、営業現場における経営品質向上への一策は見つかるものと私は思う。

2　地域と共に生きる会社たれ

第一生命保険株式会社　成田支社長　雨宮　進
成田支社　業務リーダー　田中　いづみ

「誰か」を助けられる喜び――田中　いづみ

二〇一五年十一月二十日、金曜日の夜だった。

塾の授業を終えた長男が後ろの座席に乗り込むと、私たちの車は千葉県佐倉市の駅前バス通りを、自宅に向けて走り出した。

心和む、愉しいひと時だった。

大学進学を控え塾に通う長男を、私と長女は、授業の終わる頃、いつも決まって迎えに行く。

障がいがあり、自閉症の長女の唯一の楽しみが、長男を迎えに行くこの夜のささやかなドライブだった。

長女は、私のそばを離れようとせず、この晩方も私たち三人は一緒だった。

夜十時半のバス通りの気温は十三・五度で、北風が吹いていた。

「あれ?……」

バス停付近を通り過ぎる時、私は何か様子のおかしい男性が目に付いた。歩き方が弱々しく、覚束なかった。高齢の男性だった。あっという間の出来事で、車はそのまま通り過ぎてしまった。

ピンとくるものがあった。心がざわついた。

「認知症サポーター養成講座」で学んだ事柄が頭を駆け巡った。日頃、営業職員から話に聞いていた認知症の方の症状のように感じた。

「お母さん、ちょっと戻っていい？」

ブレーキを踏むと、私は突然、二人に言った。二人は、どうしたの？　という顔で私を見た。男性を見たあたりまで車を戻すと、窓の外に、さっきの男性が地面にしゃがみ込んでいるのが見えた。

——あっ、やっぱりおかしい……。

私はまた一度、男性を通り過ぎてからUターンして、車を男性の側の道路に停車させた。

「お母さん、声かけてくる！」と子供達に言って、私は道路に飛び出した。

第一生命に入社して、三十四年の歳月が過ぎた。内勤職員としていくつかの支社、営業オフィス勤務を経て、現在、私は成田支社で会計・総務担当を務めている。

会計・総務の仕事を行いながら、成田支社の全営業職員が日常活動として行う「高齢者見守り活動」の推進役として、私は今、慌ただしくも最高に充実した日々を送っている。

二〇一四年に始まった「高齢者見守り活動」は、想像もできないような大きな運動へと成長した。私の思い入れがこもったこの活動は、やがて成田支社の職員たちの一人ひとりの真剣な社会貢献への想いを喚起して、あっという間に、成田支社全体への運動として定着した。

成田支社が行ってきた「高齢者見守り活動」は、成田支社の担当エリアである千葉県北東部、茨城県鹿嶋近隣地域だけでなく、千葉県全域までにその輪が広がり、自治体を巻き込んだ画期的な地域貢献活動として、大きな脚光を浴びている。

当初、困難と試行錯誤ばかりでなかなか日の目を見なかった地道な活動が、今では、第一生命の全国の支社、あるいは提携する生命保険会社や損害保険会社からも注目を集めている。毎日のように組織立った「高齢者見守り活動」の手法について、私の元に各地から熱心なお問い合わせが相次いでいる。

成田支社が各市町と地道に締結してきた「高齢者見守り活動」が、一気に大きな運動と化した大きなきっかけは、二〇一五年一月二十二日、千葉県と第一生命との「ちばSSKプロジェクト」等に関する協定締結だった。成田支社が各市町と個別で進めていた「高齢者見守り協定」は、この千葉県との協定締結後、成田支社管下全域の各市町との協定締結に向けて一気に加速していった。

「ちばSSKプロジェクト」等とは、千葉県が目指す高齢者孤立化防止活動だ。

第一生命成田支社は、その組織力と「地域の自分ごと化」の力で、このプロジェクトに真剣に取り組んできている。協定締結する民間八団体の中で、唯一の生命保険会社である第一生命の貢献は、大きかったと思う。

長年にわたり地域に密着し、お客さま訪問活動を行い続け、築いてきた信頼。そして地域の人々、子供たち、高齢者の方々と親身に気軽に触れ合える女性の強み。

協定締結企業の中で唯一の生命保険会社であり、女性が中心に活躍する組織である第一生命は、第一生命にしかできないような心の交流をして、地域の方々に無数の貢献をしてきたと自負している。成田支社の職員のおかげで、「高齢者見守り活動」は成功に至った。私は、職員に支えられ、この運動を進めることができたと思っている。

成田支社管下の十二の営業オフィス、約三百六十名の職員たちによる真剣な見守り活動は、数々の高齢者、認知症の方々に様々な形でお役に立ってきた。それは、私の手元に届く、たくさんの多種多様の感動的な事例を見ればわかる。毎日のように色々な事例が増え続けている。それは後ほど一部をご紹介したい。全てが報告されているわけではないため、埋もれている事例も少なからずある。それだけこの地域には高齢の方、認知症の方が多いという現実の表れである。同時に、日常の業務の周辺で、約三百六十名の職員たちが、地域の人たちを自分のこととして見守っていることも物語っている。

こうした我々の取り組みが今、やっと実績として認められてきた。

地域の方々、自治体関係者、お客さま、お客さまのご家族など多くの方々から感謝の声となって届いている。本当に私はそれが嬉しい。

そもそも、この「高齢者見守り活動」は、二〇一四年四月に成田支社長として赴任した雨宮支社長の「社会貢献活動をやっていこう」との、とても熱いリーダーシップによって動き出した。

成田市やその他の営業オフィスに出向く先々で、雨宮支社長は「認知症の高齢者が行方不明です……」というスピーカー放送をよく耳にし、驚いた。すぐに成田支社の職員たちに「第一生命は高齢者、認知症の方々に何か力になることはないのか」と問い、組織的な地域貢献活動の第一歩は踏み出された。

そこで、「やらせてください」と手を上げたのが私だった。私は、反射的に「認知症の方々の力となるための活動」をするために、声をあげた。

それには理由がある。

二年前、私は、認知症を患った母を亡くした。

結婚し、千葉県八街市の農家に嫁いだ私は、家の仕事、子育て、それから第一生命の仕事に奔走した。

毎日が慌ただしく過ぎていった。ずっと、とても忙しかった。その間、弟と二人兄弟の私は、母を実家で一人暮らしさせてしまっていた。

母の話し相手は、一匹の犬だけだった。最後には、老人ホームに入居し、母は亡くなった。

地域の認知症の方々を見守るために、成田支社では「認知症サポーター養成講座」を職員全員が受講する。受講後、手首には認知症サポーターの証である「オレンジリング」をはめ、胸には「ちばＳＳＫプロジェクトカード」を首から下げて活動しているが、この組織的な「高齢者見守り活動」をスタートさせるにあたり、まずは自分が受講しなくてはいけないと、「認知症サポーター養成講座」を私は受けた。

心に衝撃を受けた。その講義を聞き、思っていた以上に早くから、母が認知症であったことを私は思い知った。

――ずいぶん前から、すでに認知症が始まっていたんだ……。

なぜ、私は気づいてあげられなかったんだろう……。なぜ、早く気づいて、認知症の進行を遅らせる薬を、大切な母に飲ませてあげられなかったんだろう。なぜ、なぜ……。

自分を責めた。今も、責めている。泣くことなく母の遺影を見ることが、まだできないでいる。

「認知症サポーター養成講座」を受けたことで、私は言いようのない後悔の念に囚われて、そして希望を見た。

大切な母をしっかりと見守ってあげられなかったことに対する凄まじい後悔。そして、「これから自分が、誰かのお母さまを、誰かのお父さまを助けてあげられる」という喜びだった。

私が突然、車を飛び出すと、驚いた息子も一緒に男性の元に駆け寄った。

「どうされたんですか?」私は声をかけた。

自然に、男性の正面から近づき、声をかけることができた。認知症の方へ接する時には、後ろからではいけないと「認知症サポーター養成講座」で習っていた。

「いやー……」ニコニコと微笑みながら、男性は言った。

七十代の男性は、ただ笑って「いやーちょっと……」などと言っているだけだった。よく見ると、男性は転倒した様子で、上着の袖やズボンが汚れていた。軽度の認知症のように私は感じた。

「もう遅いですから、お家に帰りましょうか……」私は言った。

「家がわからない……」男性は言った。やっぱり認知症なんだ、と私は思った。

「そうですか。何かお名前がわかるものはありますか?」

「え、いやあ、何もないよ……。このまま出てきたし……」

男性は、後でわかったことだが、どうやら一人暮らしで、ご飯を食べに外出したようだった。近くにバス停があったから、バスに乗ってきたのかもしれなかった。ビールを一杯飲み、気分が良くなったこと、お金が無くなって、家がわからなくなったことを教えてくださった。

「家の近くに何かない？」何か目印になるものがわかれば、と私は思った。

「××郵便局……」

車に戻り、カーナビで調べると、その郵便局は、その場所から四キロ先にあった。

――四キロも離れたここまで、おじいちゃんは出てきてしまったんだ……。

私はどうすればいいのか迷った。

この男性を車に乗せて、自宅周辺まで送ることが一番いいとはわかっていたが、見知らぬ人を自分の車に乗せれば、どうなるのか。その行為は、人にどう見られるのか。

――子供達がいるんだ、きっと大丈夫！

私は、勇気を振り絞って、男性を車に誘った。

「どうぞ、子供たちがいて狭いですけど、車に乗ってください。お家にお送りします」

自動車を運転しながら、男性と話した。

男性は、自分の息子さんのことなど昔の記憶を話してくださった。私を「民生委員さん」と呼んだ。

家の周辺に車が差し掛かると、男性は自分の家を思い出し、「僕の家は、その裏だよ」と言った。「でも、家の中は汚いから見せられないよ」と笑った。「そうなんですか」と、私も笑った。

「僕は一人暮らしだし、家族も何もないし……。いつ死んでもいいやと思ったんだ、でも……」

男性は呟いた。

「日本も捨てたもんじゃないね……」

私は男性を無事、ご自宅に送り届けることができた。

私は自宅に向けて、車を発進させた。男性の言葉が何度となく蘇ってきた。

「日本も捨てたもんじゃないね……。ありがとう――」

その言葉は、声をかけた私に対しての言葉だったのかどうか――。

それはわからない。でも、私にとって、その言葉が、どれだけ嬉しかったかわからない。どれだけ救われたかわからない。

市、町との個別協定締結から「ちばSSKプロジェクト」等協定締結へ――雨宮　進

地域の課題解決を進める第一生命への期待と信頼

田中さんが、「私にやらせてください」と「高齢者見守り活動」を提案してきた時の思いつめた真剣な表情を、私は忘れることができない。

認知症を患い亡くなったお母さまのこと、そのお母さまへの罪滅ぼしだというこの活動への切ない想いについて、真剣な目で、震えながら私に話してくれた。

「みんなが自分の親を大切にしてほしい。自分の親にするように、地域の人たち、高齢者、認知症の人たちを見守るための活動を第一生命のみんなでやっていきたいんです」と彼女は言った。私は心を打たれた。

第一生命は、「DSR経営」、すなわち第一生命流の「経営品質経営」を追求することによって、「第一

生命が果たすべき本業を通じた社会貢献とは何か」「今の時代に我々が追求すべき新たなる志と行動とは何か」と問い、その答えを出そうとしている。

全国各地の第一生命人は、その答えを、様々な形で導き出している。社会や地域の健康課題の解決に向けて積極的に関わり、社会貢献活動に動き出している。なんと素晴らしいことかと私は思う。

成田支社長に着任した私は、成田支社の職員全員と一緒になって、我々に課せられた社会的使命を果たそうと考えた。

その想いは、田中さんに伝心し、田中さんの情熱を大いなる原動力として、成田支社全体による地域貢献活動は動いていった。田中さんを中心点とする「社会貢献への想い」が全職員に拡散して、成田支社の「高齢者見守り活動」は大きく顕在化したのだと私は思う。

二〇一五年一月二十二日の千葉県との「ちばＳＳＫプロジェクト」等に関する協定締結は、我々の活動が評価され、地域に必要とされていることを最も象徴する出来事だった。これに前後して、活動テリトリーである千葉県北東部、茨城県鹿嶋近隣地域において、協定締結が可能な自治体の全てと「高齢者見守り協定」を成田支社は締結した。

「高齢者見守り協定」を協定締結順に列挙すれば、東金市（二〇一四年十月二日締結）、富里市、八街市（十月八日）、香取市（十月三十一日）、鹿嶋市（十一月十八日）、成田市（二〇一五年二月十九日）、山武市、九十九里町（二月二十日）、四街道市（三月二十三日）、佐倉市（四月一日）、芝山町（四月二十三日）、旭市（四月二十八日）、東庄町（五月一日）、多古町（六月二日）、匝瑳市（六月八日）、印西市（八月三十一日）、潮来市（十一月四日）となっている。

「ちばSSKプロジェクト」等に関する千葉県との協定調印式
雨宮成田支社長（左）、千葉県健康福祉部 中岡部長（中央）、池田DSR推進室長（右）

こうした推移を経て、テリトリーの二十四市町村のうち、現時点で協定締結可能な十七市町村全てと成田支社は協定を締結し、残る市町村も、協定締結可能な自治体とは全て、今後、協定締結の予定となっている。

協定を締結したこれらの各市町村に所在する十二の営業オフィスのオフィス長、職員たちは、協定締結に向けた様々な活動に実に熱心に取り組んでくれた。協定締結後には、「認知症サポーター」として、地域の「高齢者見守り活動」にも、日々、真剣に自分のこととして打ち込んでいる。

協定締結を行えば、それで「高齢者見守り活動」が十全に果たせるのかと言えばそうではない。

我々は、増え続けている認知症を患った高齢者に対してきちんとした見守り・お手伝いを行うために、全職員は千葉県が認定する「認知症サポーター養成講座」を受講して、しっかりとした知識を持って、地域の高齢者を見守っている。

ご契約件数約十万件、約六万二千人のお客さまに対する日常の営業・保全活動の動線上で見守ることはもちろんのこと、七十歳以上のお客さまに対し、成田支社では、月一回、介護や医療などお客さまのお役に立つ情報をお届けし、定期的に訪問することで、さりげない見守り活動を行っている。

千葉県そして数々の各市町との協定締結を行ったことで、第一生命そして成田支社は、地域マスコミから大きな注目を集めた。

我々の取り組みは、千葉テレビ、ケーブルテレビ、市の広報誌、地域ホームページで紹介され、日頃、自分たちの地域貢献活動をあまり積極的に語ろうとしない職員たちは、これに大いに歓喜した。この胸に秘めた社会貢献への誇りを、また一回り大きくさせたように思う。

これほどまでに我々の「高齢者見守り活動」が、地域社会から大きな脚光を浴びている理由は、何であろうか。

民間企業が自治体と連携し、地域密着型組織の利点を活かして、ある意味では、自治体が行うべき地域サービスを担っていくというその革新性に、その理由があることは間違いがない。

しかし、本質は、千葉県、茨城県という大変広大な地域で、差し迫った健康課題となっている独居高齢者問題、高齢者孤立化問題に対し、他の企業ではなかなかできないような、我々が普段の活動で行っているフェイス・トゥ・フェイスによる「高齢者見守り活動」を行ってきた我々に対する大いなる期待であり賞賛なのでは、と近頃では思っている。つまりは、人員の問題、予算の問題、あるいはそれ以外の諸問題により、各自治体における深刻な課題である独居高齢者問題、高齢者孤立化問題に対し、第一生命が信頼に足る本物の解決策の一翼を担っているということではないかと私は考えている。

成田支社全職員のこれまでの活動は、手前味噌だが、本当に賞賛すべきものであった。頭が下がる思いで、あるいは、心からの敬意を持って、職員たちの献身する姿を見てきた。その活動が、一定の時を経て、ようやく自治体の方々、地域の方々などたくさんの方々に理解され、各地域で、重要な役割を果たす存在として認められた。本当に喜ばしいと私は感じる。

第一生命人が胸に秘める社会貢献のDNA

歴然たる活動へと広がったこの「高齢者見守り活動」だが、実は、現在に至るまでには、茨の道と言っていいほどの困難や挫折があり、主宰者であった田中さんの仕事は、大変な勇気と努力、根気と強靭な意思が必要なものだった。

活動開始当初、各市への個別の協定締結に向け、田中さんは、とある市役所に出向き、第一生命の「高齢者見守り活動」への思いを担当者に訴えることから始めた。

しかし、我々の意思は、田中さんの想いは伝わらず、お断りを受けた。

「本業で社会貢献を本気で追求しようとする第一生命という会社で働く誇り」「社会のお役に立ちたいのだという切実な思い」は届かず、田中さんはその悔しさとこの活動を成就させることの困難について私に相談してくれた。その時、田中さんは悔しさをこらえきれず、大粒の涙をぽろぽろ流した。私はこの時のことを思い出すと、何の涙かわからぬが、涙が出そうになる。

この時、田中さんと私の心に「何があっても最後まで絶対にやり遂げよう」という想いが芽生えたのだと思う。

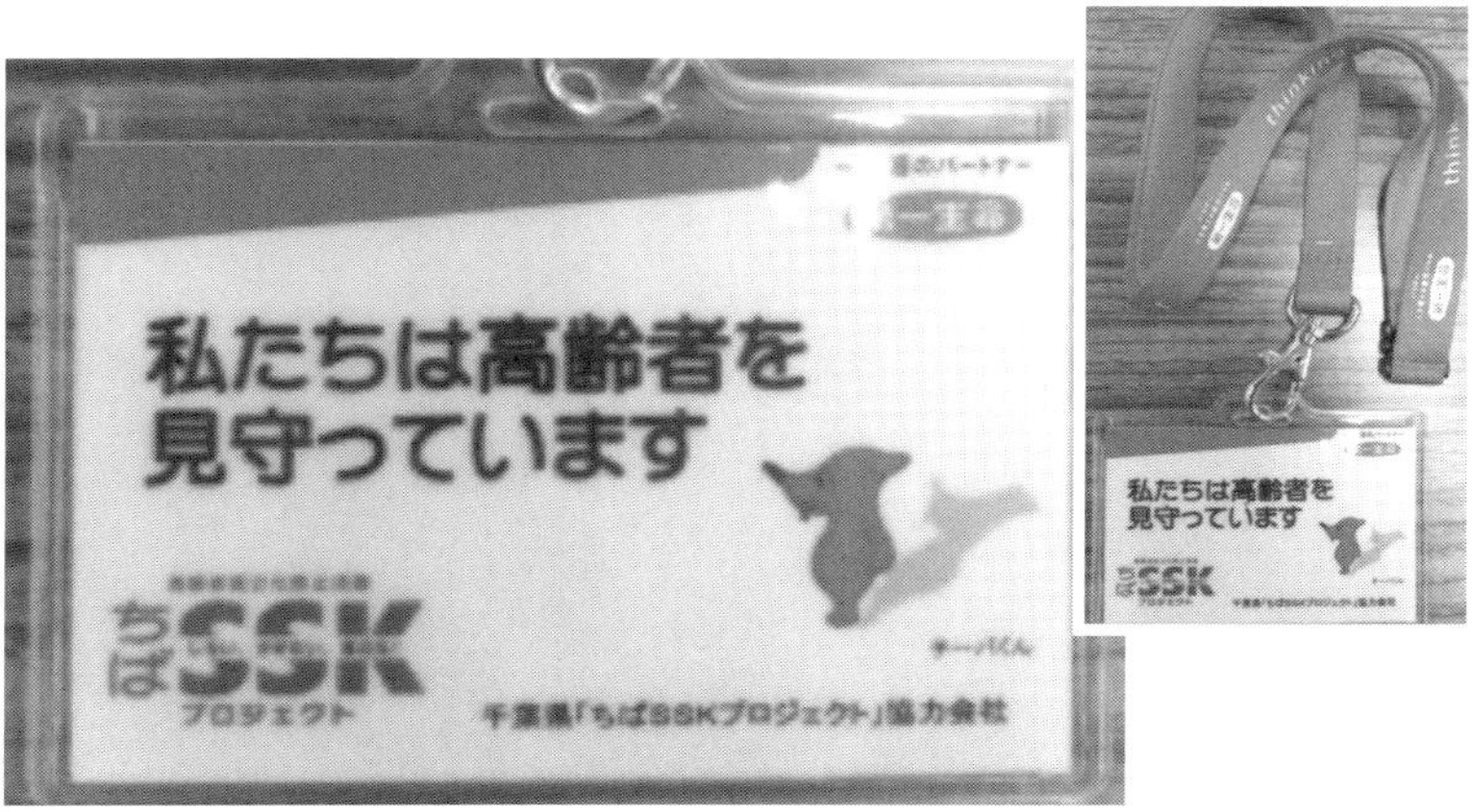
私たちは高齢者を
見守っています
ちばSSK
プロジェクト
千葉県「ちばSSKプロジェクト」協力会社
ちばSSKプロジェクトカード

この「高齢者見守り活動」はなぜ、第一生命成田支社で、全職員一体の活動として定着したのか。なぜ、他の民間企業が成し得ないような自治体を巻き込んだ、大規模な地域の健康課題解決に向けた運動を展開できるのか。

その理由は大きく二つあると思う。

一つは、第一生命の企業文化の力である。

第一生命は、創業から百年以上にわたって、本業を通じた社会貢献に執念を燃やしてきた生命保険会社で、国民の健康に貢献しようという「健康経営」の文化が先輩から後輩へと脈々と継承されている。当然のこととして行われてきた社会貢献の想いや行動、「お客さま第一主義」の精神を指して、「第一生命のＤＮＡ」と、日本中の第一生命人は誇らしげに口にする。

だから、職員たちにとって、「高齢者見守り活動」はごく自然のことだった。

地域への無償の活動であるこの「高齢者見守り活動」は、現場の長である私の強いトップダウンで成し得るものではない。職員たちは、自分の意思で活動している。第一生命の職

「認知症サポーター養成講座」の受講風景

員たちは、「人のお役に立つ」ということに対して、無条件に、心の満足度が高いのである。地域の人々とのふれあいが好きで、誰かを支えられることに喜びを感じるのである。その想いは、純然たる奉仕の精神である。

「認知症サポーター養成講座」受講に対する職員たちの態度はいい一例である。過去七回の「認知症サポーター養成講座」は、毎回、成田支社内で適宜開催してきたが、遠方の営業オフィスの場合、往復何時間も移動に時間を要す。それにもかかわらず職員たちは自分の仕事の時間を割き、自発的に出席した。認知症に関する勉強をして、地域の皆さまのお役に立とうとした。繰り返すが、「全職員が」「自発的に」である。その気持ち、そしてこれまでの毎日毎日の「高齢者見守り活動」には、心から感謝し、「なぜそこまでできるのか」と畏怖すらしている。

また、日々の見守り活動で得た経験を共有し合うことによって、オフィス長を介し、支社にまで地域の方々にお役に立った好事例や、認知症の方への見守りの方法などのボトムアップを行い、職員たちは、より一層「高齢者見守り活動」が成熟し、継続的に行われて、第一生命を挙げて、地域の人々の役に立ち続けようと努めてくれている。

もう一つの理由は、何と言っても田中さんのこの活動に対する執念と努力に他ならない。

千葉県との協定締結に至るまで、実は、各市町村へのアプローチは、ほとんどうまくいかなかった。明快な断り、あるいは、話を聞いていただけても、「保留」という形でのお断りだった。

ある場面では、人としての誇り、第一生命人としての誇り、生命保険会社という職業への誇りを失いそうになりながらも頑張り抜いた。田中さんのこの活動への確信と、地域の高齢者を守りたいという切実な想いがなければ、ここまでの成功に至ることはなかったと私は思う。

「ちばSSKプロジェクト」等協定締結までの沿革 ―――― 田中　いづみ

成功を掴んだ創意工夫のプロセス

「高齢者見守り協定」を結ぼうと決意し、初めて訪ねた市役所の担当者に、私は上長の方につないでいただくこともなくお断りを受けた。

私は、悔しくてたまらなかった。

第一生命という会社で働く私は、常日頃から、「生命保険」という商品とサービスによってお客さまのお役に立ち続けてきた社会貢献追求の歴史を誇り、またこれからもそれを続けていくのだという使命感を持ち、気高く仕事に打ち込んできた。もちろん、社会の全ての人が我々の思いを理解してくださっているとは思っていなかった。

しかし、そのような誇りと使命感を失いそうになった。

——これが現実なのか……。

私は嘆いた。第一生命の契約者の方は、第一生命の素晴らしさを知ってくださっている。営業職員の親身な仕事を知ってくださっている。でも、それはまだ社会の一部で、まだまだ「本当の第一生命の姿」は知られていないんだと私は思った。営業職員の日頃の苦労とお客さまを想う気持ちを知っているだけに辛かった。これから広げていこうとしている「高齢者見守り活動」の先行きを悲観しそうになった。

この時、私の悔しさを受け止め、「それでも、私たちは、自分たちの想いを信じてやり抜こう」と雨宮支社長は励ましてくれ、私は前を向くことができた。

事態が好転したのはこのすぐ後のことだった。

東金市、富里市、八街市と次々と協定締結が実現したのだ。

富里市の成功は、営業職員の力によって果たされた。長年、富里市役所でお客さまを守り続けてきた営業職員の誠実な人柄と真面目な仕事ぶりによって、市役所職員の方々から第一生命は厚い信頼を得ていた。我々の想いは多大な期待とともに認められた。協定締結のために雨宮支社長が市役所を訪ねた際には、過分なほど手厚い歓迎を受け、千葉テレビのニュースでも取り上げられた。

八街市の成功は、第一生命が行おうとしている「高齢者見守り活動」への想いについて、市長に私が単刀直入に話したところ、市でも締結団体を募っていて、「一企業がそんなことをやろうとして下さるなんて大歓迎です」と大変喜ばれ、あっと言う間に、最初の市ではお断りを受けた「高齢者見守り活動」の協定を、第一生命と八街市は結ぶことになったのだ。この後、香取市、鹿嶋市との協定締結が実現した。

だが、市町との協定締結が順調に行えたのは、ここまでだった。

何か所もの市役所に申し入れを行ったが、我々の思いは届かなかった。お断りや保留ばかりが続いた。その度に私は打ちのめされてしまった。いよいよ行き詰まり、万事休すと私は思った。

その時、雨宮支社長にまた助言をいただいた。

「それほど一つひとつの市町と協定を結ぶことが難しいのなら、千葉県と協定を結んでしまうのはどうだろうか」と全く新しい、大きな視点でこの現状を打破していくアイデアをいただいた。雨宮支社長は、いつでもこのように、柔軟で創意工夫に溢れ、心の底から職員のやる気を促して、本物の仕事へ仕向けてくださる温かい方だ。雨宮支社長の言葉に、塞いでいた私は視界が開けたような思いがした。

早速連絡を取ると、千葉県の女性担当者のお二人が成田支社へ来社くださった。この時、第一生命がいかに「高齢者見守り活動」に強みを持っているかを訴えた。

第一生命の地区活動がどういう活動なのかを説明したうえで、女性が中心に活躍する組織である第一生命が、いかに地域の人たちを見守ることに適した組織であるか。日々の活動の中で、高齢者や子供たちに対して、いかに関心を持って目と気を配ることができるのかを説明した。

女性の視点は、「高齢者見守り活動」にとても有用なものだ。例えば、毎日通る道にある一軒のお宅がどういうご家庭であるのか、もし異変があったなら、それを女性は感覚で掴んでいる。

そのような私の想いをお話しし、話を持ち帰っていただいた。こうして千葉県との協定締結を実現への取り組みは始まったが、事は簡単には運ばなかった。何度か厳しい状況を迎えた。

千葉県が二の足を踏んだ理由は、いくつかあったのだと思う。そのうちの一つは、数々の市役所で言われたことと同様に、我々の意図が営利目的ではないのかという、疑念が大きかったのかもしれない。

本当にうまくいくのだろうかと不安になったが、来社くださった女性は、最後まで我々の味方になって、「第一生命は、営利目的ではありません」「『認知症サポーター』としてしっかりと見守ってくれると思います」と、この案件を上司に積極的に何度も推してくださった。状況が厳しくなるとその度に心が折れそうになったが、その女性の第一生命の女性たちへの理解に私は助けられた。心からありがたいと思った。

このような紆余曲折を経て、成田支社は、千葉県と「ちばＳＳＫプロジェクト」等に関する協定を締結することができた。加えてさらに嬉しいことが起きた。県の女性は、県下の市町に対し、第一生命成田支社と「高齢者見守り協定」を結んだ旨、通知を出してくださったのだ。私は感激し、飛び上がった。

この通知によって、それまで四市との協定を結んでいたにすぎなかった成田支社は、次々と各市町村との協定締結を結ぶことになった。

地域に広がる見守り活動実例

田中　いづみ

名も無き介助者

「高齢者見守り活動」、そして七十歳以上のお客さまを対象にした月一回の介護・医療情報のお届け訪問で、成田支社の職員たちがこれまで行ってきた感動的な事例、感謝の事例は日々増え続け、今では数え切れないほどに増えた。

幾つか事例を紹介したい。

二〇一五年一月三十日。朝九時頃、出勤途中の職員は、公園で座り込んでいる高齢の女性を発見した。近寄り、声をお掛けすると、額から出血していた。生活保護のお金を引き出すために銀行に向かう際、雨に濡れた路面で転倒し、怪我を負っていた。職員は、営業オフィスに女性をお連れし、息子さまに連絡したが電話はつながらなかった。続けて、かかりつけの医院に連絡したところ救急車を依頼された。救急車で搬送後、職員は、女性をご家族さまに引き渡した。

七月十三日。昼の十二時三十分頃、高速道路の四街道インター出口付近で、真夏日にもかかわらず冬の防寒着で徘徊する六十代半ばほどの男性を職員が発見した。「高齢者見守り協定」を結んでいる四街道市の担当者へ職員は連絡を入れた。四街道市は警察に通報し、捜査を依頼した。男性は、大事に至らなかった。

九月二十四日。小雨の降る夜八時半頃に、帰宅途中の職員が、銚子市の商店街の柱の陰に高齢男性が倒れているのを発見した。自転車ごと仰向けになり意識を失い、男性は動けずにいた。救急車の手配をし、オフィス長を携帯電話で呼び、自分の車から布団を取り出して、動くことのできない男性の枕を作るなど、介護を行い続けた。往来の多い通りだったが、介護をしたのは職員だけだったことが目撃されていた。救急車が到着すると、男性は意識を取り戻した。その後、職員は、救急隊員に男性を託した。後日、名前を名乗らず去った職員が、第一生命の職員であることを突き止めたご家族から感謝の言葉をいただいた。商店街の目撃者の中に、介助者は第一生命の女性であることを知っている人がいた。

九月三十日。成田市で活動中の職員が路上を歩いていると、「助けて」という声が聞こえたような気がした。職員が声の方へ行くと、車椅子に乗った高齢の男性が、道路の段差に挟まれ、身動きが取れなくなっていた。職員は、男性を引き上げ、安全な場所に移動させた。男性に怪我はなかった。

これらは、膨大に報告されている事例のほんの一部に過ぎない。地域で活動中、何気なく行った高齢者の見守り、介助などは報告されないため、把握できていない事例が多数、潜在していると思う。

成田支社が行っている七十歳以上のお客さまへの定期訪問でも、数々の感謝の言葉が届いている。

一人暮らしをしている高齢者への訪問活動は、ご家族から最初は、不審がられてしまうこともある。それは無理からぬことで、一人暮らしをする高齢の親の家に他人がお邪魔するのだから、当然の心配だ。

こうしたお客さまやご家族の心情を踏まえ、我々は、きちんとアポイントをいただいたうえで訪問し、その日の訪問の理由をお話しし、さらには「ちばＳＳＫプロジェクト」の活動や、「高齢者見守り活動」への第一生命の想いを息子さま、娘さまにご説明するようにしている。すると皆、表情を変える。

「これからも、見守りをお願いいします」

「ちょくちょく来て欲しい」

こうした多くの「お願い」をご本人さま、ご家族さまから託されることがほとんどとなっている。

つい先日も、あるお客さまの息子さまから成田支社にお電話が入った。

ご高齢のお母さまを一人暮らしさせながら働いているその方は、「第一生命の女性が、いつも優しくしてくれ、見守ってくれていると母から聞きました。これからもどうぞよろしくお願いいたします」と言った。私は自分の経験から、ご家族さまの切実な思いがよくわかる。一人暮らしをしていた私の母を、時々訪ねてくださっていた証券会社の人に私はいつも感謝していた。

「能力の差は五倍。意識の差は百倍」と雨宮支社長はいつも職員たちに指導してくださる。人の能力の差はあっても五倍でしかないが、高い意識を持って行うのかどうかで、その仕事の成果には百倍の差が生まれるということだ。

私は、この言葉は「高齢者見守り活動」にも当てはまると思う。成田支社の職員の意識が、地域の方々に一斉に向いたことで、我々は、より多くの地域の方々のお役に立つことができている。

成田支社の新契約成績も伸展し、今では全国トップクラスだ。陣容は最大規模ではないながらも、地域シェアでトップに立っている。

こうした成長の理由は、まちがいなく、職員全員が、生命保険営業という自分の職業に揺るぎない誇りを抱いたからだと私は思う。

地域貢献を行い続け、たくさんの「ありがとう」をいただきながら、本当に地域の方々を守るということがどういうことなのかを職員たちは自分で考えた。その結果、自分の仕事を通じて自分が果たせる社会貢献が「生命保険」であることを確信し、誠心誠意に、生命保険の必要性を訴え続ける力が増大したのだと思う。

私はこの「高齢者見守り活動」を、これからもどんどん各地へ拡大させていきたいと願っている。

そしてそれが実際に、現実のものとなって日々拡大している。

「自治体として本当に助かっている」という協定を結んだ市からも、心からの感謝と期待の言葉もいただいた。先般は、成田支社の管轄外の習志野市役所から、「うちの市でもやってほしい」というご依頼をいただき、私は感激した。

全国各地の第一生命の支社からも、大変な関心を集めている。

毎日のように全国の担当者から、「高齢者見守り活動」の具体的な進め方についてのお問い合わせがあり、私は、それに嬉々としてお応えしている。この活動が、全国に広がっていき、第一生命が、多くの高齢者を支えられる会社であり続けて欲しいからだ。

多くの高齢者が誰かに守られていることが、私は何より嬉しい。

私は、地域の見知らぬ高齢者が守られていて欲しいと願う。そのためにこれからも「高齢者見守り活動」を成田支社で推進し、全国にその輪を広げるためのお手伝いを懸命にやろうと思っている。

天国にいる母の写真を直視できないでいる私は、いつでも母を想っている。母の姿がいつも私には見えている。地域で出会う高齢者の方々、職員たちが触れ合った高齢者の方々の姿に、私は母を見ている。私にとって、みんな母そのものなのだ。

持続的な「人」の安全と安心のために

雨宮　進

「世の中には、弱い人、助けを必要としている人がたくさんいる」

成田支社の職員たちは、皆、今それをよくわかっている。我々が暮らす日常のすぐそばに、我々が助けてあげられる人がたくさんいる。その方達に少しでも役立とうとし、「高齢者見守り活動」は、日常的に行われる大きな運動となった。「みんな」という言葉をキーワードにして、朝礼で、研修で、何気ない歓談や、「行ってらっしゃい」「お疲れさま」の声かけとともに、私は「みんなで頑張ろう」と「みんな」で地域を守ろうと訴え、職員たちは、それに応えてくれている。輝くような笑顔で、みんな取り組んでいる。

運動の旗を振り続け、職員たちをまとめてきたのが田中さんだった。

私はこの運動を持続させ、成田支社が存続する限り、これを支社の不文律として定着させ、行い続けていこうと思っている。それは、私と田中さんとの約束でもある。

「高齢者見守り活動」を成田支社だけの取り組みで終わらせるのではなく、第一生命の全国ブランドとして拡大していきたい。

持続的成長、持続的社会貢献は、第一生命が大切にする価値観である。持続的に社会に貢献し、徹底的顧客志向の取り組みを進化させている組織を讃える表彰制度（ＤＳＲ経営大賞）も第一生命にはある。いかにも第一生命らしい取り組みだと思う。成田支社で、それを受賞できるような本物の社会貢献活動をやり続けていきたいと私は考えている。

新たなことに挑戦すれば、新たなる視界が開ける。

この「高齢者見守り活動」もそうだった。

高齢者のお客さまを訪ねる経験を積んだことで、「高齢者見守り」の精度は高まっていったが、我々の「生命保険」本業においても、お客さまを支え、安心をお届けできる様々な事案、様々な接点が顕在化している。

我々の親身な活動によって深い絆と信頼をいただけたことで、高齢者の方々、その息子さま、娘さまから、相続対策、介護保障、自動車保険など、生命保険、損害保険のご相談を求められる機会が増えている。

これからの課題は、こうした新たに生まれてきたお客さまニーズにいかにきちんとお応えしていくのかにある。ご高齢のお客さまに対する活動には、様々な課題、留意すべき事柄、創意工夫が必要となることがわかってきている。例えば、多くの高齢者が苦手とされる電子端末へのデジタル署名をいかに行うか。ご提案・面談、ご契約時のご家族への同席依頼など、高齢者のお客さまに対する固有の活動のありかたについて、我々はしっかり学び、考えていかねばならない。

生命保険という本業を通じて、この期待に熱心に誠実にお応えしていくことで、我々はより一層、地域の方々の安心と安全に資することができるだろうと私は思っている。我々が生命保険本業で地域の皆さまに安心と安全をお届けしていくことは、地域の皆さまを持続的にお守りしていくために必要であるだけでなく、職員という「人」の持続的な安心と安全のためでもある。地域の方々のために、また職員たちの幸福のために私はこれからも「お客さまに選ばれる」成田支社、職員であり続けられるよう支社長として努力していきたいと思っている。

第一生命が現在、取り組んでいる「経営品質経営」「DSR経営」を営業現場で行うこととは、「人の力の総和」によって、新たな価値創造を果たし続けていくことだろうと私は思っている。成田支社における価値創造が、本業を通じた社会貢献の一つの形である「高齢者見守り活動」である。まさに、職員全員の自発的な力の「総和」によって為されているこの「高齢者見守り活動」を行ったことにより、職員、営業オフィス、支社における徹底的顧客至上主義の意識が格段に高まり、日々、進化を遂げ続けている。この進化のプロセスこそが、成田支社の「DSR経営」だと私は思う。

「高齢者見守り活動」によって、成田支社は何が変わったのか。

職員たちに、地域で生きる人間としての誇りと責任を与えた。

第一生命という生命保険会社で働くことの誇りと責任について、考え、問い、各々が日常の一瞬一瞬に為すべきことが何か、答えを出していった。

その答えを出すということは、信念を抱き、勇気を持って、それを行うと覚悟を決めたということだったと思う。

「人」を自分の問題として真剣に考えた第一生命の職員であるからこそ、ひとり暮らす家の中で、街の片隅で、街の路上で、困っている「人」を見かけたとき、反射的に助け、支える勇気の行動ができるのだと私は思う。

そんな職員たちを私は誇りに思う。

成田支社 雨宮支社長（左）、田中業務リーダー（右）

安心を届け続けるための「DSR経営」

第一生命　仙台総合支社 塩釜営業オフィス

第一生命における「経営品質経営」「DSR経営」の成熟度を測るうえで最もふさわしい尺度であり、最もその取り組みの本質が露わとなるものは、お客さまと接点を結ぶ「営業職員」の姿である。第一生命の不変の経営理念「お客さま第一主義」の志は、商品・サービスにその精神が否応なく宿り、営業職員を通じてお客さまに伝えられていく。

二〇一一年三月十一日に発生した東日本大震災という未曾有の自然災害の時に、お客さまを生命保険で守ることを第一義とする第一生命の存在意義は試されたと言える。第一生命の「経営品質経営」「DSR経営」への姿勢もまた試される機会になった。

生命保険会社の使命は、一つには、生命保険という商品を通じ、万一の時の保障を提供するという契約を結び、お客さまに安心を届け続けることである。

もう一つは、万が一のことが起きた時、保険金・給付金を正しく早くお客さまに届けることである。

東日本大震災において、第一生命はその使命を果たすことができたのだろうか。また、その使命を果たすとともに、第一生命が「DSR経営」によって果たそうとする徹底的顧客志向に基づいた活動は為されたのであろうか。

被災したお客さまに対し第一生命が職員を通じて行った活動は、大きく二つあった。一つ目は、お客さまの安否確認と、お手続きが必要となったお客さま・ご遺族への保険金・給付金のお支払いなどの「保障」の本来機能発揮に向けた一連の活動である。二つ目は、津波被害等による、生活基盤への甚大な影響のため、保険料の払い込みが困難となったお客さまに対する「保障」ご継続のためのサポート活動である。

前者において、第一生命は、生命保険の存在意義とも言える「保障機能」を完全に果たすべく、営業現場の支社、営業オフィスに加え、本社関連所管など全社一丸の態勢で被災地を支援し、生命保険業界の平均を上回る速度で、災害救助法適用地域の契約八六万四五〇三件における、安否確認活動の九九・九九％を震災から一年以内に完了させ、地震等による災害関係特約の免責事項を適用せずに、約一四七億円もの保険金・給付金等の支払いを行った。

後者においては、生命保険協会長でもあった第一生命社長、渡邉光一郎氏の陣頭指揮により、保険料払込猶予期間（六カ月）の設定及び猶予期間の延長（三カ月）等の特別な取り扱いを生命保険協会として定めたことにより、津波被害等による深刻な生活環境を余儀なくされた生命保険契約者に対し、当面の間、保険料を払い込まずとも保障が継続できるような特別措置がとられた。

第一生命では、災害救助法適用地域の保険料の払い込みがないご契約に対して、お申し出がなくとも払い込みの特別猶予期間を自動的に設定するという措置を取り、その件数は二万七六一〇件にのぼった。

震災に伴う様々な事情で保険料払い込みを一時中断したご契約も、特別措置の猶予期間の終了に伴い、保険料払い込みの再開、そして、未払い込み期間分の保険料を一括、または分割で後払いすることが必要となる。金融商品として他の加入者との公平性の観点から避けられないことではあるが、未払い込み保険料を納めて保障契約を継続することは、被災した方々にとって実に困難なことである。実際、生命保険会社各社で解約・失効となった契約は少なくない。保障の大切さを一番切実に感じ、保障を続けたいと望んでいるお客さまに対して、生命保険会社として為すべきことは何であるのか。

第一生命では、新契約や転換契約（下取り）について、金融庁認可を取り付けて特別取扱を設けるなど、お客さまの保障を失いたくないという想いに応えるために、解約・失効以外の様々な選択肢を用意した。そして、営業職員をはじめ本社職員、コールセンター等の職員の総力を挙げて、登録住所と異なる場所に散在しているお客さま一人ひとりのご要望を伺い、お手続きを進めていった。

安否確認と保険金・給付金の支払いという一大活動と同様、生命保険会社としての存在意義を賭けて、第一生命は、この保険料払込特別猶予期間設定契約への保障継続活動に取り組んだのである。この保障継続活動により、該当契約二万七六一〇件の保障継続率は実に八一・六％に達した。この実績は、大手生命保険会社で最高である。すなわち、第一生命は、あの震災でお客さまの契約を失効させず、保障を継続させ、最も多くのお客さまの安心を守ったということになる。お客さまの甚大な被害状況に鑑みた「お客さま第一主義」の精神に基づく、極めて顧客志向の取り組みであったと私は考える。

このように、第一生命は、保険金・給付金の支払いにおいて、また、保障継続に関わる様々な対応において「お客さまのための生命保険会社であろう」とする強靭なる意思で、東日本大震災で被災したお客さまに対し、できる限りの力で復興を支援していた。

また、付記するならば、この震災における組織の非常時対応のありようについて、第一生命はお客さまへの支援活動の実態を振り返り、様々な客観的事実の精査を行っている。お客さまの要望、苦情、様々な特別措置における課題や好事例について組織横断的な記録をとり、未来への貴重な資料として保存している。この記録は、未来の大災害への備えとして、生命保険業界における極めて価値のある資料である。

これと併せ、被災地支援に乗り出した営業現場及び各所管の第一生命人が経験した膨大数のお客さまとの人間的な心の交流も、何にも代えがたい貴重な経験となったはずである。記録されたその数々の事例は、ご家族を亡くした人、住宅や家財、収入源を失い困窮するお客さまに対し、心が揺さぶられるようなエピソードに溢れていた。

第一生命は、一九〇二年の「本創業」からの一世紀がそうであったように、二〇一〇年「新創業」直後に立ち向かった東日本大震災においても、全ての生命保険契約者を守るために生命保険業界の指導的な役割を担いながら、「お客さま第一主義」の精神を揺るがせることなく、お客さまに向かい合った。

その最前線で、お客さまやご遺族と対面したのが営業職員だった。

仙台総合支社塩釜営業オフィスの星もと子氏の行った安否確認活動、保障継続活動は、紛れもなく徹底的に顧客志向だった。

第一生命は、被災したお客さまに対し、保障を継続させていくことを最大の顧客価値と位置づけ、保険料払込特別猶予期間設定契約の保険料の払込方法の案内活動に全力を注ぎ、告知・診査を省略し、既契約の保障範囲で転換契約及び新契約を取り扱うという様々な特別措置を行った。それらの特別措置の成果を直接的に左右したものは、星氏のような多くの営業職員たちの活動のありように他ならなかった。

無我夢中で、真っ先に被災地に向かい、保障継続活動を行い続け、家族のような存在のお客さまそれぞれの要望に応え、生命保険による安心を星氏は守り続けた。

東日本大震災時の星氏の活動を知り、生命保険という商品は「人」が届け、「人」によって守られることを、改めて私は想った。

自らも被災者でありながら、行方のわからないお客さまを訪ね歩き、お客さまの契約を全て継続させ、数々の「安心の絆」を星氏は結んでいったが、それらの契約は、揺るぎない信頼関係を築いている星氏でなければ継続されなかったものもあったと思われる。

営業現場における「DSR経営」の理想像とは、まさに星氏の徹底的な顧客志向の活動そのものを言うのであろう。そのプロフェッショナルの仕事は、長い歳月にわたる「人間関係作り」と、生命保険の担当者としての鋼鉄のような「誇り」と「責任」によって果たされていた。

3 「安心の絆」という顧客価値

第一生命保険株式会社　仙台総合支社　塩釜営業オフィス　チーフエキスパートデザイナー　星　もと子

この靴を履いて逃げて

あの震災から、まもなく五年という歳月が経とうとしている。

塩釜営業オフィスが店舗を構える宮城県塩釜市や、その他周辺の私の活動地域を襲ったあの巨大な地震によって、多くの犠牲者が生まれた。

沿岸部の街に流れ込み、鉄道、住宅などあらゆるものを飲み込んだ巨大津波。電気、ガスは止まり、ガソリン、水や食料が不足して、真冬の寒さに震えながら、地域の人々、仲間たち、家族と助け合った暮らし。毎日引き続いた精神を病ませるような余震。被災したお客さまを探し歩き、「安否確認活動・ご契約の保全活動」に足を棒にした日々――。

あまりにも壮絶な出来事だった。無我夢中で生きた。今振り返ると、不思議なことに、この五年間の中でもあの東日本大震災に遭い、右往左往し、お客さまのもとに奔走した日々のことは、うまく思い出すことができない。

二〇一一年三月十一日午後、宮城県宮城郡七ヶ浜町汐見台――。

私は自身が担当している役場で出会ったお客さまのご両親を訪ね、ご契約の申込書に署名をいただき、歓談していた。

突如の激震。身体が激しく揺さぶられた。

「うわっ、何！」

「地震だ！　逃げよう！」

七十代の奥さまに痛いほどの力で腕を引かれ、私は住宅を飛び出した。

ご自宅は、私の自宅と同じ汐見台にあった。塩釜営業オフィスから約五キロメートル、車で十五分程度離れた場所だった。海岸線からは三、四キロメートル内陸にある。塩釜営業オフィスは、入り江の海岸まで僅か四百メートル、その次に近い海岸が私のいる汐見台がある七ヶ浜海岸だった。その名の通り、七ヶ浜は七つの浜を持ち、一塊の陸地が海に突き出た格好になっている。

揺れはいっこうに収まる気配はなかった。情け容赦なく、いっそう激しく揺れた。

お客さまご夫妻とともに目についた柱にしがみついていた。腰を落とし、三人寄り添い、地面に這うようにして、ひたすら耐えた。地鳴りが聴こえた。

「いつになったら、この揺れは終わるの！」私は言った。

恐怖におののき、私は空を見上げた。空を見て、私は息を飲んだ。

漆黒の巨大な雲が空を覆っていた。

どす黒い天空。まるでこの世の終わりのような不吉な情景だった。「おれ、こんな空は今まで見たことがねえ……。生まれて初めてだ、こいなのは……」ご主人さまは言った。

揺れが一旦収まると、私は車に乗った。

「会社に戻りますね！」

――申込書を今日中に会社に届けなきゃ……。


塩釜営業オフィスに着いたとき、時刻は三時を回っていた。誰一人いない二階のオフィスは、めちゃくちゃで足の踏み場がなかった。ロッカーは倒れ、パンフレットは散乱していた。

――みんな無事かな……避難したのかな……。

避難前にトイレに入ろうと、倒れている収納棚をまたいで乗り越えた。

「逃げろー、逃げろー、津波が来るぞー」怒声のような男性の声。道路から聞こえた。

――そうか、私は海に近い場所にいるんだ！

はっとし、急いで階段を駆け下り車に乗ると、私は海岸から離れられる多賀城方面に走った。コンビニエンスストアに車を止めた。

「津波が来ます！　避難してください！……」スピーカーを搭載した役所の車の避難勧告だった。けたたましいサイレン音が鳴り響いた。

――ここでもまだ危ないのか！

私はもっと高く、海岸から離れた場所を目指した。ＪＲ仙石線の踏切を渡り、多賀城市役所の駐車場に停車した。

「津波が来るぞー！　おーい、逃げろおー！」男性が叫んでいた。

――えっここでもだめなの？　私はどこまで逃げればいいの……。

津波はいつ来るのか。まさかもう来ているのか。焦った。

もっと高い場所を目指して、車で逃げる人が見えた。

寒気がした。雪が吹雪いていた。余震で、軽自動車は左右前後に軽々と揺さぶられた。

すると携帯電話がメールの受信音を鳴らした。

それは災害メールで、一通は「大丈夫？」と私の身を案じる息子。もう一通は娘からだった。

「保育所に子供のお迎えをお願い！」

娘は役場職員で、この地震発生への対応があり、自分の娘を迎えに行けない。私に助けを求めたのだ。

――私はどうすればいい……。

保育所は、先ほどお客さまとお会いしていた七ヶ浜町汐見台にあった。孫を迎えに行くにはやっと辿り着いた内陸を離れ、来た道とは異なる道程で再び汐見台に引き返さねばならない。つまり、津波が押し寄せるかもしれない海岸付近を目指すことを意味していた。

逡巡《しゅんじゅん》はしなかった。車を走らせた。七ヶ浜へとつながる長い橋の手前まで来た。

もう皆避難したのか、辺りは人の気配がなく不気味だった。橋を渡るのか。この橋を渡れば、七ヶ浜に入る。津波が来れば、逃げられないかもしれない。怖かった。橋の下には川。湾の海水へと続いている。

私は一気に、橋を走り抜けた。

橋を渡ると、山側に保育所、谷側には私の自宅がある。海岸は自宅の眼下に向かい谷側にある。

「さきほど迎えに来られましたよ！」保育所の職員は言った。

孫は、すでに誰かに迎えられた後だった。

橋を渡ってから、二分、そのくらいしか経過していない。私は橋の方角を見た。津波は、橋を乗り越え、川を道筋とし、逆流して街へと濁流を運んでいた。

家族は全員無事だった。自宅はかろうじて無事だったが、家の前に見たことのない家があった。津波で運ばれてきた、住宅の二階部分だった。

その日、偶然休日だった主人は給油していて、一台の車はガソリンが満タンだった。毛布などを車に積むと、避難所に指定された孫の保育園に家族で避難した。

避難所は人で溢れ、私たちは車で夜を明かすことにした。

とても寒かった。孫たちを守らなければならない。毛布などを車に敷き詰め、孫たちを寝かせた。

夜、凄まじい爆発音がいきなり轟いた。七ヶ浜の製油所の爆発音だった。十キロメートルと離れてはいない場所でのその爆発音は凄まじい音量で、夜空に炎が上がった。何度も爆発は続いた。

「あの火がこっちまで広がったら、七ヶ浜はおしまいだ」誰かが言った。

――そのときは覚悟しなければならない……。

私は思った。

翌日、私たちは避難所の保育所を去り、道路を挟み目と鼻の先の自宅で生活することにした。「もし、また地震が発生したら、すぐ逃げよう」家族と話し合った。

私たち家族には幸い家があったが、ライフラインは壊滅的で、経験したことのない不自由な生活を余儀なくされた。電気は比較的早く復旧したが、水は一カ月ほど使えなかった。水が出る知り合いの家に一週間に一度ずつ、孫たちから順番にお風呂を使わせていただいたり、食事を分けていただいたりした。役場に勤務する娘は、当時、身重だった。被災者のための炊き出しの仕事に出かけ、娘や孫の体調管理に気を遣った。

全国からたくさんの支援物資が役場に届けられ、ボランティアの方々もたくさん来てくださったが、水や、食料などの物資は、避難所などにはなかなか届かないようだった。役場の方々の人手が足りず、ボランティアの方々は指示なく食料その他の物資に触ることはできなかったようだった。とにかく、誰もが初めての大惨事に遭遇し、どうして良いのかわからなかった。ある避難所には温かい食事があり、ある避難所はそうではなかった。何も塗りつけていない一枚の食パンを、家族で四分の一ずつ食べた日もあった。

十日ほど経過し、私は地震発生から初めて営業オフィスに向かった。この間、道路の水が引かなかった。残りのガソリンは乏しく、知り合いの車に同乗した。

塩釜営業オフィスの津波被害の痕跡は凄まじかった。一階のかなりの高さまで津波に浸かり、異臭が漂っていた。

その日のことだった。

「星さん、電話よ」営業オフィスの内勤職員は言い、私は受話器を取った。

「うちの奥さん、帰らねんだ……」電話越しに、そのご主人さまは言った。

「えっ……」

その奥さまは、十年以上前にお客さまになっていただいた方のお嬢さまだった。

「車で行ったっきり、戻ってこないんだ……一生懸命探しても、どこにもいないんだ……」

「落ち着いて旦那さん……」私は言った。

「みんな家に帰れなくて、どこかにいるのかもしれないよ……奥さまもきっと帰って来ますよ……」

あの日から十日の間、ご主人さまは避難所を探し歩いていた。奥さまがいると思われる避難所はいくつかしかなかった。ご主人さまは手を尽くして探されていたが、何一つ奥さまの安否を確認できずにいた。

その日、そのお子さまに電話をして、励ました。

「大丈夫だよ！　お母さんは、きっとどこかで生きているよ！」

奥さまは、五十代。ご主人さま以上に元気で、家を切り盛りする女丈夫のような人だった。とある卸売りの店舗を名取市に構えていらした。ご自分の生命保険のご契約の他、ご主人さま、お子さま二人のご家族四人のご契約も奥さまが全て管理していた。

ご主人さまは、その後も、遺体安置所を訪ね歩いた。

「いないよ……」ご主人さまから何度か電話をいただいた。

「どこかで生きていますよ、旦那さん。元気出して！」私は言った。しかし、もう一カ月もの時が過ぎていた。

ほどなくご主人さまから電話があり、奥さまが見つかったとのことを聞いた。ご主人さまは奥さまにやっと会うことができた。のちにご主人さまは「顔が綺麗で良かった……」と私に言った。

ご主人さまは、奥さまの最後の姿を見たと思われる目撃者からその様子を聞いたという。

地震発生時、奥さまは塩釜の自宅にいた。住居改築に伴う準備をしていたためだった。自宅にいた奥さまは、地震発生後、名取市の店舗に車で向かった。塩釜から名取市まで約二十五キロメートル、三十分の距離を国道四十五号線で目指した。国道四十五号線は、海岸線と平行しながら南下し、甚大な津波被害を受けた多賀城、若林を通過する道筋となっている。

なぜわざわざ危険を冒し、奥さまは名取に向かったのか。店舗に置いてきたままの愛犬二匹を助けるためだった。

国道四十五号線を走行していると、一人の女性が名取方向から駆けてきた。津波から避難するところだった。女性は叫んだ。

「だめだ！　津波来っから、行くなあ！　行くと死ぬぞ！」女性は奥さまに言った。

「なして（どうして）、裸足なの？」奥さまは言った。

そう言い、奥さまは車にあった靴を女性に差し出した。

「早く、この靴履いて逃げて！」

「行くなあ！　そっちさ行くと津波あっから！」

奥さまは車を発進させて、走り去った。

店舗付近で奥さまのご遺体は発見された。

奥さまの車の中に一匹の犬がいた。車のそばにもう一匹がいて、奥さまのご遺体はそのそばのがれきの中で見つかった。

美しい黒い二匹の犬を奥さまは可愛がっていた。

私はその二匹の大きな黒い犬をよく知っていた。奥さまを訪ねると、必ずその二匹はいつも一緒にいた。一匹を車の中に入れ、もう一匹を助けようとしていたところを、奥さまは、津波に襲われたのだろうか。

その後、保険金のご請求に関して、ご主人さまからお電話をいただいた。

「おれ、なんにもわかんねえ……。全部、あいつに任せてたから。どうしよう……」

「何にもわかんなくていいんだよ、旦那さん！ 何もなくていい。何もなくても全部できるから。大丈夫！」

私は言った。

身分証明書類だけの簡易なお手続きによって速やかに保険金をお受け取りいただいた。そのことで、感謝のお電話をご主人さまからいただいた。

「星さん、おかげさまでお金がもう入りました。第一生命は早いんだね……。ありがとう……」

予定通り、住宅の建て替えは行われ、費用の一部に奥さまの死亡保険金が充てられたという。私は完成した新居を見に行った。ご主人さま、息子さまが出迎えてくれた。

洋館風の素敵な家だった。心が大きくて、気だての優しいあの奥さま好みの家という気がした。まるで奥さまが家となってご家族を見守っているように、私は感じた。無念の死を遂げた奥さまのご家族への愛情がこの住宅に宿っているかのようだった。

「お母さんがいつも一緒ですね、旦那さん……」私は言った。

あの東日本大震災で命を落とした私のお客さまは、その奥さまお一人だった。

死亡保険金をお受け取りいただいた後には、手術・入院されたご主人さまに、給付金をお受け取りいただいた。「病気への備えは大切だ」とおっしゃっていたご主人さまは、すでにご加入だった医療特約を終身型に更新され、保障期間を一生涯に延長されていた。電話でいいと言っても、ご主人さまは、何かお話やご相談があると営業オフィスにいらっしゃり、いつも笑顔を見せてくださる。第一生命からの給付金をお受け取りいただいたある日も、ご主人さまは突然、営業オフィスにやって来られた。

「よかった！　星さん。星さんに勧めてもらったおかげで、またお世話になってしまったよ」

ご主人さまは言った。

「こんなにたくさん給付金を受け取っていいの？」

「いいんです。私が払ったんじゃないんですから。第一生命という会社が払ったんですよ！」

二人で笑った。

その後も、ご家族全員とお付き合いをさせていただいている。奥さまに、心から慎んでお悔やみを申し上げたい。奥さまのご家族をこれからも私は生命保険でお守りしていきたいと思っている。

安否確認活動から「ご契約継続」のための活動――「継続していて良かった！」

――今頃、お客さまたちはどこで、どうしていらっしゃるのだろう……。

我が身も平時の暮らしができないながらも、被災したお客さまのことを私は案じた。

自分を信じてご契約を預けてくださったお客さまに、できるだけ早く安心をお届けしようと、避難所などあちこちで暮らすお客さまの安否確認活動からまず私は始めた。

安否確認活動と並行しながら、お客さまに大切なご契約を継続していただくためのお手続きに、年末頃まで動き回った。

ご契約をお預かりしているお客さまの数が多いこともあり、塩釜営業オフィス中、私は、震災による被害を受けたお客さまを最も多く持つ担当者だった。私のお客さまの中で、不幸にもお亡くなりなったのは先の奥さまお一人で、その他、津波により住宅を失った方、仕事先に甚大な被害を受けた方、住宅で生活していけない環境に置かれた方々等が、十数名いた。

安否確認活動を行っていた当時は、とにかくガソリンの入手が毎日の最大のネックだった。お客さまがいらっしゃる避難所や避難先へと遠方まで動くには、車が必要だった。給油できるガソリンスタンド、空いているガソリンスタンドを見つけるのに苦労した。朝七時に給油待ちの列に並び、自分の順番が来ると、電気が不通のため手動でガソリンを一度ポリタンクに入れてから、車のタンクに移した。この手間が長い渋滞の一因だった。給油が終わるといつも時刻はお昼過ぎになっていた。毎日ガソリンを求めてからの活動だったが、ありがたいことに「あそこのガソリンスタンドが早く給油できるから、今すぐ行きなさい」とお客さまが携帯電話に連絡を下さることもあり、その情報をもとにして活動ができたこともあった。

自営業を営む、あるお客さまは、沿岸部にあった大きなご自宅を流されるという大変大きな被害を受けていらっしゃった。

震災当時、六十歳を少し過ぎていたご主人さまをはじめ、奥さま、結婚し、別の場所で暮らしていたお子さまたちは全員無事だった。一人のお子さまを除いて全員が私のお客さまだった。

東日本大震災後の安否確認活動

二〇一一年十一月に連絡がついた時、ご夫妻は、やはり沿岸部にあるご親族の家に暮らしていらっしゃった。

奥さまが受けた大地震、大津波による心の傷は大変に深く、震災直後から、故郷を遠く離れた埼玉県でしばらく暮らされていた。そのために、私はご夫妻をなかなか見つけ出せずにおり、ようやくお会いすることができたのだった。

ご主人さまは、住宅を含め何から何まで失い、生活の基盤を失ったことで、毎月の保険料を払い込みいただくことができず、特別措置が適用されていた。

特別対応の詳細とこれからの猶予期間中の保険料の払込方法についてご説明を行い、死亡保障、医療保障は絶対に継続していただきたい、と生命保険の重要性について私は強く勧めさせていただいた。

ご主人さまは生命保険の大切さを身に染みて理解されており、保険料の払込猶予期間が十二月で切れることから、十一月にそれまでのご契約を転換するご決断をされた。

ご契約を継続してくださったご主人さまは、その後、軽度の脳梗塞にかかり、療養生活を余儀なくされた。ご請求手続きでは、記入の仕方がわからないご主人さまに、私は手取り足取り教えて差し上げた。

第一生命から入院給付金、手術給付金が支払われ、大きな金額をお受け取りいただいた時、「星さん、震災の時、生命保険を継続するようお手続きしていただいたおかげで、助かりました。本当に良かった！」とご主人さまは言ってくださった。

ご家族には、娘さまの生命保険でも私はお役に立つことができており、従前より私は家族全員から大変厚い信頼をいただいているように思う。

娘さまは、十代の頃に血液に関する大病をされて長期入院したが、私がご提案した医療保障があったことで、安心して治療に専念でき、今ではそのような病気をしたとは思えないほど元気になられ、ご結婚をされ、幸せに暮らしている。震災によって、家を流され、大切な家財一式を失ってしまったご家族にとって、転換のご契約によって保障を継続できたことは、その後の安心した生活を送るために大変大きな支えとなっていた。ご親族の家に暮らし、経済的な不安を抱えながらも、生命保険のご契約をなんとか継続するという道を模索したことで、その後の病気の治療にもしっかり備えることができた。

払込特別猶予となっていた保険料の一括での払い込み、分割での払い込みともに困難な中で、ご夫妻が毎月安定して持続的な払い込みが可能なご提案ができ、それを受け入れていただいたことで、私はご夫妻に安心をお届けできたのだと思っている。

津波で職場を失い、経済的不安を抱えるお客さまに寄り添う

震災の被害に遭い、保険料の払込特別猶予を利用された十数名の私のお客さまたちは、皆一様に、毎月、保険料として引き落とされる金額を計画的に銀行に入金してくださっている方たちだった。ところが、震災によって職場を失ったり、あるいは住む家を失い、避難所その他で生活せざるを得なくなっていたりしたため、毎月の安定的な収入がなくなってしまっていた。毎月の保険料を払い込みいいただくどころではない過酷な状況にお客さまたちは置かれていた。

このような経済的な苦境に立たされていたお客さまにとって大切なことは、とにかく保障を切らさない

ことだと私は考えた。つまり、当面は、保障額が下がってしまうとしても、失効を防ぎ、無理なく毎月払い込みいいただける範囲でご契約を継続していいただこうということだった。

そこで、転換契約を中心にご提案していった。いずれの契約も、前の契約と同額かそれ以下の保障額であれば、新たな告知・診査を省略してご契約を継続していいただくことができた。

お客さまたちは皆、十二月末までと定められた保険料の払込特別猶予を利用されていた。猶予期間の保険料の払込方法については、先のご主人さまと同様、私のお客さまたちの場合、払い込みが開始される二〇一二年一月に、未入金となっていた保険料を一括もしくは二カ月分ずつ払い込みいいただき、保障を継続することは現実的に不可能だった。

お客さまたちは、手元のお金でその日その日を生きていかなければならない暮らしをしていた。家を流され、あらゆる家財を失い、働くこともできず、収入のなくなったお客さまにとって、生命保険の保険料よりも、その日の食事など生きていくためにお金を使わなければならなかった。

こうした切実な状況に置かれたお客さまにとって、新たに告知・診査を必要とせず、保障額が同額かそれ以下であれば、既契約の保障を継続できるという特別取扱は大変意義の大きなものだったと私は思う。特に、私がお手続きのほとんどを占めた転換のご契約では、猶予期間中の保険料は転換価格から差し引かれることで短期的に大きなご負担が生じず、かつ、転換価格の充当により保険料を抑えることもできた。

この転換のご契約へのお手続きをすることによって、十数名のお客さまのほとんどがご契約を継続いただけた。

先のご主人さまに続いて、既契約を転換し、保障をしっかりとご継続していいただくお手続きをしたのは、民間企業に勤務されている、ある男性のお客さまだった。

お客さまは、勤務先の建物が津波によって流され、一時、経済的に大変深刻な状況に陥った。

幸いご自宅は震災の被害を免れていたが、経済的には大きな不安をお持ちだった。数カ月間だけ会社から給料が支給されていたが、やがて、安定的な生活の資を得るために別地域に所在する同じ会社の職場に単身で転勤された。

私がお客さまご家族にお会いしたのは、ちょうどお客さまが単身赴任される直前の十二月のことだった。ご自宅を伺うと、多賀城市で暮らしていた娘さまが戻ってきていた。多賀城市の災害地域に住む人たちへの支援金についての情報を私が娘さまに教えて差し上げたところ、大変喜ばれた。多賀城市では、災害地域にいた住民に対し、数十万円から百万円ほどの支援金を支給していた。災害を受けた住民への支援金制度は、各市町村さまざまで、支援があるところもあれば、ないところもあった。

当時ご主人さまをはじめ、奥さま、お子さま二人のご家族全員が私のお客さまだった。

まもなく保険料払込猶予期間が切れてしまう十二月を間近に控えていたが、払込猶予期間中の保険料を翌一月に一括して払い込むことは到底無理だとおっしゃり、二カ月分ずつ分割での払い込みも厳しいとおっしゃった。しかし、ご家族皆さまはご契約を継続したいという意思をお持ちだった。そこで、転換のご契約を私はお勧めした。

結果として、ご家族の既契約の保障額を減額され、毎月の保険料を下げられた。とにかく保障を切らさないことを最優先し、かつ毎月きちんと払い込みいただける金額でご契約を継続していただいた。

私はたとえ保障額が下がってしまったとしても、あの時、私が行ったようなお手続きでしっかりと既契約を続けていただき、保障を途切れないようにすることはお客さまにとって絶対に必要だったと今、改めて思う。もし、万一のことが起きてしまったら、ご家族は路頭に迷ってしまうことになる。

このお手続きの後、そのご家族は、少しずつ生活を安定させていかれた。

三年間の転勤を終えて、ご主人さまが帰ってこられると、新しい住宅を購入され、ご家族は新たな生活を始められた。私は明るい未来に向かい、少しずつ新たな幸せを積み重ねていったご家族の姿を見ると、ホッとした。住宅を購入された際には、「金融機関から借り入れた分くらいの保障が必要だ」とおっしゃり、ご主人さまは追加でご契約を私に預けてくださった。

このように一人ひとりのお客さまに対して、私は何とかご契約を継続していただき、新しい暮らしを始めていくお客さまに安心していただこうとひたすら努めた。

ほとんどのお客さまは、震災から五年が経過した今では皆、仕事や生活の基盤を取り戻し、経済的にも安定されてきている。経済的にゆとりができ始めると、皆、私に声をかけてくださり、既契約の見直しや、追加でのご契約をしたいと言ってくださる。

お客さまたちは皆、あの震災の最中では生きることに必死だったが、それでもというべきか、それだからというべきか、避難所を回る私がどのような想いで訪問しているのかを、お客さまたちは皆、わかってくださっていた。家族も家も無事だったが、それでもなんとか生活しながら、私はお客さまのためを想って活動していた。それはお客さま達に伝わっていたのだと思う。

自分が困っている時に自分のために動いてくれた人の想いを人は忘れるものではない。実際の想いよりも大きな想いを感じてくださったりする。だから、お客さまは皆、安定した生活を取り戻した時、私に新たなご契約などを預けてくださったのだと私は思っている。

第一生命に入社し三十年が過ぎ、今ではお客さまの数は七百名を超えた。

私はほとんどのお客さまと、家族ぐるみでのお付き合いを続けてきている。地区のお客さまと出会い、あるいは、役場や保育園などの職域でお客さまと出会い、親密になって、その後、ほとんどと言っていいほど、そのご家族の生命保険の担当者としてご契約をお預かりして、ずっとこれまでお付き合いをさせていただいてきた。親から子、子から孫へとありがたいことにご契約を私に預けてくださり、家族全員が私のお客さまということが少なくない。

これまで、どのお客さまも納得をされて生命保険のご契約をされたが、その保障の内容については、すぐに忘れられてしまう。忘れてしまうのは当然のことで、忘れてしまってもお客さまが安心していられるのは、私という人間を心から信頼してくださっている証なのだろうと思っている。

「全部、星さんに任せてるからね！」

そういつも言ってくださるお客さまたちは、あの震災の時、「保険をやめたくない」と私に言ってくださった。しかし、払込特別猶予を受けていたお客さまの中には、家や仕事を失っただけでなく、大切な人を探して歩いている人もいた。皆、心に傷を負い、その日を生きることに必死だった。

私は、それぞれのお客さまのご要望に対して、何とか応えようとした。

私を信じてご契約を預けてくださるお客さまに対して、私は無理なくご契約を継続できる方法のご案内を行い、ご契約を継続いただいた。その結果、あの時、お手続きをした全てのお客さまは、未だにご契約を継続していただき、安心して、人生を送っていただいている。

生命保険営業という職業をしている私にとって、あの払込特別猶予を受けていたお客さまへの活動は決して成績のための仕事ではなかった。自分の収入のための仕事ではなかった。毎月、払込特別猶予を受けていたお客さまへの対応を行いながら、被災していないお客さまへの訪問営業によって、きちんと目標の成績を挙げてきた。

あの時、親身に払込特別猶予を受けていたお客さまのご要望にお応えしたのは、担当者としての当然の「責任」だった。そして、その当然の「責任」を果たした私にとって、そのお客さまたちのご契約は、今では私の大きな財産にもなっている。

震災から少しずつ立ち直り、生活を安定させた今では、お客さまたちはそれまで以上に私を信頼してくださり、新たなご契約やご紹介をくださっている。ご家族が結婚した、子供が生まれた、孫が生まれたと言って、私にご連絡をくださる。私を助けてくださっている。

生命保険営業という職業は、「人」と「人」とのつながりの仕事だと、私はつくづく思う。そう思って、これまでずっと仕事をさせていただいてきた。

人間は絶対に一人では生きてはいけないものだ。

どんな人でもお会いすれば、必ず誠心誠意、心を込めてお付き合いをしなければいけない。ある日、初めて出会ったその人が、将来、いつ自分を助けてくれる人になるのか誰にもわからない。あの東日本大震災を経験して、私はその想いをさらに深めることになった。

あれからおよそ五年が経ち、街や人は確かにかつてのような暮らしを取り戻している。復興に向かって着実に進んでいる。しかし、それはまだ、街の一部でしかない。私がこの払込特別猶予のお手続きをした沿岸部に暮らしていたお客さまたちの中には、未だ、自分の家を持つことができていない方もいる。

沿岸地域に住み、津波の被害を受けた多くの方々はまだ、仮設住宅に暮らしている。先日、ようやくある一つの地区の仮設住宅に住む方々が移り住むための集合住宅が海のそばに建ったばかりで、その大きな建物を見た時、これほど多くの方たちが津波の被害を受けられたのだと改めてその被害の大きさに私は呆然とした。塩釜営業オフィスが担当する地域の復興は、まだまだ先は遠い。

私は、これまで私を信じてご契約を預けてくださったお客さまたちを担当者としてできる限り永くお守りし、また、そのお客さまのご家族など周辺の人たちを生命保険でお守りしていきたい。それが、この震災地域で生きる一人の人間として、私にできる社会貢献なのだと思っている。

仙台総合支社 塩釜営業オフィス 星もと子チーフエキスパートデザイナー

第五章

「DSR経営」現場論2
第一生命人の「地熱」で向かう「経営品質経営」の未来

第一生命人の「起業家精神」

第一フロンティア生命

貯蓄窓口販売市場（以下、窓販市場）収入保険料においてトップシェアを誇る第一フロンティア生命は、第一生命グループの業績を強力に押し上げ、生命保険業界の勢力図に地殻変動を起こすほどの急成長を遂げている。

死亡保障市場の縮小が進む中、保険会社の成長力を左右する一つが「窓販市場」であるとの見方を生んだその主役は、紛れもなく第一フロンティア生命である。

二〇〇六年十二月に設立された同社は設立当時、出遅れた「挑戦者」であった。

第一フロンティア生命は熾烈な「商品開発」競争、商品の販売窓口である金融機関に対する「販売支援」競争において、独自性を打ち出し、圧倒的な機動性を発揮して、窓販業界の底辺からトップに立つまでの成功を収めたのである。

第一フロンティア生命の成長の要因は何であったのか。その「競争力」とは何であったのか。

窓販市場は、一金融機関に十数社が乗り合い、四十以上もの生命保険の中から金融機関の販売員に選ばれ、お客さまに選ばれなければならない極めて過酷な市場である。これに打ち勝つための「競争力」が同社にはあった。

全社一丸による「商品開発」。業界随一の「商品ラインナップ」。金融機関毎の個別ニーズ等に応える「カスタマイズ」。業界最多の発売数・改定数を誇る「商品開発スピード」。最も少ない陣容で、最高水準の生産性を誇る「ホールセラー」。高度な技術でお客さま接点の最前線に立つ「事務・システム部門」等。

これらの「競争力」の実相については、各氏による詳説をお読みいただきたいが、いずれも「個人の突出したプロフェッショナル性」と部門を超えた「価値の連携」によって、創意工夫が生まれ、独創的なアイデアが生まれ、それらがノウハウや経験として蓄積され、他社を圧する「競争力」として発揮されているのだと私は考える。

これはまさに、「DSR経営」における「プロフェッショナル&チームワーク」そのものの取り組みである。

では、同社における「DSR経営」は、どのように運営されているのか。

驚くべきことに「DSR経営」は、その「原理原則論」も「活動論」も組織立って職員に共有化されていなかった。しかしながら、突出した実績を上げ、徹底的な顧客志向に基づく経営革新が為されているのである。

同社と「DSR経営」との連関をどのように考えるべきなのであろうか。この事象から「DSR経営」のある理想像について何を学ぶべきなのであろうか。

そのような疑問に対する答えは、「経営品質経営」の本質の中にあるのであろうと私は思い至る。

「経営品質経営」の本質は、経営枠組みを磨くことや、その活動を観察することに目的があるのではなく、徹底的な顧客志向に基づく高品質の活動プロセスという「成果」を求めることが本態なのである。すなわち、「道程」ではなく「成果」にこそ焦点を合わせるべきなのである。

では、なぜ「DSR経営」という仕組みを用いずに、同社はその「成果」を手にできるのだろうか。

二つ、その答えはあると私は考える。

一つは、第一フロンティア生命の沿革にその理由があるように思われる。第一フロンティア生命は、原初を辿れば、第一生命本体の窓販事業部門としてそのスタートを歩み出している。

中核事業たる営業職員チャネルを持つ第一生命本体での窓販事業の運営は、制約と限界があった。五年間、商品開発など競争力を発揮できない環境に置かれた。この時の忸怩たる想いを持つ者が、またはその想いを共有する者が第一フロンティア生命の創立時を知るメンバーなのである。

こうした創立時を知るメンバーの「自分の会社を成長させよう」との「熱」が現在のメンバーにも受け継がれ、各分野のプロフェッショナルたちを連帯させ、強力なチームワーク力をもたらし、弛まざる研鑽や創意工夫による「スピード」ある組織運営の推進力となっているのである。

もう一つは、第一生命人の「起業家精神」である。

「お客さま第一主義」「相互会社の始祖の誇り」といった想いを胸に秘めながら、「第一フロンティア生命」のその名のごとく、「開拓精神」を持って窓販市場に「変化」を求めていったのは、「起業家精神」を持つがゆえだろうと私は感じる。

前例なきことを行うのが、変革者である。次善でなく最善を目指すのが変革者である。同社の「競争力」の源には、前例のない先進性が数多くある。

同社の躍進とは、変化を恐れず、変化を機会として利用した起業家の仕事なのだと私は思う。現在の躍進を未来も確実なものとするために必要なものは、創立時を知るメンバーたちが持つ「熱」と「暗黙知」を、組織の「形式知」へと高めていくことである。

時が流れ、人が入れ替わりながらも、第一フロンティア生命がお客さまに選ばれ続ける会社であるためには、あらゆる時代にも耐え得る「経営品質経営」の枠組みが必要である。その確たるシステムが、徹底的顧客志向の経営プロセスへの手立てを組織と人に導き続けるはずである。

そうした危機意識は、第一フロンティア生命の躍進を支えたメンバーたちに共有され、極めて心を通わせる人間的な温かみのある環境で対話を重ねながら、次世代への文化の継承が着々と進められている。

1　百年の開拓精神《フロンティアスピリッツ》

第一フロンティア生命保険株式会社　取締役常務執行役員　企画総務部長　明石　衛
執行役員　営業推進部長　小谷野　整
商品事業部部長　増田　佳幸

プロフェッショナル組織の挑戦……明石　衛

第一フロンティア生命は、日本初の「生命保険会社が設立した生命保険会社」として二〇〇六年に誕生した。M&Aによって生命保険会社が生命保険会社を子会社化し、グループ傘下に収める例は過去にあったが、生命保険会社が全額出資し、生命保険会社を新規に設立した前例はない。一時払い商品の窓販専門子会社である「第一フロンティア生命」の設立によって、第一生命は「第一」番目の挑戦を一つまた増やしたことになる。

第一フロンティア生命の起源を辿れば、一九九七年、第一生命が、銀行・証券会社を通じた生命保険商品の販売を行う「窓販事業」参入への検討をした時に遡る。

その後、二〇〇二年から第一生命は「個人年金保険」の販売を開始し、窓販市場へ進出した。

窓販市場は、保険会社と他の金融業態の相互参入を目指し、段階的に開かれていった。二〇〇一年の住宅ローン関連の団体信用生命保険等の一部解禁に始まり、二〇〇二年、二〇〇五年の一部解禁を経て、二〇〇七年、死亡保険、医療保険、がん保険など全ての保険商品の全面解禁が行われた。これをもって、銀行、証券会社等の金融機関窓口による保険商品の販売、いわゆる「窓販」「銀行窓販」は本格化していった。この二〇〇七年十月に第一フロンティア生命は営業を開始した。

二〇〇二年に個人年金保険の販売に乗り出した第一生命の窓販事業は、全面解禁までの五年間、うまくいったのか。

正直に言えば、苦戦していた。制約と障害が多すぎたのである。

数々あった制約や障害の根本原因は、営業職員チャネルを中核とする第一生命が持つ一千数百万件もの膨大なご契約を扱うシステムインフラに、窓販事業のシステムインフラを組み入れて事業を行っていくことの困難性にあった。

新契約・保有契約の契約事務、給与支払い等々、営業職員チャネル前提のシステムインフラに窓販事業のシステムインフラを組み入れる方法では、窓販組織の機動性は上がらなかったのである。

営業職員チャネルを前提とするシステムインフラは、窓販向けの商品開発、事務対応などに競争力を発揮できなかった。銀行や証券会社を代理店として販売窓口とし、その販売窓口において十数社が乗り合い方式で激しく競合する窓販事業でありながら、競争力向上に限界があるとい

明石取締役常務執行役員

う致命的な矛盾を第一生命は抱えていたのである。

一方で、窓販市場は拡大し続けていた。

窓販事業が重要な成長分野であるとの認識を第一生命は持ち、五年間、この矛盾の中で取り組んだが、芳しい成果は出ず、喘ぎ、悩んだ。

喘ぎ、悩みながら窓販事業を進めていた五年間に、関係所管は、何を考えていたのか。

「このまま第一生命本体でやり続けていてもうまくいかないのではないか――」

成長が見込まれる窓販ビジネスを真剣に追求し続けるのならば、このままではまずいという激しい焦燥感を抱いていたのである。

新たな窓販事業のありかたについて、相当の議論や、あらゆる可能性を探る検討が、担当所管であった当時の企画第一部（現・経営企画部）で為されていた。その議論の様子を、営業開発部（現・営業企画部）について見知っていた。

営業職員チャネルを前提とするシステムインフラと窓販のインフラを分けるという決定がまず起こり、インフラを分けるとすれば、それを第一生命に収容するのか、外部に出すのかと論点は移された。外部に出すのならば、M&Aをするのか、新規設立か……。

自由で柔軟に、かつ「本物の挑戦をしていこう」という意思を持つメンバーたちが議論していた。

生命保険会社が生命保険会社を創る意味とはそもそも何なのか――。

第一生命が窓販専門子会社を創るのならば、それはどのような会社であるべきなのか――。

そのような根源的な問いの果てに出された答えが、「新会社の設立」であり「第一フロンティア生命」

であった。

設立準備に関わった者たちが「挑戦するのだ」「開拓するのだ」との想いを込めて名付けた名前が、「第一フロンティア生命」だった。

新会社設立に至る議論と意思決定、その答えであった第一フロンティア生命の競争力を持ち得るコンセプトには、紛れもなく第一生命が百年以上かけて継承してきた「意志」と「組織風土」が息づいていると私は思う。

日本初の「生命保険会社によって設立された生命保険会社」の設立メンバーには、各分野のプロフェッショナルが集められたと思う。第一生命の新たな試みに挑むにふさわしい情熱を持つ人間たちだった。後段に登場する営業推進部長の小谷野、商品事業部部長の増田も創立時のメンバーの志を受け継ぐものたちである。

これから述べていく第一フロンティア生命の窓販市場における位相、競争力をもたらす商品戦略等々の意思決定の中に、「第一生命人」と「第一フロンティア生命人」のある「想い」と「熱」を感じていただけることと思う。第一フロンティア生命における「DSR経営」との連関も明らかにしたい。

第一フロンティア生命は、「個人年金・貯蓄性保険分野で日本№1」という大きな将来ビジョンを掲げて挑み、二〇一四年度にこれを達成した。第一生命の保険料収入の三割以上もの業績を上げ、第一生命グループを下支えするまでに成長を遂げた。

なぜこうした実績を第一フロンティア生命は残すことができたのか。その競争力をもたらしたものとは一体何であったのか。これから振り返ってみたい。

「挑戦者」から窓販市場のトップへ

第一フロンティア生命の設立背景について、改めて端的にまとめれば、銀行・証券会社等による変額年金等の貯蓄性一時払い商品の販売規模の急速な拡大を背景に、金融機関に選ばれ、お客さまに選ばれるための競争力ある商品供給を目指し、第一生命から窓販事業を分離、分社化するという意思決定にあった。

その想いの根底には、全てのお客さまをしっかり防衛していくために、窓販市場においても販売シェア拡大を目指さなければならないという第一生命の「お客さま第一主義」の思想があった。そのような想いを持って、窓販市場で本物の成長を目指すために、別のビークルで新たなるスタートを切ったということである。

ここでは、これまでの第一フロンティア生命の沿革について、簡単に紹介していく。以降で第一フロンティア生命の「競争力」をもたらした取り組みについて見ていきたい。

まず、二〇〇六年に第一フロンティア生命として「分社化したメリット」とは、具体的にいかなるものだったかを明らかにしたい。

分社化により、第一生命本体での窓販事業では実現できなかった理想、メリットを第一フロンティア生命で享受できるようになった。競争力を発揮できず、競合他社に勝つことができなかった時代の第一生命人の悶々とした想いが、コンセプトに込められた。ポイントは次のようになる。

①インフラ分離による軽く柔軟なシステムが構築されたことで、商品開発期間が短縮され、さらに外貨建商品の供給が可能になった。

②分社化された第一フロンティア生命に事務を一極集中することで、効率的な事務体制へと革新され、金融機関ごとにカスタマイズされた事務に対応できるようになった。

③本体主力事業から分離され別ラインで商品開発できるようになったことで、システム開発資源等の面で自由度、機動性を高めた。

第一フロンティア生命として分社化したことによるメリットの中で、画期的だったものが①の「外貨建商品」を供給できるようになったことである。

第一生命のインフラでは困難と言われていた「外貨建商品」の供給を前提として、第一フロンティア生命は設計された。これが実現できた喜びと期待感は、職員の士気を高め、創意工夫を促し、各部門連携による機動的な商品設計を可能とする体制の構築へとつながっていった。

②の「効率的な事務体制の構築」も競争力を優位なものとした。

我々の商品をお客さまにご提案・ご契約していただくためには、販売窓口である金融機関にまず認められなければならない。金融機関に認められるためには、大手から地銀までの金融機関ごとのニーズに、的確に応えるための商品・事務のカスタマイズが不可欠であった。従前、第一生命本社で一極集中していた事務処理では不可能だった金融機関ごとにカスタマイズした事務が的確にそして俊敏に行えることで、販売チャネルである金融機関に選ばれ、お客さまにご提案いただく機会を増加させ、販売の競争力を高めていける体制を構築できた。

窓販事業で最も競争優位をもたらすものの一つが、「商品開発スピード」である。③の本体主力事業と別会社として商品開発ができるようになったことで、素早い商品開発が可能となった。売れる商品は、次々と追随商品が他社から販売される。商品サイクルは短い。新たな魅力ある商品を素早く次々と数多く開発していくうえで、分社化は大いなるメリットをもたらした。

生命保険会社は、商品を販売するにあたり、当局から認可を得なければならない。第一生命時代は、営業職員チャネルと窓販事業両方の新商品・改定のための認可取得を行う必要があるため、数多い商品開発は困難であった。

このような分社化のメリットを活かし、窓販市場に挑戦した第一フロンティア生命は、どのような成長を遂げたのか。

二〇〇七年十月の営業開始から二〇一四年までの「販売実績」「市場シェア」「保有契約高」等の状況を見ていきたい。

販売実績は、二〇〇七年度の八九一億円から漸増し、リーマンショックによる金融危機の影響を受け、二〇一〇年度は一度大きく落ち込みながらもその後は累増を遂げ、二〇一四年度には、一兆七一五五億円と創業来最高の実績を残した。

成長要因は何であったのか。

金融危機後、マーケットトレンドの変化を的確かつ冷静にとらえたことは大きかった。

二〇〇八年に起きたリーマンショックによる金融危機後、リスクオフの流れの中、それまでの変額商品中心から、一気に円建の一時払い終身保険へとマーケットトレンドは移行した。その後のリスクオン局面では、外貨建商品へとトレンドは移った。

金融危機後、「円建商品」トレンドに市場が振れた時、新たな売れ筋商品となっていたＭＶＡ（市場価格調整。解約時に市場金利に応じた債券価格の変動が、解約返戻金等に反映される仕組み）のない円建の一時払い終身保険に、第一フロンティア生命は決して進出しなかった。金利上昇時、リスクコントロールができないことから、販売しないという意思決定を行ったのである。

つまり、この商品はご契約をお預かり後、金利が上昇し、解約が急増した場合には会社側に大きな負担が生じるという性質を持っている。したがって、売れる商品であろうとも、我々はお客さまを長期に守り続けられる健全な保険会社であろうとし、リスクコントロールを優先した。

一方で、マーケットではリスクオフの流れから、急速にニーズが減少した変額商品から撤退する会社が相次ぎ、ＭＶＡのない円建の一時払い終身保険の販売が急増した。

第一フロンティア生命は異なる道を歩んだ。

大きな販売増が見込まれるＭＶＡのない円建の一時払い終身保険には出て行かず、変額商品の販売を継続し、同時に、将来的に市場の拡大が見込まれる「外貨建商品」の開発を先駆けて行い、商品の多様化・拡充に大きな力を注ぎ、成長への基盤を創っていった。

こうした意思決定が、我々に競争力と成長をもたらした。

二〇一四年度末の我が社の保有契約高は窓販専業生保第一位で、同年度販売実績の七割は、地道に商品開発を進めた「外貨建商品」であった。他社に先行して開発した外貨建変額年金では、定額と変額を組み合わせたハイブリッド商品の販売が伸展し、変額年金市場の約八〇％ものシェアを獲得している。

二〇一〇年当時、各社が撤退する「変額商品」の販売継続を決めるとともに、いち早く「外貨建商品」の開発に着手し、少しずつ商品ラインナップを拡充していたことで、金融環境の改善以降に訪れた「外貨建商品」トレンドを我々は掴むことができた。まさに、先見性に基づく成長であったと思う。

また、このような商品戦略における大きな意思決定が為された二〇一〇年は、第一フロンティア生命が、新たなスタートを切った年であることをご留意いただきたい。

二〇〇九年までの「商品を開発・管理することを専業とする体制」を一新し、それまで第一生命が代行していた販売推進業務を第一フロンティア生命に統合して、「製造と販売推進を一体化」した体制を構築した。

大きく販売実績を下降させた頃、第一フロンティア生命は、製販一体の総合的な新体制で再出発し、将来ビジョンも一新した。

会社の意識と体制が刷新され、各部門の価値の連携が一層図られたことで、多種多様な外貨建商品の開発や営業、事務など将来の販売増へと至る体制づくりが行われた。

新たなスタートを切った二〇一〇年度以降の市場シェアの推移に、順調な成長の軌跡を見ることができる。

二〇一〇年度（四%）、二〇一一年度（五%）、二〇一二年度（一〇%）、二〇一三年度（二二%）、二〇一四年度（三〇%）と、当初、四%にすぎなかったシェアを、二〇一四年度では三〇%にまで高め、二位以下を大きく引き離してトップの座に着いた。

我々の保有契約高は、すでに述べたように、窓販専業生保第一位となった。

二〇一〇年当時、我が社の保有契約高は一兆円強にすぎず、窓販専業生保の中で最下位クラスだった。

二〇一五年九月末時点でこれを五・四兆円とし、窓販専業生保第一位の規模とした。

一体何が、第一フロンティア生命の成長を牽引したのか。

「窓販市場の特徴」をご紹介しながら、「第一フロンティア生命の競争力をもたらす取り組み」について、これから見ていく。

圧倒的な「スピード」が、圧倒的な「競争力」を生み出す

営業職員チャネルと窓販チャネルとの最大の違いは、「乗り合い」である。営業職員チャネルにおける競争とは異質の競争が起きているのが、窓販チャネルの特徴である。

異質の競争とはいかなるものか。

我々の商品を販売する大手金融機関における乗り合い状況の例を挙げれば、みずほ銀行では、十四社によって四十三商品が供給され、第一フロンティア生命はこのうち七商品を供給している。三井住友銀行では、十三社が四十八商品を供給し、第一フロンティア生命はこのうち三商品を供給している。三菱東京UFJ銀行では、十六社によって六十一商品が供給され、第一フロンティア生命はこのうち二商品を供給している（二〇一五年七月現在）。

窓販市場では、このように一つの販売窓口で販売される多数の商品の中で、金融機関の販売員に「会社」や「商品」、あるいは営業担当である「ホールセラー」がまず気に入られ、そのうえでお客さまにご提案していただき、最後にお客さまに選ばれなければご契約をお預かりできないという、大変厳しい競争にさらされている。

市場競争に打ち勝つためには、金融機関、お客さまのニーズに合ったスピード感ある商品投入が欠かせ

スピード感をもって意思決定が為される社内会議

ない。そのためには、商品開発だけでなく、高い機動性を発揮出来る営業、事務・システム体制が不可欠となる。

近年の市場トレンドである外貨建商品が各社から次々と発売されたことにより、窓販市場の競争はますます激化している。急速にその市場規模は拡大し、二〇一四年九月と二〇一五年九月の一カ月間の月間販売額比は、五〇〇億円程度も増加している。

商品開発サイクルは早く、なおかつ売れ筋商品が発売されれば、類似商品が次々と発売される。

外貨建商品の開発に先行した我が社は、外貨建変額商品「プレミアジャンプ」というヒット商品を発売した。「プレミアジャンプ」は我が社のシェアアップへの牽引商品となったが、この「プレミアジャンプ」を追随する商品が各社から次々と販売されている。今のところ我が社はトップシェアを守っているが、商品競争が加速する中で、機動性ある新商品の拡充と、円建商品市場への販売分散を推進し、さらなる競争優位に努めている。

第一フロンティア生命は、このような大変に厳しい競合環境の乗り合いによる窓販市場で、これまで常に相対優位を堅持してきた。

いかに競争力ある体制を築いていったのか。

「スピード」

これは何においても我々の競争力を高めるうえで最も優先度の高い価値観だった。あらゆる意思決定を「スピード」を持って為すことを職員全員が意識した。スピードこそが「競争力」の源泉であるという明確な意思を持って、体制作りを我々は進めてきた。

次から「商品・商品開発」「ALM」「事務・システム」「営業・営業体制」における競争力を高めた取り組みについて簡単に紹介していきたい。

「商品・商品開発」「ALM」については商品事業部部長の増田が、「事務・システム」については私が、「営業・営業体制」については営業推進部長の小谷野が述べていく。

「商品開発」「ALM」における競争力　増田　佳幸

全社チームワークが生む「高速PDCA」

第一フロンティア生命は、分社化を経て、変動著しい市場変化に合わせた機動的な「商品開発・改定」が可能となった。

第一生命時代には困難だったことを可能とする環境を最大限に活かすことで、窓販業界随一の「商品ラインナップ」を第一フロンティア生命は実現し続けてきた。

窓販市場の商品ラインナップをカテゴリー毎に整理すると、お客さまニーズ別に「定額」「変額」があり、通貨別で「円貨」「外貨」、保険の形で「年金」「終身」の計八カテゴリーに分かれる。

他社では、八カテゴリーのうち二、三カテゴリーの商品を揃えるにとどまっているところが多い。第一フロンティア生命は八カテゴリー全てで商品を揃え、業界随一の商品ラインナップを整え、お客さまニーズ、金融機関ニーズに応えている。

「商品のフルラインナップ」は、窓販市場において大いなる強みである。なぜなら、商品の売れ筋は、金融市場の動向に連動し、変化していくからだ。例えば、為替が極端な円高、もしくは円安に進んで行けば、外貨建商品は売れにくくなる。株価が下がっている局面では、変額商品ニーズが低下する。金融市場の動向により売れ筋は変転するが、全方位の商品ラインナップを持つことで、どのような金融市場でも、安定的な販売が可能となるのである。

さらに、「商品」の競争力を高める取り組みとして、大手金融機関向けに「商品カスタマイズ」を行い、パンフレット・申込帳票等も各社専用のものを作成し、金融機関ニーズへのきめ細かい対応を行っている。「商品のフルラインナップ」に加え、金融機関ごとに各種カスタマイズすることが、各金融機関での第一フロンティア生命の商品の販売推進に大きく貢献していると考えている。

ここからは「商品開発」における競争力を高める取り組みについて見ていきたい。

増田商品事業部部長

「商品開発」において優位性を保つことは、我が社にとって大変に重要な意味を持っている。

先に明石も述べたように競合環境は厳しく、売れ筋が短期に入れ替わっていく窓販市場において、的確にお客さまの商品ニーズをとらえ、どの会社よりも素早く商品化することこそが、我々がお客さまに選ばれ続けるために肝要となるのである。

そこで我々は、「商品開発」において、他社を圧倒する取り組みを行っている。

それがどのようなものかと言えば、商品開発初期段階から関連部署全てが一体となり、いわば全社一丸のチーム力によって、圧倒的な速度で商品開発を行うことである。

一般的な窓販会社の商品開発のプロセスは、次のようになるだろう。

①販売窓口となる金融機関に営業担当者が出向き、商品開発のニーズを確認する。

②営業担当者が持ち帰った商品ニーズを元に、商品部で商品コンセプトを固める。

③その後、関連所管へと商品コンセプトが連携され、システム、リスク管理などそれぞれの所管がそれぞれの観点で検討を行う。

これを第一フロンティア生命では、次のように商品開発を行っている。

①インターネット等を介した市場調査による直接的なお客さまニーズの収集及び営業担当者とともに商品事業部の担当者が金融機関に一緒に出向くことで商品ニーズを確認し、その場のやり取りの中で大枠の商品コンセプトを形作っていく。

②持ち帰った大枠の商品コンセプトを主計部、情報システム部、お客さまサービス部、コンプライアンス・リスク管理部、営業推進部、運用資産管理部の商品開発に関わる全部署に連携し、各所管が同

時に一体となって、それぞれの立場で課題の洗い出しを行い、コンセプトを叩き、開発商品を固めていく。

このような全社一体による商品開発を行うことで、部署から部署へと一箇所ずつ商品開発のプロセスを踏む一般的な方法と比べて、圧倒的なスピードで商品開発を行っていく。

そしてその後、当局との認可申請、商品の発売、発売後のお客さまの声のフォローアップといったプロセスを踏んでいく。

最初の段階の「お客さまニーズの収集及び金融機関への商品ニーズの確認」から最後の「お客さまの声のフォローアップ」まで、全社による「高速ＰＤＣＡサイクルの活動プロセス」を循環させ、一つの商品開発から次の商品開発へと高速にサイクルを回すことで、他社とは異次元の商品開発のスピードを実現しているのである。

二〇一〇年度以降毎年度、三商品、三商品、五商品、二商品、四商品と、新商品を発売してきた。他社は概ね毎年度一、二商品しか新商品を発売していない。全社中、常に最多となるスピード感ある新商品発売をすることで商品の複線化・フルラインナップ化を図り、あらゆる金融市場の動向においても、常にお客さま、金融機関のニーズに応えられるという競争力ある商品ラインナップ体制を構築してきている。

次に「ＡＬＭ（Asset-Liability Management・金融機関におけるのリスク管理手法の一つ）」における取り組みをご紹介したい。

我々はご契約をお預かりすることで、変額商品には「最低保証リスク」を、定額商品には「資産と負債のミスマッチリスク」を負うことになる。これらのリスクをいかにコントロールするかは、長期的な商品の安定供給体制を左右する要因となる。

我が社では、「最低保証リスク」「資産と負債のミスマッチリスク」に対するリスクコントロールを行うために、前者では先物等を利用した最低保証リスクの変動に応じたヘッジポジションを日々、構築する、あるいは再保険を活用している。後者では、資産と負債の将来キャッシュフローを適切に把握した運用ポジションの構築及び再保険を活用している。

こうした第一フロンティア生命のリスクコントロール手法は、知られざることだが、生命保険会社の最先端を行くもので、他社の追随を許さない経験とノウハウを有していると自負している。

なぜ、「ALM」において最先端を行かねばならないのか。

一つには、お預かりしたお客さまの大切な長期のご契約の給付を、確実に実現していくための手段だからである。

同時に、最先端の「ALM」を行うことで、先にも述べた変額商品の安定供給を実現し、それによってフルラインナップの商品供給体制を実現するだけでなく、販売チャネルである金融機関との信頼関係を維持し、当社ホールセラーの変額商品サポート力低下も防げたのである。

かつてリーマンショックによる金融危機の際には、一気に株価が下落し、変額年金中心に販売していた保険会社がマーケットから撤退していった。

これは、まさしく株価の下落による負担に保険会社が抗しきれないことが原因だった。我が社がその後、変額商品の販売を継続できたのは、「ALM」すなわちリスクコントロール能力を有していたからだった。

この結果、変額商品の販売を継続したことで、当社ホールセラーは、変額商品のサポート力を落とさずに済んでいた。後年、アベノミクスによるマーケット環境改善後の販売増は、変額商品販売のスキルを磨いていたホールセラーの活動によってもたらされていたのである。もし、変額保険の販売から撤退していれば、一から変額商品のサポート力を磨いていくための取り組みが必要であり、後年のような躍進はなかったと思われる。

つまり「ＡＬＭ」とは、お客さまのご契約をしっかり守り、お約束した給付を行い続ける健全性を高めるために保険会社に基本的に必要なものである。と同時に、金融機関を通じて長期にわたって商品を提供していく第一フロンティア生命にとって、信頼関係の構築を促し、販売増をもたらすなど、様々な競争力をもたらす重要な源泉であるということである。

「事務・システム」の競争力

明石　衛

会社の「フロント」たるプロフェッショナル性

「事務・システム」は、窓販事業を行う我が社においては、実は「商品」そのものである。この点は、実は、第一生命においても本質的には同様だが、第一フロンティア生命においては、より重要な意味を持っている。つまり、「事務・システム」の競争力を高めることは、第一フロンティア生命においては、すなわち「商品の競争力」を高めることに等しいと言い換えることができる。

一般的に事務は、業務の裏方のようなイメージを喚起するが、我が社においてはフロントと表現する方がふさわしい。

第一フロンティア生命の商品に加入いただいたお客さまとの接点は、全てコールセンターと郵便によって行われ、金融機関を介していないケースが多い。ご契約のやり取りは全て「事務・システム」によるお客さまへの非対面事務によって行われているのである。「事務・システム」の業務特性のポイントは次の通りとなる。

①「非対面対応」　よりわかりやすい丁寧な説明、手続き書類不備抑制のための工夫が必要となる。

②「高齢者中心の顧客層」　オペレーターの高度なマルチスキルが必要となり、一件の電話対応に長い時間を要する。自動音声による対応をしていないことから、どのような案件の電話が来るか全くわからない。すなわち、オペレーターには、過去の販売商品を含む多数の販売商品、税務などの総合知識が要求されるほか、平均年齢七十歳ほどの高齢者にも分かりやすく適切に説明できるスキルも必要となる。

③「業務量の変動が激しく予測が困難」　市場動向や金融機関行政により新契約件数、コールセンター入電数、解約申出数等が大きく変動している。

④「当日中処理必須の事務がある」　変額商品の新規申し込みは、即、対応が要求される。外貨建商品、変額商品の解約においては、日々返還金が変動していき、即日の対応および正確な事務処理が必要となる。

このように、事務・システム部門は、業務量に大きなブレが生じやすく、当日処理が日々発生するなど体制構築が難しいという特性を備えている。かつ、高度な知識を要するオペレーターの対話によりお客さまと最前線で接し、第一フロンティア生命の「顔」として業務を行っている。

もし、オペレーターがお客さまにご満足いただけない対応を行えば、それはすなわち、第一フロンティア生命の商品への評価を下げることにつながる。

お客さまがオペレーターに低い評価をし、それが販売窓口の金融機関に苦情として伝われば、その金融機関は我が社の商品を扱いたくないと考えるであろう。

こうした緊張感を必要とする環境の中で、事務・システム部門は、いかに正確かつ効率的に業務を行い、金融機関とお客さまに対して競争力のある商品の一部としての役割を果たすのかが問われている。その問題意識、プロフェッショナル意識を有する事務・システム部門の職員は、日々、電話や郵送でのお客さま対応、金融機関対応に磨きをかけている。

続いて次項では、競争力をもたらす第一フロンティア生命の「営業」、すなわち金融機関による商品販売を推進するホールセラーのありようを小谷野が論じていく。

「ホールセラー」の競争力――小谷野　整

金融機関に選ばれるための「金融リテラシー」「ニーズ即応力」

窓販事業が第一生命で行われていた時代に、私は総合金融法人部で窓販事業の営業に携わり、二〇一〇年の第一フロンティア生命への営業部門統合時から現在まで、第一フロンティア生命の営業推進部で、金融機関に対する営業活動を推進する仕事に携わってきた。金融機関に営業活動を行う多くのホールセラーの教育にも携わってきた。いわば、第一フロンティア生命の黎明期から現在まで、営業部門で仕事をしてきたということになる。

総合金融法人部時代には、システム対応の負荷も大きく、競争力をもたらす商品開発をスピーディーに進めることが出来なかった。また、金融機関のニーズに応えるような帳票一つを作成していくにも、それがなかなかうまくいかなかった。他社が次々と新商品を発売し、事務の簡素化を行い、機動性あるビジネスモデルを進化させ、競争力を高めていくのを目にしながら、危機感を感じていた。

第一フロンティア生命では、そのような過去の忸怩たる想い、危機感を抱きながら、やりたくてもできなかった悔しさを、思い切り形にするという仕事をさせていただいている。

その熱い想いは私だけでなく、創業時を知る多くのメンバーたちも同じだと私は感じる。所管を超えた連携がそのようなメンバーたちの想いによって結ばれ、そこで生まれる価値の連携が第一フロンティア生命の現在の躍進力であり、実は競争力を生み出している源泉なのだろうと私は思っている。

さて、長く営業現場を見てきた経験から、第一フロンティア生命の「営業現場」とはいかなるもので、その「競争力」とは何かについて私見を述べてみたいと思う。

まず、「営業体制」からご紹介していく。

現在の第一フロンティア生命の営業体制は、全国七営業部に、ホール

小谷野執行役員

セラー百十八名を擁し、販売窓口となる金融機関一万千八百二十一店に対して、ホールセラーが営業活動を行っている。

窓販専業会社の中で、百十八名という陣容は、販売上位生保の中では最も少ない。最も少ないホールセラーによって、市場トップシェアを誇っているということになる。

ホールセラーの仕事が何かと言えば、第一フロンティア生命の商品の販売促進のための、あらゆる販売支援活動を金融機関に対して行うことである。ホールセラーの営業活動を大きく分ければ次の三点となる。

第一に、支店を訪問し、勉強会、商品研修、話法研修、個別指導を通じて、各社が数多く供給している取扱商品の中から、我が社の商品を選んでいただくための情報提供や指導を行っている。

第二に、支店担当者による支店内外でのお客さまへのご提案の場に同席し、提案をサポートする。また、支店で行われるお客さま向けセミナーの講師を行う。

第三に、増田による「競争力ある商品開発」で説明にあったように、商品開発段階で、金融機関担当者との窓口となり、本部折衝、商品導入折衝、本部研修などを行う。

窓販事業において、金融機関へ営業活動を行うホールセラーの使命は大変重大なものがある。

すなわち、先に述べたような金融機関に対する総合的な販売支援体制と、商品開発にも関与していく卓越した取り組みを行うホールセラーは、我が社の最大と言っても過言でない競争力の一つとなっているのである。

一つの金融機関で、四十もの商品が取り扱われ、十数社の保険会社がまさに乗り合うのが窓販市場である。

ホールセラーによる金融機関向けの研修

例えば、保険商品のご提案を行う銀行員の方にとって、お客さまにご提案する商品は大量にあり、我々の保険商品だけを取り扱っているわけではない。保険は、大量な取り扱い商品の一パーツにすぎない。

いかに優れた商品を開発しようとも、銀行ならば行員の方、証券会社ならば営業の方のカバンにパンフレットを詰めてもらい、お客さまに商品をご提案してもらい、ご検討していただかない限り、我々はお客さまからご契約をお預かりすることはできないのである。

したがって、ホールセラーは、金融機関の方たちに、しっかりと商品その他を理解していただくことが重要となる。「研修会」「個別指導」などの接点において、商品の特徴、営業担当である自らのサポート力、事務の引き受けの体制について金融機関に説得力を持って訴えかける力が必要となる。「なぜ、十数社もある会社の四十商品の中から第一フロンティア生命なのか」を説得力を持って伝えていかねばならない。

一般的な例として、ホールセラーが金融機関に対して行う研修会がどのように行われるのかご紹介する。

新商品が発売されると、ホールセラーは、銀行に対し「研修会」を行わせていただく。例えば、夕刻五時から三十分間、その日の業務を終えた行員の方々にお時間をいただく。その三十分間で、新商品についてホールセラーは説明する。「なぜ、第一フロンティア生命なのか」「なぜ、この商品をお客さまにご提案していただきたいのか」などのメリットを訴えていく。

このような形で研修が行われるが、そこで、他社商品と第一フロンティア生命の新商品の違いについて質問が為されることがある。この時に、「そこはわかりませんので、後日に」という対応は難しい。再び、行員の方々に時間を取っていただき、研修をお願いするわけにはいかないのである。したがって、不断に金融知識を高めつつ、緊張感を持ちながら、ホールセラーは金融機関と相対している。

まさにこのあたりが営業における「競争力」の第一の部分となる。

ホールセラーが対面する相手は、銀行員、証券マンである。金融リテラシーを持つ人たちである。こうした相手と対等に金融を語れ、第一フロンティア生命の商品について納得感を持って語れる知識がなければ、ホールセラーは金融機関に認められることはない。

現在、ホールセラーを教育する営業推進部でこだわっているのは、こうしたホールセラーの研修力ということになる。

ホールセラーは、商品に関する研修のほかに、金融機関でお客さまに向けて開催される「資産運用セミナー」「公的年金セミナー」などでも講師を引き受けている。この場面では、自社の商品知識だけではなく、資産運用、公的年金、老後の資産管理の方法などについてホールセラーは十分な知識を持っていなければならない。

このようなセミナーなどの機会に、十分な金融知識に基づいた金融のプロフェショナルとして金融機関やお客さまに認められるよう、不断に研鑽を積んでいる。

さらに、金融機関に対する我々の競争力を高めていく取り組みとして、「フロンティア・ラーニング・プログラム」なる金融機関向けの研修プログラムを提供し、金融機関の方のセールス技術、保険知識の向上を支援する取り組みを行っている。

我々は、我々の商品を各金融機関に販売していただくために、「商品の販売支援」だけでなく、セールスキル、金融知識、マネジメントなどの「教育支援」も行い、我々の付加価値を高め、競争力向上に取り組んでいるのである。

ホールセラーが、窓販という市場で競争力ある活動を行っていくうえで最も重要なものが、「窓販事業の特性に対する意識改革」だと私はかねがね思っている。

ホールセラーは基本的に第一生命からの出向という形で着任する。例えば、第一生命の本社や支社で勤務していた職員が、ホールセラーとなる。

着任し、研修で学び、営業を経験する中で一様に驚くのが、乗合代理店ならではの特性である。

すなわち、ホールセラーとして活動するうえで肝要となるのは、「商品」だけでなく、「各金融機関のニーズにいかに応えるのか」ということになる。

金融機関が「この帳票は使いづらい」「このパンフレットはもっとこうして欲しい」と言うのならば、即それに対応していくことが求められる。

あるいは、その金融機関で扱っているお客さまニーズの高い投資信託を、変額年金に取り入れてほしいというご要望もある。その要望を受けたならば、即、商品開発部門の職員と連携し、商品開発へと金融機関の声を反映させていくことがそのホールセラーの競争優位をもたらし、第一フロンティア生命全体の競争優位をもたらすのである。

したがって、我が社のホールセラーは、商品、会社の良さを伝えるために、金融機関のあらゆる要望に即応できなければならない。

そのためには、前にも述べたように、商品知識はいうまでもなく、金融リテラシーを高めること、そして金融機関に選ばれ続けていくためのホールセラーたる意識を持つことである。

その意識を持つことにより、全社へと価値の連携が図れ、それが商品開発や事務帳票や各種の情報提供など金融機関への我々の活動に卓越性をもたらす。

これまで全国のホールセラーたちが競争優位を保ち得たのは、ここで述べてきたような窓販市場において必要とされる「営業力」を身につけてきたからだろうと私は思う。

「強靭な連帯感」「創業時の想い」を次世代につなげなければならない

今日の第一フロンティア生命の競争力を支えているものは何なのか、そして現在の地平から見える今後の第一フロンティア生命の課題について、私なりに考えていることを述べたい。

第一フロンティア生命は、二〇〇七年に銀行窓販市場に進出した。

原初は二〇〇二年で、そこから数えてもまだ十三年ほどのビジネスである。この十三年間で営業、事務、商品、運用などで少しずつその独自のスタイルを追求し、ゼロから今日の「スタンダード」の仕事を作り上げるような醍醐味を味わいながら、第一フロンティア生命のメンバーは、これまで取り組んできている。

創業当初、我が社は「第一生命グループ」と付け加えなければ認知されない会社だったが、今では、ほぼ全ての金融機関で「第一フロンティア生命」は、窓販分野でのリーディングカンパニーとして知られている。

第一フロンティア生命は、上下関係、部門の垣根を越え、大変自由闊達な議論が交わされる風土を持っている。

従業員数三百七名のこの小さな会社の競争力とは、まさにこの「小さな組織の一体感」から生まれ出ているものだと私は感じる。

他の部のことでも、誰もが口出しできる。皆が感じていることをぶつけられる。想いのベクトルが、同じ方向を向いている。

ある時、コールセンターの受電が急激に増加し、応援体制を組まねばならないことがあった。「今、コールセンターが緊急事態である」ことは、第一フロンティア生命の職員は皆がわかっていた。お客さまからの電話がつながらなくなれば、お客さまにご迷惑をおかけすることになり、それは第一フロンティア生命の信用問題に発展することは誰もがわかっていた。それが金融機関に伝われば営業現場にも当然影響を及ぼす。

結局、私のいる営業推進部など社内の各部門からあっという間に応援の人間がコールセンターに駆けつけた。大企業、大組織では難しいことだった。

社内の問題、課題、危機に対して、みんなで解決ができる、それが今の第一フロンティア生命である。

この組織風土が、商品開発、営業、事務・システム、運用など全ての部門を結ぶ強靭な連帯感を生み、会社全体による高品質のPDCAサイクルを回すことにつながって、次々と価値創造が生まれ、窓販市場トップの会社へと押し上げたのである。

第一フロンティア生命とは、例えるならば、大変に熱い「熱」を持った小さな町工場のような会社に近いと私は思っている。

成功すれば皆で喜び、失敗すれば皆で嘆くようなそういう熱が、今はある。

また、先に増田の話にあったリーマンショック後の変額年金の継続販売という意思決定が行われる風土は、第一生命の百年の伝統が脈々と流れているからであり、生命保険会社として、長きにわたり安定的に商品を提供し、長きにわたりお客さまを確実にお守りしていかねばならないとする想いが大事なものであるという認識を、皆が共有し合っている。第一生命人なのである。

大切にすべきもの、絶対に変えてはいけないものを、皆がよくわかっている会社だと私は感じる。

ただし、あくまで今は、そうであるということである。

そうした競争力をもたらすような組織のチームワークを今は保ち続けているが、未来は、どうなるかわからない。

第一フロンティア生命は、近年急激に業績を拡大し、陣容も拡大している。創業時を知るメンバーは減り、新たな人財も増えてきている。

これからの課題は、今いる若い人財、新たに増える人財に対し、創業時を知るメンバーたちの想いをいかにつなげていくのかということだろうと思う。

会社は全く認知されず、販売は低調であったかつての時代を知る人間が、第一フロンティア生命をこれから担っていく世代をいかに育て、いかにその熱と想いを継承していくかが大変重要なことだと私は思う。

第一フロンティア生命の「DSR経営」…………明石　衛

競争に打ち勝つプロフェッショナル性とチームワーク力による組織革新

第一フロンティア生命は、これまで見てきたように、窓販専業会社の中で、まず間違いなく圧倒的な生産性を誇る会社である。

ホールセラーの営業体制、事務・システム体制、その他の各部門においても、窓販専業会社の中でも最小規模の人数で最高水準の生産性で業務を行い、業界トップの販売実績を上げている。

それを成し遂げてきた理由は、小谷野が語った連帯意識、一体感をベースとし、いかに少ない人数の体制で、どれだけ効率的な仕事ができるのかを皆で真剣に考え、創意工夫をこらし、日々、改善を加え続けてきたからだと私は思っている。

我々の「競争力」を煎じ詰めれば、「少ない人数による創意工夫のチームワーク力」なのだと私は考える。

では、第一生命が現在志向する徹底的な顧客志向に基づく経営品質経営、すなわち「DSR経営」は、この第一フロンティア生命でどのようにして仕組み化され、運用され、機能しているのか。

この問いの答えは、「経営枠組みではなく、フロンティア独自の取組の中で進化させてきた」ということになる。

「第一フロンティア生命を皆の力を合わせて成長させていこう」という凄まじい熱気と意識が、三百名程度の小さな会社全体に共有され続けていた。それは実に迫真的なものであり、「DSR経営」の経営枠組みの基本として定められている「ビジョンの設定」「職員へのベクトルの統一」「情報のトップダウンとボトムアップ」「PDCAサイクル」が当然の規律となり、具現化されていたのだと私は感じている。

窓販市場の商品・販売環境の特性上、日々、目まぐるしい競争が起き、その競争に打ち勝たねばならないという環境に置かれた職員たちは、それぞれが自分の頭で今、何をすべきなのかを考え、行動してきた。自分の部門での「部分最適」でなく、第一フロンティア生命の「全体最適」を考えて行動する組織風土は、会社の不文律として定着していた。全職員の意識にあった「目指すべき方向性」が、「お客さまへの価値の提供」「会社の成長」という点で、全くブレがなかった。

別の表現をすれば、「お客さま第一主義」「第一フロンティア生命への愛社精神」のDNAが流れる職員一人ひとりの活動があったがゆえに、「DSR経営」は果たされていた。

つまり、我が社における「DSR経営」が機能した最大の理由は、経営枠組みを用いずとも、個人のプロフェッショナル性、チームワーク性が徹底的な顧客志向に基づき、正しく発揮されていたからなのだと思う。

堤悟前社長(現・第一生命副社長)は、リーマンショック後、市場で著しく販売が伸展していたMVAのない円貨建一時払い終身保険を絶対に「販売しない」という意思決定を断固として曲げなかった。

リスクコントロール上、お客さまに対しても、会社としても大きな危険をはらんでいるとしてこれを販売せず、あらゆる意思決定と業務における「スピード」向上を図り、数多くの商品を開発し続けることで市場のニーズを掴んでいくという、我が社の「スピード」「健全性」志向の文化と伝統を創った。

第一フロンティア生命の「全社的高速ＰＤＣＡサイクルの循環」の組織風土は、更なる進化を遂げたのである。

今、職員は皆、それをよくわかっている。

第一フロンティア生命は、小谷野が述べたように、窓販事業に対する熱き想いを抱き続けるメンバーがおり、加えて、突出した各分野のスペシャリストがいる。

彼らは一直線に「お客さま志向」であり、「第一フロンティア生命志向」である。

このような熱い専門家集団が、社長を交えた「経営会議」を頻繁に行い、さらなる挑戦に向かっている。

この会議は、自由闊達そのもので、社長が右と言っても左という人間も出てくる。それほどまでに本気で「お客さま」「第一フロンティア生命」のための仕事とは何かを日々考え、日々、新しい挑戦をし続けている。

今後、「ＤＳＲ経営」の原理原則論と方法論は、第一フロンティア生命において大変重要な意味を持つだろうと私は考えている。

現在、三百名のこの会社は経営層から「見えている」。

職員一人ひとりの想い、それぞれの業務のプロセスは見え、把握ができている。だが、次第に会社の規模が大きくなるにつれて、新たな人財が増え、意思疎通が滞る縦割りの組織風土へと傾く危険性はある。

組織の「見える化」の肝心は、横の連携にある。

この課題に対し、我々は危機感を持っている。

今、第一フロンティア生命では、金井洋社長と若い世代の職員とで「金井社長と語る会」を行っている。この会は、トップの想いを個々人に伝えると共に、各組織に横串を刺す「若い世代」たちの人間的なつながりの場を絶え間なく作り、想いの交換や経験の共有を行うことを目的としている。

併せて、喫緊の課題となるのは、創業時からの第一フロンティア生命の歴史、大切にしてきた価値観、第一生命人の想いを「若い世代」にしっかりと継承していくことである。

自然発生的な「チームワーク力」「人の総和」によって突出した競争力を発揮してきた第一フロンティア生命の組織風土は、第一フロンティア生命分社化準備室時代の先人達から脈々と受け継がれてきたものであり、今後は若い世代へと継承され、更に発展させていく必要があると私は思う。この時、新たな形の第一フロンティア生命における「DSR経営」が必ず必要になるはずである。第一フロンティア生命の真価は、これから問われていくのだと私は考えている。

第一生命の「地熱」

第一生命　営業人事部

「経営品質経営」「DSR経営」を最も早くから部の運営に取り入れ、最も成功させてきた組織が「営業人事部」である。

その営業人事部の歴代部長三名による「経営品質経営」「DSR経営」を巡る座談会を収録した。

座談会という形式が自由闊達な議論を生み、「経営品質経営」主宰者たちが経験した組織運営の実相を知るための価値あるテキストとなったように思う。

「経営品質経営」「DSR経営」の命題は、いずれも「矛盾からの止揚」をいかに図るのかという一点に行き着く。組織に課せられた会社の戦略に対する貢献をいかに為すのか。経営枠組みを組織にいかに浸透させていくのかの問題がつきまとう。

営業人事部という組織において、矛盾の臨界点をいかにして超え、会社、社会に貢献する体制へといかに構築してきたのか。

その体制を構築・維持するために、いかに個人の能力を高め、己の意思と知恵で活動させていったのか。

こうした問いと意思決定に各氏のリーダーシップのありようがよく見えた。

「経営品質経営」「DSR経営」を組織に根付かせるうえでリーダーシップが絶対の条件であることが、

改めて浮き彫りとなった。

「営業人事部の『経営品質経営』継承論」。「各時代における課題への、トップダウンとボトムアップの姿」。『DSR経営』の理想形とは何か」。「『DSR経営』を各組織に深化させていくための方策」。『DSR経営』におけるマネジメント層の翻訳能力」。「第一生命の『地熱』」――。これらが議論された。

「DSR経営」「経営枠組み」という言葉の響きは、「乾燥したシステム」の設計という心象を、聴く者、読む者に抱かせがちである。

だが、そうではないのだ。

言葉にこめられているものは、「人」の熱情から発せられる希望や誇り高くあろうとする意志であろうと私は思う。

リーダーという立場で、職員という立場で、あるいは社会事業家たる第一生命人という立場で、お客さまを想い、第一生命という会社を想い、仲間を想う者の未来永劫の成長と発展のための「試み」なのである。

すなわち「経営品質経営」「DSR経営」とは、第一生命人一人ひとりに起業家精神を促す運動であり、『人』に還る」経営手法なのだと私は思う。

この本の制作にあたり、あるいはこの座談会に際してというべきか、第一生命元社長の故・櫻井孝頴氏が書き遺していた「『地熱』は冷めるのか」という小文を拝読した。これは座談会の議題にものぼった。

櫻井氏の言葉は、混沌とする未来を切り拓いていく今日の第一生命が相伝すべき、過去からの伝言であるかのように思われる。

矛盾に満ちた経営課題を変革し続けていこうとする第一生命の答えが「ＤＳＲ経営」である。櫻井氏は「ＤＳＲ経営」を、未来の第一生命の課題を、洞見していた。

――「確然たるシステム」を探し出さねばならない。「会社の『地熱』への思い入れ」を念頭にしなければならない。

2「DSR経営」は成長のための「確然たるシステム」

――営業人事部歴代部長座談会

第一生命情報システム株式会社　代表取締役会長　武山　芳夫
第一生命ビジネスサービス株式会社　部長　日下部　修一
第一生命保険株式会社　営業人事部長　勝見　有二
【インタビュアー　高橋　利雄】

山積する課題の答えが「経営品質経営」だった

高橋　営業人事部は、「日本経営品質賞」の経営枠組みを部独自の経営枠組み「EQC（Eigyoujinji Quality Challenge）」として最適化し、部の運営に取り入れました。十五年にわたり進化、止揚を続けながら「経営品質経営」の模範たる存在感を示してきたと伺っています。

リーマンショックによる金融危機や東日本大震災、保険金支払い問題、株式会社化など激動する環境変化の中で、武山さんによって始まった営業人事部の「経営品質経営」は、日下部さん、現在の勝見さんなど歴代部長六人に継承され、組織のレベルを段階的に高めていきました。

長い歳月が流れ、所属長が変わろうとも、優れた「経営品質経営」を実践し続け、価値創造を果たし続けてきた営業人事部の取り組みの実相について伺い、「経営品質経営」とは何か、「DSR経営」の本質とは何かを問うことをこの座談会のテーマとしたいと思います。

皆さまの営業人事部のリーダーとしての想い、組織マネジメントのありようの中に、第一生命が進める「DSR経営」をさらに前進させるための新たな視点を見出せるものと思っております。

まずは武山さんに伺いたいと思います。二〇〇〇年に「経営品質経営」への取り組みを始められた時の営業人事部の状況と武山さんの想いについて教えてください。

武山　二〇〇〇年四月に営業人事部長として私は赴任しました。それ以前は総務部におり、総務部の次長から営業人事部の部長になりました。

赴任前、営業人事部という組織はまだなく、契約医務部営業人事課という名称で、長く「アンダーライティング部門」という事務部門の一部にありました。また、事務室は当時の大井本社（神奈川県大井町）に置かれていました。

私の着任とともに、契約医務部の中の「課」から「営業人事部」へと独立し、事務部門を離れ「リーテイル（個人保険営業）部門」の一部ということになりました。営業人事部は、当社の主要チャネルである営業職員の給与、成績、業績等の業務を扱っていますから、その意味では、営業部門との関係を強化しなければいけないという考えで、部門の編成が変わったということです。

第一生命情報システム
武山代表取締役会長

そこに私が、新任部長で着任したということになります。
その当時の営業人事部は、事務・システムに関わるミスが多く、営業職員数千人に影響するようなミスが、年に何回か起きている状況でした。赴任直前の三月にも起こっていたし、着任後もまた別のミスが起き、現場に非常に迷惑をかけているという実態に直面しました。

高橋 事務・システムでミスが起きると具体的にはどういう影響があるのですか。

武山 営業職員への給与支払いが多かったり少なかったりということが起きます。事務処理的にも現場に大変迷惑をかけることになります。こうしたミスをいかに根絶するか、それが大きな課題であるという認識をまず私は持ちました。

それと併せて別の課題もありました。当時大井本社に置かれていた営業人事部を、リーテイル部門のある東京に近い横浜に移転しようという計画も決定していました。「事務・システムのミス」の課題の他に、この「引越し」という予定も重なった。そしてもちろん、もともとの営業人事部のミッションである「営業職員の制度改定」「新商品対応」業務がかなり頻繁かつ膨大にあり、この通常業務にも柔軟に対応しなければいけません。

加えてさらに、当時、安田火災海上保険（現・損害保険ジャパン日本興亜。以下同）、アメリカンファミリー生命保険会社（以下、アフラック）と業務提携をして、損保、がん保険も営業職員が販売できるようになる、また代理店チャネルを拡充していこうという会社の新たな戦略が動き出すなど、新しい課題が次々と降ってきていました。

そういう状況で、事務ミスは起こっているし、事務所は移転しなければいけない。さらに通常の業務もあるし、それから会社全体の戦略的な課題も達成しなければいけない。「これは大変だ」と思い、正直悩みました。「どうしたらこれらに対応できるのか」と。

人を増やしてもらうよう人事部に要請しましたが、即戦力として、かつての経験者を呼ぼうにも、元々八十名程度の組織なので、元在籍者を呼び戻すにしても、数は限られていました。

限られた人員でこれから業務の品質を高める一方、事務所移転、通常の商品・制度改定対応、加えて会社の戦略的課題である損保、がん保険販売で営業職員に手数料を支払うとなると、そのための新たな事務ラインを作らないといけない……。まさに立ち行かないという状況です。

しかし、ノーとは言えないと、絶対に。やらないといけない。

それで悩んだ末に、やはり、目の前にいる人財をパワーアップするしかないのだ、と私は考えるに至りました。「より多く仕事ができるような組織にすることで乗り切るしかない」と思ったのです。

そこから、どう手をつけようかと思いあぐねる中、本を読んだり、セミナーに行ったりと、自分なりに勉強を始めた。

その頃、会社としては「日本経営品質賞」受賞を目指すということで、私も「アセッサー研修」を受講し、一応「経営品質」の考え方を学んではいました。そして改めて「日本経営品質賞・アセスメント基準書」を読み返してみて、「これは使える」と私は直感しました。これでいこうと思ったのです。

我々のお客さまは「誰」なのか

高橋　「日本経営品質賞」の理論が、営業人事部の置かれている状況を打開するものとすぐに認識されたのですか？　難解なもの、あるいは効果を上げられないのではという不安はありませんでしたか。

武山　当時、組織のパワーアップを図らないといけないとして、そもそも「組織とは一体何なのか？」と私は考えていました。つまり、「組織」というものが何なのかわかれば、その力を向上させる手段が見つかるはずだと。

一般的には組織を表現するものとして「組織図」があったり、人の名前が入っている「人員表」や「業務計画」があったりする。ただし、これらは「組織」をある一面で表しているものですが、組織運営を行ううえで必要な要素が網羅されているかと言えば、そうではない。

もっと、組織というものをちゃんと定義して運営していこうとすると、明快な「基準」が必要になる。それが「日本経営品質賞・アセスメント基準書」の中の、今で言うところの、「リーダーシップと社会的責任」や「戦略」をしっかり決めること。「組織と個人の能力向上」に向けた「育成プログラム」はちゃんとあるかどうか。「情報マネジメント」は機能しているかどうか。「お客さまは誰」であると定義され、そこに向かった「プロセス」ができているのか。こういうことを明確に決めていかなければ組織は回っていかないのだな、と私は思ったわけです。

つまり、組織とは何かと解き明かす考え方がこの「基準書」の中にあるのだと、悩んでいる中で見えたのです。

ですから、この「アセスメント基準書」を使って、一つやってみようではないかと私は思いました。アセッサー研修を受けていた経験を活かし、営業人事部の皆と、自分たちの仕事についてしっかり定義をしていくことにしました。

まず「営業人事部において、お客さまは誰なのか」と。

一義的には営業人事部におけるお客さまは「営業職員」ですね。そして営業人事部と営業職員との間に入っている「支社」「営業オフィスのスタッフたち」も次工程のお客さまであると定義しました。

したがって、第一生命のご契約者、お客さまは、我々においては営業職員の先のお客さまということになるであろうと。

そのように「我々のお客さまは誰か」を定義して、「お客さまである営業職員」と営業人事部の関係がちゃんとできているかどうか、あるいは「お客さまである営業職員」に向けて行っている各業務について品質を上げていく流れになっているかどうか。それをみんなが真っ先に考えるように意識改革をしていきました。

このように「アセスメント基準書」のフレームワークを、営業人事部の経営枠組みとして取り入れ、愚直にやってみようと思ったのが出発点です。

高橋　営業人事部において「営業職員がお客さまである」という意識は、それ以前はなかったのですか。

武山　そうでしょうね。

組織の中で、ご契約者がお客さまだということは皆の頭の中にあったと思います。しかし「自分たちがやっている仕事のお客さまは誰なのか」「どこに向かって仕事をするのか」という意識を潜在的に持っている人はいても、その意識がない人も一定数いて、ベクトルはバラバラだったということだと思います。

それゆえに、改めて組織としてきちんと仕事の目指すべきものを定義し、皆にそれを周知して、現場に向かった対応にしなければいけないと思ったわけです。その「自発的な意識」を持って、それぞれの職員が事務やシステムのミスを防止していく、問い合わせにはクイックレスポンスで回答していく。仕事の意義を知ることで、次のアクションとして品質の高い仕事が現れてくるということを期待しました。

高橋　まず、仕事の目的を再定義していくという意識改革を行ったということですね。

武山　私が転出した後、その後の部長たちにレベルアップをしていただいて、現在、営業人事部は、相当のレベルにきていると思いますが、最初はまさに試行錯誤でやっていました。営業人事部の部運営を経営品質の視点で整理した「EQCハンドブック」も現在のような整理された綺麗なものではありませんでしたね。

最初は、A3の一枚ものです。「ミッション」「組織戦略」などの定義を行い、皆に説明して、まずは「セルフアセスメント」から始めました。自己評価をするということです。

四十から五十の項目に対して、全員に「よくできている」「できていない」など評価してもらう。社内イントラネットを通じて評価の入力・集計を簡単に行えるようデータベースも作りました。

集計や分析の結果は全員に公表していきましたが、特に興味深かったのが「自由意見欄」でした。結構、みんな好き勝手なことを書いてくるのです。自由に書けとは言ったが、本当に自由に書いてきまして、取りまとめの担当者は目を剥いていました。

八十名ほどの組織で、同じフロアにいて、皆が顔を合わせて、一生懸命に仕事しているが、アンケート結果を見ると「これだけ意識はバラバラなのだな」ということがよくわかった。皆が、あちこちを向いているのです。

「なぜ、自分だけこんなに大変な思いをしているんだ」という想いを持ちながら仕事をしている人がいる。また、何のために「経営品質経営」をやらなければいけないのかという人もいる。「まだ、よく理解できていないな」ということが、私はこのアンケート結果でよくわかりました。

高橋　今でいう、「見える化」ができたということですね。

武山　その通りです。「こうなっているのだ、現実は」と思いました。

ただ、皆が遠慮せず書いていた。そういう生々しいことを言える良い風土であったとも思います。

意味と責任の自覚が「個人力」を高め「組織力」を創る

高橋　経営品質枠組みで運営し、仕事の定義をし直し、意識改革を行い、結果どうなりましたか。

武山　だんだん組織のベクトルが合ってくるのです。皆があちこちを向いているという状態から、一つの方向へ向かうようになってきました。

会社全体の戦略があり、そこから営業人事部の業務計画として為すべきことが下りてきますが、それに対し、「自分がやらないといけないこと」が皆の頭の中につながっていったのだと思います。

これができてくると、皆、「自分の仕事の意味と責任」を理解し、腑に落ちた納得感のある仕事ができてくるのです。

当時、私はよく言っていましたが、新しい仕事が降ってきた時、管理職なり役付がそれをAさんという担当者に「これやっておいてよ」といきなりポンと渡す方法。または「今期は、営業部門の課題として営業職員の新たな施策を実現しなければいけない。今、当部で実務対応を検討する段階になった。二週間でこれを考えてもらえないか。全営業職員に関わる重大な課題なんだ」と伝えるのか、二通りある。もちろん後者の方が仕事のできはよくなる。伝え方ひとつで、腑の落ち方が変わり、結果として成果は違ってくるはずです。

そうすると、一つ一つの業務付与の場面でこのように、一から説明していくよりも、「経営品質経営」によって「見える化」を進め、皆が共通認識を持った状態にして課題を与える方が、一人一人の伸び代はまた違ったものになっていくと思います。そして実際に、成果の違いは歴然と出てきました。

腑に落ちた仕事をし、成果が出てくることが続き「組織力」が付いていきました。「だんだんパワーアップしているな」と皆が実感できたと思います。

セルフアセスメントのスコアは、回を重ねるごとに上がっていきました。そして、その度に皆から出てきた意見の中から「これは変えないといけない」と思われたものについて、自組織でできるものは直ちに変えていくことを続けました。

私の時代の営業人事部では、この循環で回していくことで、らせん状の成長を続けていったということだろうと思っています。

結果として営業人事部はどう変わったかということですが、ミスやトラブルは大幅に縮減できました。

当初は達成困難と思われた安田火災海上保険、アフラックとの業務提携プロジェクトに関しても、必要な対応は全て実施し、足を引っ張ることなく、会社の戦略に貢献できました。こうした実績を残すことができた要因は、やはり「組織力」「人財の成長」にあったと私は思います。

「EQCハンドブック」と「容れ物としての経営品質」

高橋　日下部さんは営業人事部長となる以前に、「経営品質経営」を社内で推進していた「品質向上委員会事務局（現・DSR推進室）」におられ、黎明期からの「経営品質経営」を最も知るお一人ですね。「経営品質」との出会いや、「経営品質」についての想いをお聞かせください。

日下部　私は、武山さんが営業人事部長になり「経営品質経営」を始める時、ちょうど品質向上委員会事務局にいました。当時、武山さんに呼ばれて「経営品質」の部内勉強会の講師役をしたこともありました。

その後、しばらくして、武山さんから次の谷口部長（現・中京総合支社長）に引き継がれた時に、谷口さんと「経営品質経営」について話したことがあります。

谷口さんは「これは本当に、よくできた仕組みだ」と感心しておられました。「自分の部が行うこと、部長としてしたいことをこの経営枠組みに落とし込めばいい。すごくよくできている」と。

実はその後、谷口さんの後任の営業人事部長として、私が赴任することになるのですが、こんなエピソードがありました。谷口さんが営業人事部版の「経営品質報告書」を作られ、社外でも日本経営品質賞の審査員として活動していた私に、「この報告書に基づいて審査して欲しい」と頼まれました。部内でセル

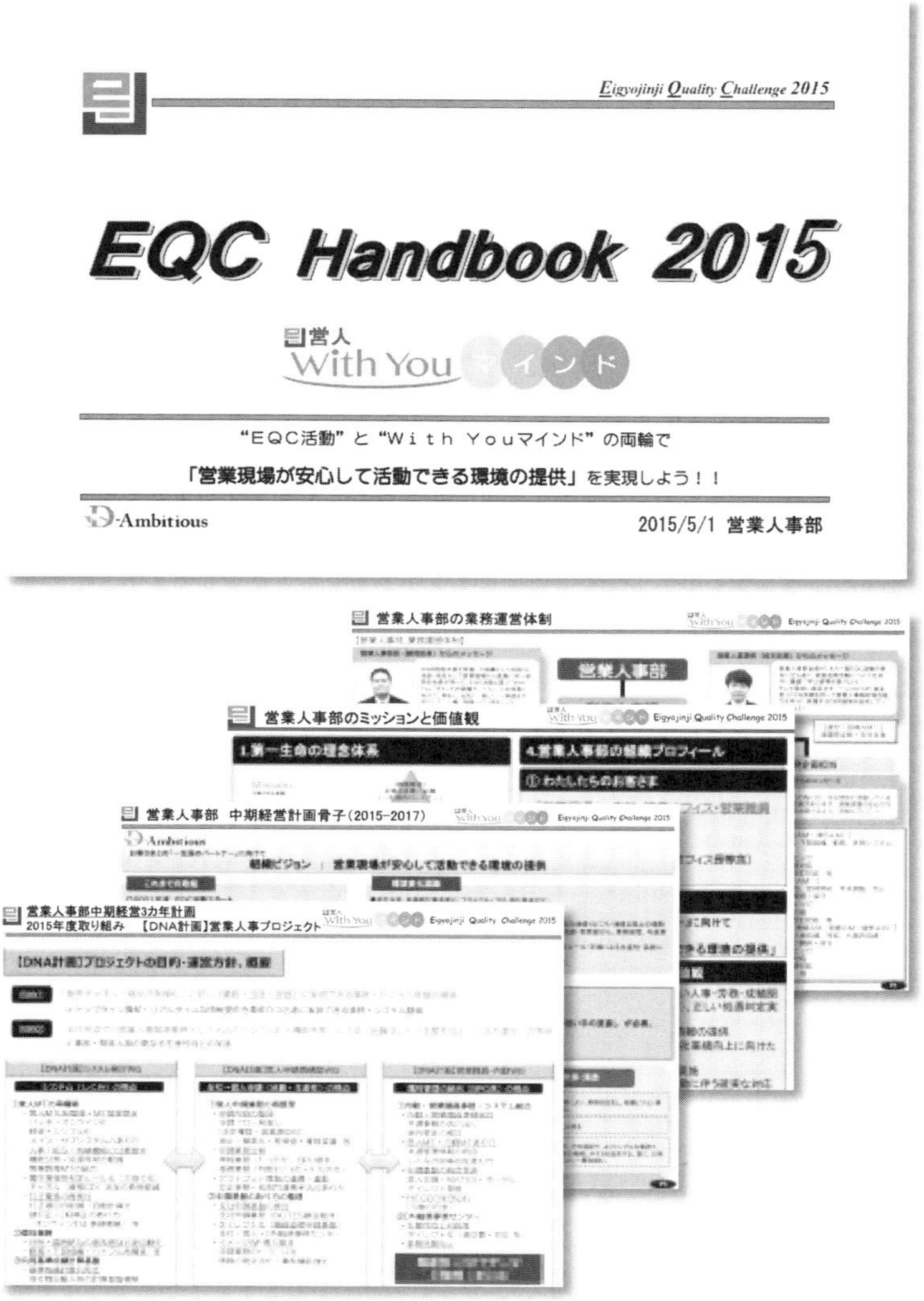

2015年度「EQCハンドブック」

ファアセスメントしているのとは別に、部外の目で見て、強み、弱みを客観的に教えて欲しいと。

そこで、私と品質向上委員会事務局のメンバーで審査し、営業人事部の強み、改善すべき点について、フィードバックしたわけです。すると直後に、自分が営業人事部長になり、自分で言ったことを今度は自分がやらなければならなくなった。

ただ率直に感じたのは、経営枠組みがここまでしっかりとできていると、組織を動かしやすいということです。例えば、組織の目的は何か、人をどう育てたいのか……それらが「ＥＱＣハンドブック」で全て説明できることの重要性を実感しました。

ただ単に「本社の指示だからこの研修をするのだ」「本社が決めたから部のコンプライアンス方針を提出しなければいけないのだ」ではなく、「この部の運営をしっかり機能させるために、この活動があるのだ」とハンドブックにきちんと書かれているし、書き込めるものです。

「ＥＱＣハンドブック」を使えば、皆に「営業人事部とは何か」「自分たちの仕事は何か」を語れるのです。

「今年はこういう課題がある。全社としてこういう課題と戦略があり、それをリーテイル部門でこういう戦略に落とし込んでいる。だから我々はこういうことをやって貢献する。だから個人の目標はこうなるのだ」と明快に語れるわけです。

「経営品質経営」の重要な要素に「部分最適ではなく全体最適」という考え方があります。複数の課や担当が自分たちのことだけを考える

第一生命ビジネスサービス
日下部部長

なさい、と伝えたのではなく、例えば横断的なワーキンググループを作るなどして、組織全体の課題解決に最適な取り組みを行うことがあります。このワーキンググループのメンバーも一方的に指名して、あとは活動して下さいというのではうまく機能しません。何の目的で、どんなメンバーが入り、そこで何を実行するのか。それらの理念や活動論が書かれた「ＥＱＣハンドブック」で説明することで、皆が腑に落ちます。腑に落ちることで、仕事への意欲が全く変貌するのです。

ですから、二〇〇七年に営業人事部長に赴任した際、部の経営について、私は何一つ変える必要がなかったのです。

「経営品質経営」は仕組みであり容れ物ですから、あとは、「新たな課題」「戦略」をどう実現するのか、そこにエネルギーを集中させることができました。

私の着任当時の大きな課題は、オフィス長の主要業務の一つである営業職員育成について、サポートする仕組みを新たに作ることでした。

元々、営業人事部は、営業職員の成績計上・管理、給与支給などバックオフィス的な要素が強いものでしたが、営業面での貢献につながるような、一歩踏み出したメニューを作っていこうとの議論がすでに始まっていたのです。大きなミッションですが、これに取り組む時にはすでに営業人事部は、皆が自分の意思でビジョンや目的意識を持って動ける組織になっていましたので、やりやすいと言えば語弊があるのですが、それを実現できるくらいに「個人の力」はついていたと思います。

「人財育成力」を求められる職場へ

高橋　自発的なボトムアップ力は「個人の力」がかなり高まっていることの表れですね。

日下部　そうです。武山さんのおかげですが、当時、女性が中心であった旧・一般職のスキルを、かなり高いレベルへ上げることができたのは、営業人事部の「経営品質経営」における大きな成果だと思います。

それ以前は、あくまでサポート役だったところから、ワーキンググループのリーダー、サブリーダーになるなど、女性たちの能力も意欲もどんどん高まっているのを感じました。したがって、女性の役付をさらに登用しよう、リーダーをもっと増やしていこうと、非常に人財が育ち始めた時だったと思います。武山さんが「経営品質経営」を五年進めて、谷口さんが二年引き継ぎ、私の時代はそのあとのことですから、「経営品質経営」の蓄積が歴然とした形となっていたことは間違いありません。

高橋　現場のニーズ、会社の戦略などに対する基本的なミッションのほか、プラスアルファの価値創造が営業人事部に起こっていたということですか。

日下部　そう思います。第一生命の中でも、営業人事部では、女性活躍推進、さらなるキャリアアップを求めていく意識は、早い時期から強かったと思います。その一因として、社外講師を招いた勉強会の効果があったと思います。この時、社外の女性部長を何人かお招きしました。

第一生命で多く行われている、社内の女性営業部長、優績者による勉強の場でなく、部下を抱えて活躍している大企業の女性部長を招きました。これが大変な刺激になる。社外には、ここまで頑張って仕事をしている女性がいると知り、皆、意識は高まりました。すると今度は、「自分の仕事にどう活かそうか」と仕事への意欲が変わってきます。

その頃、営業人事部は、だんだん若手人財育成の場としての機能を、人事部から求められるようになっていたと思います。営業人事部で仕事の基本を覚えて、支社などに赴任していくと、それだけ人財育成が進む「自発的成長」の風土が構築されていると認められていたと思います。

先ほど武山さんが言われたように、仕事のベースになるきちんとした手順、自分の役割が自発的に発揮できるような仕事の習慣が一つの営業人事部のスタイルになっていましたので、その意味で「人が育ちやすい」環境ができていたんだと思います。人が成長するということは、自分の頭で「自分の仕事への責任」を理解し、「貢献」を考え、「チームワーク」の一部を担っていくということだと思います。

「価値創造」志向の次の段階へ

高橋　営業人事部にとって、会社全体のお客さまである契約者は「遠い存在」とも言え、「お客さまのために」というモチベーションを持ちづらいとも思えます。けれども「経営品質経営」の視点で「営業職員がお客さまである」と定義し直すことで、自分の仕事の「意味づけ」が変わり、独創性や誇りといったものが生まれていくということでしょうか。

日下部　はい。自分の着任時には、すでに「営業職員がお客さまである」という考えの下で、業務の意味をとらえ直し、業務の内容を変えていくことができる状態だったと思います。

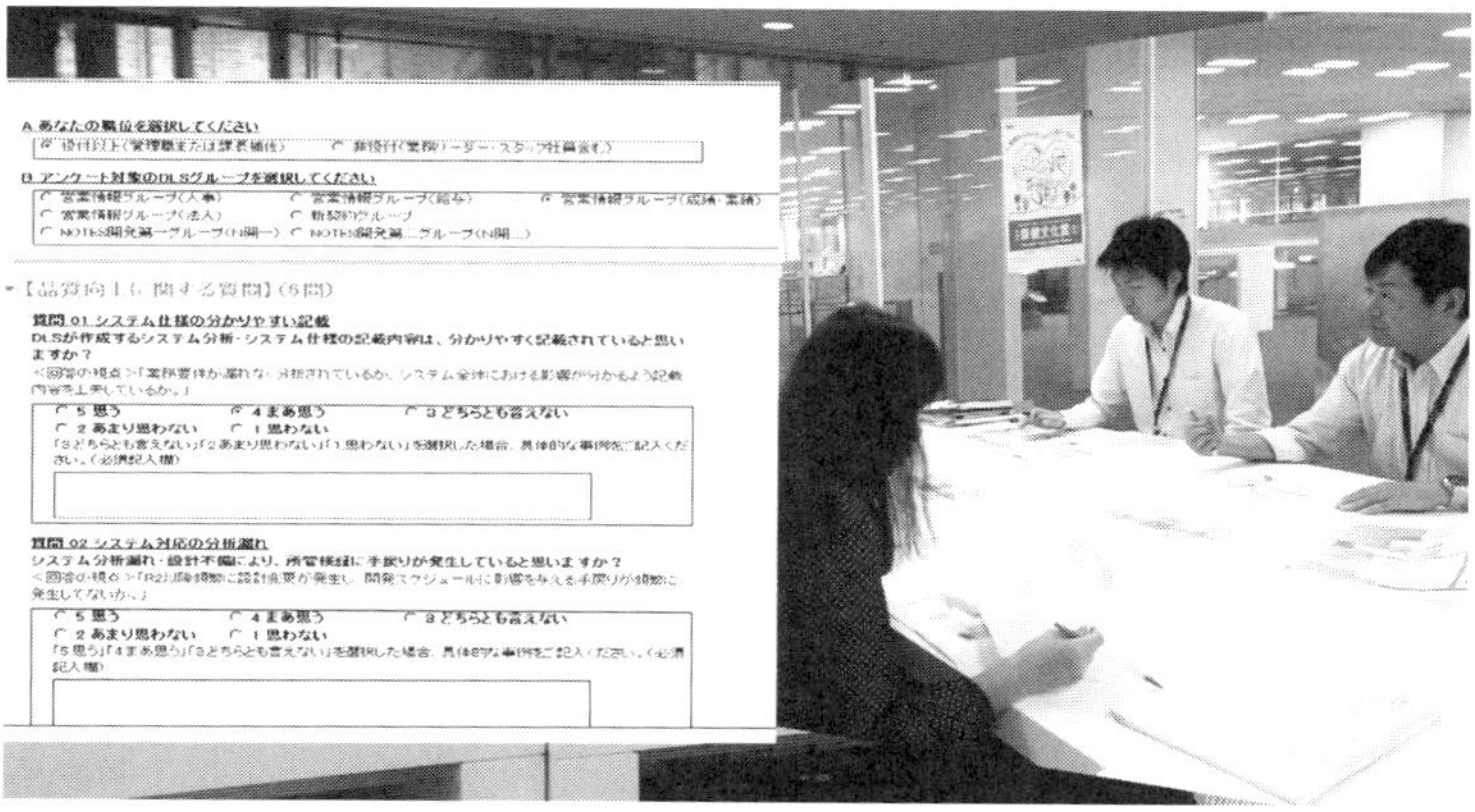

ビジネスパートナーとの双方向アンケート

お客さまである営業職員に対して、この明細がもう少しわかりやすければ、営業職員のモチベーションが上がり、あともう一件頑張れば、お給料が増えるというように促していこうとか、あるいは明快な資料を作成して上位資格を目指しやすくしようという工夫に意識が向く。営業現場にとって「わかりやすいもの」をどうやって作ろうかと少しずつ視点が変わっていくのですね。

さらに、お客さまという視点に加えて「ビジネスパートナー」の視点も持てるようになりました。

成績や給与のシステムを構築する際の、システム部門（グループ会社）との関係について「プログラムを作るのはシステム部門。自分たちはそれに必要なシステム基準を示し、プログラムが出来上がったら検証するだけだ」というような他人事ではなく、ビジネスパートナーという視点で、「お互い対等なのだから、相手の不満も聞き、我々が為すべきことをしよう」という想いになっていました。相手の想いを知るためにアンケートをお互いにとり合い、「どういうことをやれば全体最適になるのか」を模索し、「開発のプロセスをもう少しわかりやすく振り返る仕組みを作ろう」という答えを出していくこともありました。

こうしたグループ会社も含めて全体を考え、ミスやトラブルを減らそうとか、相手を対等のパートナーとして考えようということは、まさに「経営品質」の発想ですね。「ステークホルダー」という表現を当時はしていましたが、要するにビジネスパートナーとして相手をきちんと見るという意識が職員に醸成されていました。これもおそらく、武山部長時代からの取り組みが継承されて、だんだん少しずつ「経営品質」が職員の腑に落ちてきていたのだと思います。私の時代にはすでにシステムの開発や検証の手順が、はっきりと定義され、明快な形に整理され、イレギュラー事象時のアクションについても活動習慣が定着していましたね。

したがいまして、おかげさまで、私の時代には本当にミスやトラブルが少なかったのです。発生件数も年間に五件、六件と一桁になり、「これ以上は減りようがないよね」と言われる水準にまで改善が進んでいました。

総括すれば、事務・システムのミス減少を実現したように、通常業務で高品質の活動プロセスを行うということは、営業人事部の文化として定着し、さらに進化させて、営業現場や会社へ貢献しようという付加価値、さらなる価値創造を果たしていこうとする姿勢を生んでいたと思います。

進化したEQC活動に「暗黙知化」が起きる

高橋　次に勝見さんにお話を伺いたいと思います。営業人事部の「経営品質経営」が磨き込まれ、進化を遂げて、二〇一四年度、勝見さんの時代へと引き継がれたということでよろしいですか。

勝見　はい、そう思っています。

個人的な想いになりますが、赴任が決まった時、まず私が感じたのは、「これは相当大きなプレッシャーだ」ということです。

ＥＱＣ活動を、深くは知らなかったのですが、前所属の契約医務部の時に、実は、営業人事部のＥＱＣ活動についてベンチマーキングをしに行っていました。

契約医務部ではシステム開発にも携わっていたので、当時の営業人事部のシステム開発業務について、一体どういうことをやっているのかを聞きに行ったのです。

さっき話に出た、ビジネスパートナーとの双方向アンケートやセルフチェックのやり方などを、一通り教えてもらいました。

そして思ったことは、「これはさすがにすぐには真似できないな」と。それが正直な、その時の感想でした。

そして数年経って、自分が営業人事部長を命ぜられたわけですが、「すでに完成してしまっている営業人事部に行って、私は何をどうすればいいのか」と、そういう恐怖を感じての赴任でした。

アセスメントのセルフチェックも高得点ですし、全社で行っているＥＳ調査でも営業人事部はかなりの高レベルで、「これ以上、経営品質を上げる余地はないんじゃないか」と。営業人事部の評価を下げる部長にな

勝見 現・営業人事部長

るんじゃないか、とそれは恐ろしかったです。そういうプレッシャーがあったことに加え、武山さん、日下部さんと違い、私は「経営品質」の勉強があまりできていませんでした。そういう不安を抱えつつ、進むべき道筋がさっぱり見えないまま着任しました。

高橋　先の見えない中で、どのようにマネジメントを始めていかれましたか。

勝見　ＥＱＣ活動に長く取り組んできた部下に教えてもらいました。皆、聞けば教えてくれる素直ないい人達なのです。

「部長、営業人事部の『経営品質経営』とはこういうことですよ」と。

ただ、いくら部下が教えてくれるとは言っても自分の中に「経営品質経営の背骨」がないといけないと思いましたので、「経営品質経営」の基本中の基本、「組織プロフィール」だけは研修で勉強しました。本来、課長層向けの場だったので、「なんで部長も来るの」と言われながら。

元いた契約医務部では「お客さまはご契約者」という意識でした。間に支社は入りますが、「契約をお引き受けする」という業務の先、そして最後に保険証券をお届けするのはご契約者たるお客さまです。ですから、職員のＥＳはもちろんですが、同時にＣＳ評価もすごく気にし、苦情のことも気にしていた。

ところが、お客さまと自分たちの間にいる営業職員のことを「自分たちのサービスやサポートを提供する」という意味での、もう一つの「お客さま」として認識していないと、「決められたとおりの手続き的な対応」に終始してしまったり、「営業現場のために、自分たちにもっと何か出来ることはないか」という発想の広がりが出て来ないということになる。でも、そうならないためにどう考えていくべきかということも、営業人事部の「ＥＱＣハンドブック」にはちゃんと書いてあるわけです。

営業人事部で私が行ってきたことというのは、そうした我々の本当の仕事の意義や意味をもう一度、みんなに再確認をしようということです。

そこで、二〇一五年の「ＥＱＣハンドブック」の一ページ目を変えることにしました。大きく変えようというのではなく、社歴も様々な部の皆にとって、よりわかりやすくするために一枚に、会社の「理念体系」「全社の中期経営計画」「部門の中期経営計画」の骨子をまず書き、「営業人事部の組織プロフィール」として、「私たちのお客さま」「私たちのビジョン」「私たちのミッションと価値観」を噛み砕いて示しました。

その意図は、「私たちのお客さまは誰か？」「私たちは何をなすべきか？」というところを、まず管理職と再確認をし、認識を一緒にしようということです。教えるというより、私も教えてもらいながらというところもあるのですが。

その一ページのために、何度も議論しました。でも、本質は何も変わっていないのですね。見せ方を少し簡略化しただけです。

「お客さまが営業現場ならば、我々は本当は何をするべきなのか」と相当に議論しても、実はもうやっていることなのです、全て。もう一度、誰にでもわかる言葉に変えて、伝え、確認することに意味がありました。

先程言ったように、営業人事部は一定レベルで完成していると私は思います。本当の意味では、「経営品質経営」に完成はないのですが、相当高いレベルに達している組織ですから、それを壊す必要ももちろんない。

そこで、これをさらに高みに持っていく時に、もう一度どうやったらいいのかと考えました。その答えが、いかにもっと深く広く職員と「お客さまは誰か」ということやビジョンや価値観を共有化できるか、なのだと。それが、着任二年目の二〇一五年度の取り組みとなりました。

高橋 なぜ、その必要性を感じたのですか。

勝見 やはり、人事異動などで人は入れ替わりますので。人が入れ替わる中でも、EQC活動が常態となるよう常に、何らかのことを言い続けていかなければいけないわけです。

EQC活動が定着している営業人事部で起こるのは、前からこれをやっている人にとっては、「空気」のようになってしまい見えなくなってしまうということです。「見える化」後の「暗黙知化」が起きてしまう。それをもう一度「形式知」にするために、それぞれの想いを出してもらって、共有して、もう一度みんなでやろうよということが必要になってくるのです。そのために、もう一度、わかっていても、あるいはわかっているからこそ議論なり、再確認が必要かなと私は思いました。

他社ベンチマークで気づきを与える

高橋 会社が今向いている方向に対して、営業人事部がどうするべきかを、どう落とし込んでいますか。

勝見 二〇一五年度、全社の中期経営計画が刷新される中、営業人事部の中期経営計画も立てるぞ、ということで、「我々のお客さまのために何をするのか」を今度は、役付層まで入れて、何回も議論をしてきました。そこにはもちろん私の想いも込めました。

しかし想いを言っただけでは何も動かないので、みんなと対話を続けていき、中期経営計画における営業人事部の役割を明確にしてＥＱＣ活動に落とし込んでいきました。

こうした議論を重ねていくと、自分の仕事と、会社の戦略がどう関わるかが、少しずつ理解されていきます。少しずつみんな意識し始める。そうすると、あとは皆自主性を発揮して自動巻きで仕事を進めてくれます。

高橋　しかし、数年経ち、人が入れ替われば同じことが必要になる。

勝見　そうですね。常に新鮮味を持って仕事をしていくために、昨年度は、他社を見に行くことにしました。

同じ生保業界ですが、大手三社をベンチマーキングさせていただきました。業務ラインの部長にお会いして、我々が持っている組織の課題認識をお話しし、それに対して、各社はどうしているのかを聞いて、意見交換させていただきました。

皆に気づきを提供するには、私の経験ではとても足りませんので、他社のいいところを学び、当社のいいところを再確認しようという意図でした。皆、自分が新たな視点を持ち、気づけば変わる部です。それが「個」の成長というものだと思います。結局、私が何か新しいことを打ち出す必要性はあまりないということなのです。

高橋　三社はどういう傾向だったのですか。

勝見　同じ部といっても、会社によって業務範囲も会社全体の中で求められていることも各々です。そういった前提の違いによって、各社の取り組み内容が異なるものと思いますが、色々な取り組みが行われており、当社の取り組みを振り返るのに大いに参考にさせていただきました。

そして、ベンチマークによって判明した違いを提示することで、当部の皆は、自分たちで考えて動ける組織と思っています。

現在地点と「お客さまである営業職員」という向かうべきゴールを見せることができ、その方向性を統一すれば、あとはモラール高く、頑張っていってくれるのです。

「DSR経営」の理想形とは

高橋　話題を変えたいと思います。

「DSR経営」をあらゆる組織で進めていくうえでの基準・方法論を考えていく一事例として、大変躍進著しい第一フロンティア生命を検証することは大変価値があると私は考えます。特に「経営品質経営」実践のありようにおいて、営業人事部の対極にある組織だと私は思います。

同社には「経営品質経営」といった経営枠組みはありません。厳密に言えば、経営層には「DSR経営」が実装されておりますが、営業人事部における「EQC活動」のような職員全員が共有する「理論」「原理原則論」はありません。あるのは、目標やビジョン、目に見えない全社一丸の目標達成への意志であり、想いをやり遂げるのだというまさに「プロフェッショナル&チームワーク」の「熱」です。自然な「見える化」が為され、目覚ましい成長を遂げ「窓販で日本ナンバーワン」という大きな目標を達成しています。先ほどお話にも出た「空気」で「経営品質経営」を目指すことができることを、ある意味では証明する事例だと私は考えます。

ある組織が「ＤＳＲ経営」を実践するにあたり、何を基準として、経営枠組みをどう取り入れるべきなのか。これからの「ＤＳＲ経営」の取り組みの確度を上げるようなご意見をいただければと思います。


武山 十分に語れるほどに承知しているわけではありませんが、第一フロンティア生命の「経営品質経営」とは、組織の職員が皆、同じベクトルを向くような体制を作っているということだと思います。何かしらの手段で、経営層なりリーダーが、「方向性」と「行うべき行動」を徹底的に伝え、職員の意識改革が為され、高いモチベーションをもたらすことが「経営枠組み」以外の手法でもできるのならば、経営品質の向上は可能だと私は思います。

私が営業人事部長時代にとったやり方を振り返ってみます。

私は、私自身のリーダーシップの発揮の仕方を、どうするのかを当時、改めて考えたんですね。部長に新任として着任し、「えいや」と「これでやるんだ」というリーダーのメッセージを発すれば、それで回っていくのか自信がありませんでした。どうやって皆に知らしめていけばいいのかと。例えば、優績支社長にいるようなカリスマ的な経営ができる人ならばそれはそれでいいと思いますが、私は自分を分析したらそういうタイプではないなと思いました。

そうすれば、何かしらのやり方でやらないといけない、ということになります。

当時、ＥＱＣ活動をやるのだ、とアナウンスして動き出した時、若手のある役付が、私のところに来て、「部長、あれ一体何なのですか、ＥＱＣ活動って。よくわからないですね」と言った。

彼からすれば、「あなたは部長なんだから、部長がこうやりたいというのならば、こうやれとそう言ってくれれば我々はやる。こんなアセスメントだとか、ハンドブックだとか、まどろっこしいことをやらなくてもいいんじゃないですか」と感じていたのではないかと思います。

ある意味では、それが当時の「リーダー」に対する一般的なイメージだったのでしょう。

私はそのアプローチではなく、やはり、皆になるべく同じような考え方、意識を浸透させて、組織力を高めようとしたのです。

一つの組織が同じフロアで仕事をしていても、職員それぞれに見ているスコープ、視点や視野が違います。範囲が違うというのでしょうか。目に見える範囲をなるべく大きくしていくことによって、意識のつながりが持てるような組織運営ができないかと思ったわけです。そう考えて、「EQC活動」というやや手間もかかるし、まどろっこしいと思われることもやってきたということになります。

EQC活動が皆の共通意識になるまでに三年くらいかかりました。一気にはできなかったですね。そこはまさしく試行錯誤で形にしていって、皆の反応を見ていって、それで改善していくと。しかし、時間はかかったものの、やり続けることによって、だんだんと取り組みが形になっていくのが実感できました。

ですから「営業人事部はこのアプローチで行こう、行ける」という確信はありました。

日下部　どう「経営品質経営」を行うことが適切なのかは、その組織の形態によって、様々ということだろうと思います。営業人事部のように、第一生命という組織の中の一つの部であった場合には、やはり第一フロンティア生命のやり方では無理があると私は思います。

会社の中期経営計画があって、リーテイル部門の計画もあって、その中で営業人事部は自分たちの能力でどう会社に貢献するのか、と考える時には、きちんと何らかの戦略を練るなり、経営の枠組みなりがないと、出たとこ勝負となってしまいます。どこかで無理が生じてくるかも知れません。

勝見　「経営品質経営」のやり方は多分、色々あるのだと私は思っています。

以前の契約医務部でも「経営品質経営」は行われていましたが、その時はハンドブックを作っていません。ハンドブックのある、なしということではなく、何を目指すのかを明快にすることが大切ということです。

営業人事部で言えば「営業職員を含む営業現場がお客さま」であり「営業職員を真正面から見て仕事をする」ことを明快にするということです。

契約医務部では、お客さまはご契約者であるお客さまです。当時大きなプロジェクトを抱えていましたが、我々は、今「これを全員でやるのだ」ということを大きな声で伝え、意識を統一していき、そこから自分の仕事に帰っていくという運営をしていきました。

現在の営業人事部において、どんな経営枠組みがより適切なのかと考えれば、先にお話しした通り、ある意味では「高止まり」の状態ですが、これで本当に「空気」のような暗黙知の運営で行けるかと言われると、無理だと思いますね。おそらく、ある時点で、「もう一度、我々の仕事はこうだったね」と確認し合う必要がどこかで出てきます。一方的に話すのではなく、やはり皆でEQC活動を作っていく、議論するということになると思いますね。

営業人事部において言えば、各時代のEQC活動の中に所属長の課題や想いが落とし込まれ、それが営々とつながってきているということだと思います。

高橋　やはり組織に応じた「DSR経営」の形がある、ということで皆さまの意見は同じであったと思います。

営業人事部において言えば、ＥＱＣ活動こそが最適な経営枠組みであったということも、皆さまの共通の考えでした。

ＥＱＣ活動の継承が仮に止まった場合、しばらくはＥＱＣ活動の思想や習慣を持ったメンバーが残っていれば、新たな課題が現れても、「去年と今年はこれが変わるからここをこう修正してやればいい」と「空気」のように運営され続けると思います。しかし、実は、個人の「暗黙知」はどこかでズレる、あるいは、人が入れ替わり続ければ、全体の意識にバラつきが生じてくる。そこでやはり「経営枠組み」というツールを用いて、目的の明確化、方向性の統一が必要になるということだろうと思います。

おそらく会社の戦略を「自分ごと化」する積極性は営業人事部の皆さまはお持ちだと感じます。各「個人」が自分の力を、どう変転し続ける環境に合わせて、自分の責任として動けるのかということが次の課題なのではないでしょうか。営業職員をお客さまとする通常業務に加え、第一生命の海外進出があり、窓販があり、社会・環境への責任が問われるなど激しく環境変化が起きています。その中で個人が「今年は何に優先順位をつけるべきか」と考える。渡邉社長が意識改革の必要性をおっしゃっていた個人の「起業家精神」に基づく仕事が求められる次の成長段階に来ているのかなと私は感じます。

DSR経営の課題1

ツールをツールとして認識するということ

高橋　営業人事部のような成功事例があるにもかかわらず、営業人事部のやり方を、他の所属が真似ているかというと必ずしもそうではない。それはなぜでしょうか。

日下部　ある程度、出来上がったのを見てしまうと、さっきの勝見さんの話ではないが、尻込みをしてしまうからではないかと思います。「これを自分の時代の一年二年では、とてもできない」という恐怖めいたものはあると思います。

「経営品質経営」をやれば、最初はやはりかなり色々な面で負担にはなります。ですから、取り組む前に高い完成度のベンチマークで見てしまうと、重い腰は上がらなくなってしまうということは起きると思います。

高橋　一番最初に立ち上げることは相当に大変だということですね。

例えば、武山さんが営業人事部で「経営品質経営」を初めてやろうとした時は、難題が山ほどありましたね。未知なる課題が山のようにあると「経営品質の良さは知っているけれど、目の前の課題が落ち着いてから、あとで取り掛かろう」と考えてしまうものかもしれません。その点で、「リーダーシップ」の重要性、必要性は間違いがないと思います。

武山　社内の研修でよく話すことですが、例えば、現在地から四十キロ先にある目標地点へ到達したいとします。これを歩いて行くと時速四キロとして十時間かかる。しかし、自転車という道具があれば、時速十キロで四時間で行ける。

到達地点を仕事における達成目標と置き換えると、仕事をしていくうえで、こういう「道具」「ツール」を使った方が目標により早く到達できるはずです。

例えば、マネジメントの世界でも「ＰＤＣＡ」「バランス・スコアカード」「経営品質経営」などがある。

こういう道具を使った方が早く目標に到達できるでしょうと話している。

ですから、これからの時代は「徒歩」ではなく、「自転車」という「道具」があるのならばそれを使って、目標に早く到着することが大切だと思います。「経営品質経営」の考え方にはそれが入っているんですね。「見える化」「標準化」「ベンチマーク」「タテ・ヨコ展開」「PDCA」など、「経営品質経営」によってうまくいっている組織があるということが、それを証明していると思いますね。

私が今、第一生命における課題だと思うことは、組織として継続して「経営品質経営」を行い、「ずっと品質を高め続ける」ことが、どうやればできるのかということです。

一番簡単な経営は、トップの部長なり支社長が替わり、その都度組織運営が変わるというものです。いい面もあるけれども、良い部分も無くなってしまうという面も持っています。私はこれを「リセット経営」と言っています。すなわちリセットしながら、うまくいくことと悪くなることを繰り返していく。ある意味では、我が社の組織経営とは、その百年であったかもしれません。

しかし、少しずつでも「積み上げていく組織運営」ができるならば、それは五年後、十年後に必ず大きな差となってくるはずです。

私の時代の営業人事部は、手探りでハンドブックを作るところから始めましたが、今、会社の中にはそういうツールができてきているわけですね。

例えば、セルフアセスメントに代わるものとして、ES調査をうまく活用すれば、職員の想いがわかる。あるいは、CS調査を使って、お客さまの満足度や会社への期待度を把握することができる。他にも、誰もが知っておかなければいけない会社のビジョン、ミッション、中期経営計画などを担当内で浸透させるためには「ビジョン&ルール」の冊子を使えばよい。これだけ道具が揃ってきているので、それを使って組み合わせてやっていくということができれば「経営品質経営」は一から作るということにはならず、さほど手間はかからないものだと思います。恐れることもないと思うわけです。

日下部　武山さんが言われたように、コンプライアンスプログラム、リスクアセスメント、人財育成メニューなど、社内にはツール（仕組み・制度・管理手法）がほぼ全部揃っています。

問題の核心は、「なぜそのツールが必要なのか」「ツール同士がどう関連しているのか」が深く理解されないまま、目の前にやるべきツールが次々と出てきて、「こなすだけ」「やらされ感」につながり、本来の効果が発揮されないことです。

そうではなく、このツールは「経営品質経営」「DSR経営」の枠組みの一つであるから、他のツールとうまく連動させることで、組織の経営品質を高めて、目標達成に有効なのだ、と理解されていれば、納得感をもって取り組めるし効果も高まると思います。コンプライアンスでも、人財育成でもそうですね。

様々なツールを「経営品質経営」「DSR経営」の構成要素として、きれいに整理し切れていないことは一つの課題だと思います。

それを部にうまく落としこむことができたのが営業人事部だった。自分たちの組織の言葉に変えることができた、そういうことだと思います。

「経営継承」と「マネジメント層の翻訳能力」

武山　営業人事部の成功の要因と言いますか、重大な一つのポイントについて、思うところがあります。営業人事部における「経営品質経営」の初代が私だとすると、三代目の日下部さんとの間に谷口さんという部長がいたとお話ししました。私は営業人事部における重大なポイントはここ、谷口部長へのバトンタッチであったと思います。

谷口さんは、二〇〇五年の三月まで新宿総合支社の副支社長をされており、営業人事部長に着任しました。私は異動の前、谷口さんへの業務引き継ぎについて当時の「ＥＱＣハンドブック」を使って、説明していきました。普通は会社が決めた定型の業務引継書によって引き継ぎを行いますが、私はハンドブックで二時間くらいかけ、営業人事部はこういう組織運営をしているのですと概要をお話ししました。

話が終わった時、彼がどう言ったのか。

「武山さん、よくわかりました。私はこれをやりますよ」と言ってくれた。

もし、あの時に「こういうことをやられているんですね。いいですが、私には難しい」とか「これ、どうなんですかね？」ということであれば、営業人事部の「経営品質経営」はそこで止まっていたはずです。そして、きっとその後、もう一度「経営品質経営」をやろうということはなかったと思うのです。もしあったとしても、もう一度全く別のものを作り直すということになっていたはずです。

でも、それがあの時、つながったわけです。その継承があったから、部独自のフレームワークを十五年間も継続され、経営枠組みが磨き上げられていくという、前例のないモデルが生まれました。そして一定の結果が出ているわけですから、これは一つ大いなる財産であろうと。したがって、このような「経営品質経営」の継承が全ての組織で起きるようになれば、第一生命の個人も組織も大幅にパワーアップすると思います。

日下部　私の後任の伊東部長（現・契約サービス部長）、さらに下川部長（現・業務企画部長）も含め、歴代営業人事部長はやはり、やり方を変えなかったですね。「この仕組みでいける」と。歩んできた部門・部署は様々ですが、みな、「経営品質経営」でいけるということを実証されてきた。「経営品質経営」は、自分のやりたいことがしづらい枠や型ではなくて、自分のやりたいことをやるための仕組みであると。その方が早く目的地にたどり着けることに気づけば、何の苦もなく真に果たすべき貢献に向かって仕事ができます。

勝見　全くその通りに思います。

高橋　フレームワーク、経営枠組みという言葉は、なぜ、難解なものと受け取られてしまうのでしょうか。

勝見　おそらく「フレームワーク」という言葉の意味するところは、何回も聞いていく中でわかるものかと正直思います。私も経営管理職にさせていただいて、「経営管理職塾」で、社長をはじめいろいろな方々の話を、一年ずっと聞いて、だんだんと「こういうことを言っていたのか」と理解しました。一回聞いただけでは恥ずかしながら、わからなかったのです。「部長って大変だな、こんなに難しいことをやるのか」と。

武山　「ＤＳＲ経営」のあらゆる取り組みや「経営枠組み」という言葉は、やはり職員には適時「翻訳」

しなければうまく伝わっていかないと私は感じます。

第一生命情報システムの社内研修で「DSR経営」を話す場合も、必ず最初に渡邉社長が会議で使ったスライドを使い、これがグループで志向する「DSR経営」であり、その中で第一生命情報システムはこれを活用して経営していくのだと話しています。そして、経営目線のキーワードを抜き出し、グループ会社の社員でもわかるよう翻訳をします。

「価値創造経営」とは、我々においてはこれを指しているのだ、と。そうすることで立体的に「DSR経営」が理解されます。そう考えますと、今、部長、課長層に求められているマネジメント能力の一つが翻訳能力です。このレベルを上げていかないといけない。

第一生命情報システムにおける「価値創造」とは、お客さま満足度を高めたかということ。営業人事部で言えば、事務・システムのミスを減らし、さらに営業職員へ提供する業務全般の品質を高めることですね。「つまり我々の仕事はそういうことなんだ」とそれぞれの組織の目標と合わせて噛み砕き、いかに部下に伝えるかということだと思う。これはどこの組織でも本来必要なことですね。皆が納得感を持って仕事をすることで、組織と人がパワーアップするのは間違いがない。

そして究極的には、これをやり切れるかどうか、ということになります。

その時に、自分で持っているノウハウで組織運営をしていく方法も一つにはあります。それが十分できる人であればそれでいいと。しかし、繰り返しになりますが、「経営品質」の枠組みを使って、あるいはそこまでいかなくても会社が用意しているツールを使って、会社を語り、世の中の環境変化を語り、歴史を語り、それから自分の組織のミッションを語り、お客さまは誰なのかを語ればよいのです。全てゼロから始めなくていいことに気づいてもらうことも「DSR経営」では、大事なことだと思います。

全ての組織とその長がそれをしっかりとできた時、第一生命がまた大きく変わる可能性が非常に高いと思う。そこをやり切れるかどうかですね。

高橋　十五年にわたる取り組みで、「経営品質経営」はどう進化したのでしょうか。

日下部　積み重ねてきたものは大きいのだと思います。

先ほど「空気」という話になりましたが、「経営品質経営」「DSR経営」を続けてきて、社内では空気のように定着しているものが、かなりあります。空気のように当たり前の存在として根付いているのです。

例えば、「ネットワーク社長室」で、社長のメッセージを職員に届けようという活動は「経営品質経営」に着手した頃に始めたものです。

社長がいつ何を話したのか、その場にいた者のほかは、それまで知ることはなかったのです。しかし「経営トップのメッセージはもっと全職員に向けて出すべきだ」という気づきがあり、他業種の大手メーカーをベンチマーキングした。そこでは、社長のメッセージが全社に向けてどんどん発信されていました。

そこで、森田社長時代に「ネットワーク社長室」が始まりました。

以来、経営トップのメッセージ発信は当たり前に根付きましたね。経営会議などでの社長の話は、その日の夕方、翌日にはパワーポイントと文書で外に出てみんなが見られるようになりました。それから、ES調査、CS調査なども第一生命では今や欠くことのできない文化として根付いています。職員は、当たり前のことだと思っているかもしれませんが、世の中では、当たり前でない取り組みもあると思います。

第一生命の「地熱」を「DSR経営」に込める

高橋　総括するようですが、金融機関初の「日本経営品質賞」を受賞し、金融機関かつ巨大組織の第一生命が「経営品質経営」「DSR経営」という戦略を武器に、組織の隅々に徹底的顧客志向に基づく経営プロセスを浸透させようとしています。そして歴然とした価値創造が生まれている。営業人事部がまさにそうですし、各部・支社・グループ会社は独自の価値創造を起こし、磨きをかけている。自治体と協働での健康増進活動のような卓越した第一生命ならではの地域貢献活動が全国の各支社で行われています。「DSR経営」が確かに根付いている証拠だと思います。

最後の質問です。武山さんは二〇〇一年「リサーチ」三月号（第一生命経済研究所）に**「会社の『地熱』」**という美しいエッセイを書かれています。

この小文には、第一生命が、戦中、戦後の混乱期に、行方不明者を捜し続けたこと、出征したご主人の帰りを待つ職員の家族に給与を支払い続け、困窮生活を支えたことを紹介するとともに、第一生命の「人間臭さ」「温もり」「会社の『地熱』」をどう意識し、どう活かすのかと第一生命の未来について提言なさっております。

「会社の『地熱』」と「経営品質経営」「DSR経営」との関わりをどう考えますか。

武山　「経営品質経営」のテーマと重なるものと思います。

実は、亡くなられた櫻井さんは、小文「会社の『地熱』」が「リサーチ」に掲載されると、直ちに反応されました。ある朝、当時会長であった櫻井さんから直接電話が入り、突然のことで「何だろう」と驚いた記憶があります。櫻井さんは電話口で、「若い人にもっとこういう話をしてもらいたい」「この問題提起に私としては回答しないといけない」とおっしゃられ、**「『地熱』は冷めるのか」**という文章を同じ「リサーチ」に寄稿してくださいました（二〇〇一年五月）。櫻井さんの想いをいま一度確認するために、今回改めて読み直してみました。

私の文章の最後に「当社に通底する『地熱』を意識し、どう活かしていくかもこれからの会社を考える際には重要なことではないか」と、こう書きました。

この時は「では何をやればいいのか」はあまり明確でありませんでした。当時、私が書いた「会社の『地熱』」は、職員に向かった話、「会社の内側」に対する問題提起でした。

ところが、この十五年間の第一生命を振り返れば、「地熱」によって戦中、戦後に職員とその家族という「人」を支えたように、社会へ、地域へ、お客さまへ「地熱」を届けようとしていたことに気づかされます。特に東日本大震災において全社を挙げて行ったお客さまへの対応を見て、私はそういう実感を持っています。

その意味で現在の第一生命にも「会社の『地熱』」は引き続き通底していると思います。「人の第一」という言葉で表現されるような、職員に対する優しさ、思いやりもあります。それが今「会社の外側」にも向かっている気がします。

櫻井さんの「『地熱』は冷めるのか」には、地熱を冷ましてはならないとしてこのようなことが書かれています。

「新興の企業から見れば（第一生命は）永年雇用、年功序列の色彩の強いものだろう。今、一般的にこうした制度は、会社発展にとって有害という声がしきりである。第一生命にとって果たしてそうか。そうだとすれば、これに代わる何かを探し出さねばならない。それは『社風』というぼんやりした話なのか、確然たるシステムなのか――」

この言葉に対して、当時、私には解がありませんでした。

しかし今、櫻井さんが見抜いていた「確然たるシステム」とは、まさに「経営品質経営」「DSR経営」なのだと私は考えています。

第一生命には「人を考える」社風がある。「地熱」も大事にしていく。なおかつ確然としたシステムである「経営品質経営」「DSR経営」というフレームワークを使って、会社経営をしていけばいいのだと。それが、継続的かつ持続的に第一生命がらせん状の成長を続け、発展し、職員にとってもお客さまにとっても「いい会社であり続ける」ための方策なのだろうと私は思っています。

櫻井さんの文章はこう結ばれています。

「いずれにしても（その方策を）検討する人たちの念頭に置かれるものは、矢野恒太翁の会社の『地熱』に対する思い入れでなければならない」

まさにその通りではないでしょうか。

かつて、第一生命という会社が職員に対し行ったことを、今、社会やお客さまに向かってやっていこうという経営を会社は行っています。こうした会社の歴史を連綿と継承できる「DSR経営」枠組みを鍛え上げていくならば、第一生命はさらに大きく飛躍すると思います。

【第一生命経済研究所「リサーチ」二〇〇一年三月号「視点」掲載】

会社の「地熱」

第一生命 営業人事部長 武山 芳夫

昨年十一月、営業人事部は長年住み慣れた大井本社を離れ、横浜に移転した。今年度からリーテイル部門に編入され、今まで以上に日比谷部門との連携を強化しようという意図のもと、総勢八十名の移転作業を十一月三日～五日の三連休で行い、無事完了することができた。

歴史のある部署だけに書類も相当数にのぼり、昨年四月からの大作業はまずは書類整理であった。ダンボール数にして約三千箱分の書類を、全員で手分けしてすべて目をとおし、横浜に持っていくもの、大井保管として置いていくもの、廃棄するものに振り分けた。こうした引っ越し作業では思わぬものが出てくる。倉庫の片隅に眠っていたダンボール3箱。中には、「営人綴」とタイトルがつけられ、昭和二十三年から昭和四十九年にかけて営人――当時は営業課人事係――が取り扱った稟議・通知・連絡文書一式が入っていた。

引っ越しの古新聞ではないが、移転前の忙中にありながら一通り読み通してしまった。「無駄を出さぬが我社の誇り」「相互の節約起ち行く日本」といった標語が隅に印刷された社用便箋に、当時の業務案件がいろいろと記されている。中でも目を引いたのが「未帰還外地職員の俸給更新」という伺（稟議書）である。

戦前、当社は中国の南京、大連等いわゆる外地でも営業を行っていた。終戦とともに当社職員も日本に引き揚げてくるわけであるが、生死不明、行方不明となった支社長・営業職員の家族にも給与は引き続き支払われていたようである。ところが戦後のインフレで元の俸給ではとても追いつかず、〝今までの給与を三～五倍にして支払おう〟というのがこの稟議の趣旨である。

稟議起案に当たっては、不明職員14名ほどの留守宅を手分けして訪ね、家族の経済状態等克明な記録を残している。

ある職員宅では、残された奥さんが「スダレノヘリ付」内職によって子供との家計をかろうじて支えている。

他の家族も似たような境遇であり、おしなべて「家族ノ窮状見ルニ忍ビズ」と報告される。

こうして稟議は決了され、俸給は増額された。稟議書に続いて家族からの礼状も綴じられている。また、行方不明職員の生存確認はその後も手を尽くして続けられ、厚生省からの回答文書によって昭和二七年時点で三名にまでになっていることが確認できる。今から五十年ほど前、当社の歴史一〇〇年の折り返し時点に当たる頃のことである。

これらの記録を読んでいると、わが社がもっている「地熱」のようなものを感じる。戦争によって壊滅的な打撃を受けた生保事業を、我々の先人たちはこのようにして立ち上げようとしたのであろう。当時、他の会社も同様の措置をとっていたのかはよく分からない。

しかし、戦後の混乱期、職員のみならずその家族を含めて支援し、その中で会社を再建しようとしていたことは記憶に留めていいと思う。

文書綴は時代を下り、昭和三十年代以降になると単なる事務連絡文書が増えてくる。ある種の人間臭さを発揮していた昭和二十年代に比べて興味を引く文書は少なくなり、そこから発せられていた「熱」は裏に隠れてしまう。日本の社会も安定し始め、会社の体制も整備されてきたことの反映だろう。

しかし、当社に通底する「地熱」を意識し、どう活かしていくかもこれからの会社を考える際には重要なことではないか。戦後の混乱と同様のことが今後起こるとは思われないが、いつの時代も困難さと厳しさはあり、一〇〇周年を目前にこの会社を支えてきた「地熱」の新たな発現方法を考えてもよいのではないだろうか。引っ越し作業から生まれた思わぬ「過去からのメッセージ」であった。

【第一生命経済研究所「リサーチ」二〇〇一年五月号「視点」掲載】

「地熱」は冷めるのか

第一生命 会長 櫻井 孝頴

3月号の視点（会社の「地熱」）で武山営業人事部長が提起した問題は、急速に変貌する人事・給与制度の中で会社と職員との信頼関係が、これまで通り、何の疑いもなく維持できるか、ということであろう。

創立者矢野恒太翁は、戦前は勿論、戦後引退した後も、会社と職員との信頼関係の大切さ、それを維持することの難しさを異常な程に感じておられていた様だ。それは創立者としては当然のことであったろう。創立時、翁は信頼のおける知人やその子弟を集めて会社を興し、業容の拡大を目指した。当社は、わが国最初の相互主義による保険会社だから、一種のベンチャー企業であったといっていい。

ベンチャー企業が大きくなるにつれて直面する問題が、当社の成長の過程でも起きた。すなわち、会社がある程度大きくなると、よく知っていて信頼のおける人だけでなく、よく知らない人も大勢雇用し、彼らに絶対的な信頼をおいて業容を拡大していかなければならないということである。会社はそれを営々として行ったのであるが、当初、労使の安定性はそう高かったわけではない。

会社が職員に裏切られることもあった。職員にも会社への言い分は少なからずあったろう。会社と職員との信頼関係が安定したのは、石坂泰三さんや稲宮又吉さんといった外部から招聘した人材が、矢野翁の命を受けて職員の教育や待遇にさまざまな創意工夫をこらしてからのことである。創業して数十年経った、おおよそ昭和の初め頃ではなかったか。

武山部長の「視点」にも書かれているように、会社は戦時中は出征者や戦災者、戦後は復員者や引き揚げ者のためにできる限りの便宜を図った。

戦時中、出征した職員に対しては、留守宅にその間の勤続を通算して給料を送金し続けた。また終戦後、海外から引き揚げてきた外地勤務の職員は勿論、復員者を手分けして探し出し、無条件で復職させている。これは当時の企業としては当り前のことだったかもしれないが、第一生命はとりわけ熱意がこもっていたように思う。

ある職員は言う。「自分は昭和十二年に神戸支社に入社したが、間もなく軍隊にとられ、終戦後はシベリアに抑留されて苦労の末やっと日本に帰ってきた。昔の家は焼けており、当然第一生命に籍はないと思い、神戸の街を職探しに歩いていると、偶然、会社の先輩に出くわし、『君、何をしているんだ、早く出社したまえ。みんな君の帰りを待っているんだよ』と声をかけられた」。

この職員は以前、私が大阪で仕えた上司である。この人はこの時の感激を忘れることなく社業に精励し、同期のトップを切って支社長に昇進した。

引き揚げてきた人達には住む家もない。当時すでに会社を退いていた矢野翁は、田園調布の自宅を職員の共同住宅として提供し、自らは息子の一郎さんの家の二階で生活した。私が入社した頃、「俺は昔、田園調布に住んでいた」という人が何人かいた。新丸子運動場の寄宿舎や都内の寮に何世帯も入っていたし、兵庫の宝塚寮も満員だったそうだ。

創立一〇〇年を迎えるにあたって振り返ってみると、会社の最大のピンチはやはり終戦後の十年間ぐらいだったろう。当時の危機を切り抜けられた背景の一つに、会社と職員との間の絶対的な信頼関係があったと思う。会社の信頼に職員が応え、悪性のインフレと戦いながらなんとか乗り切ったのである。

当社の雇用制度はこの様にして再出発した。そして、その後の先人達によるたび重なる試行錯誤、創意工夫の結果が今日の雇用・給与体系である。新興の企業からみれば、永年雇用、年功序列の色彩の濃いものだろう。

今、一般的にこうした制度は会社発展にとって有害という声がしきりである。第一生命にとって果してそうか。そうだとすれば、これに代わる何かを探し出さねばならない。それは「社風」といったぼんやりした話なのか、確然たるシステムなのか。いずれにしても、検討する人達の念頭に置かれるものは、矢野恒太翁の会社の「地熱」に対する思い入れでなければならない。

終章

価値創造を生み出す「第一生命の形式知」

「ＤＳＲ経営」を推進するために

第一部では「経営品質経営」を経営の大きな柱と定め、その考え方を社内に広め、根付かせ、実践し、継承してきた歴代三社長の取り組みとその想いを綴った。第二部では、第一生命グループの様々な部署で、様々な立場の職員が「経営品質経営」「DSR経営」を体現している様子を、紹介してきた。

「経営品質経営」は、見事に根付いていると私は感じた。

「経営品質経営」の活動の始まりには、全て意思決定がある。恒久的活動とするためには、「経営品質経営」の原理原則論と活動論を理解し、応用し、習慣化するという一連の実践の流れがある。このような意思決定と実践が、七万名もの巨大金融機関である第一生命の経営層と職員に涵養され続けたことで大きなトップダウン力、ボトムアップ力が生まれ、第一生命の「経営品質経営」は着々とその成果を残してきた。

「経営品質」に取り組んできた企業の中には、経営トップの交代とともに、「経営品質」の向上への活動そのものが終了してしまうことが多いと聞く。第一生命では二十年近くにわたり、故・櫻井氏から、森田氏、斎藤氏、渡邉氏へと「経営品質経営」が引き継がれ、その確度を高らしめていった。この事象は、「経営品質」に関わるものの思うような成果を得られずにいる多くの方には、奇跡のごとく映るかも知れない。

第一生命の「経営品質経営」の歩みは、奇跡や魔法で果たされたのではない。多大なるリーダーシップを発揮した歴代社長とともに「経営品質経営」を推進、実践してきた第一生命人の粘り強い努力と工夫の一歩一歩の積み重ねが、他企業よりはるか先へとその歩みを進めた理由であったと私は思う。

二〇〇一年の「日本経営品質賞」受賞から十五年が経とうとしている。「経営品質」を第一生命に持ち込み、普及させ、実践し、受賞という評価を得た当時の部長、中堅管理職世代の多くは定年を迎え、第一生命の経営から離れた。多くの職員が世代交代し入れ替わる中でも、第一生命グループ七万名の職員は「経営品質経営」への取り組みを絶えず進め、「DSR経営」に邁進している。

第一生命では、どのようにして「DSR経営」を社内に、グループに浸透させ、生きた活動へとつなげているのであろうか。

終章では、第一部・第二部で紹介しきれなかった、「DSR経営」を社内に浸透させ、推進していくための具体的な活動や枠組み、価値創造のための代表的な取り組みを、図・表をまじえてご紹介していく。ここから、「職員」「組織」「全社」への「DSR経営」普及の仕組みや取り組みについて、次の三つのパートに分け、順に解説する。

1. 職員へ「DSR経営」を伝えるために
2. 組織で「DSR経営」に取り組むための枠組み
3. 全社が「DSR経営」で展開する取り組み

1. 職員へ「DSR経営」を伝えるために

「DSR経営とは一体、何ですか?」

この問い掛けにきちんと答えることは、実は簡単ではない。具体的な取り組みを指し、「これをすることだよ」と説明しても、それは「DSR経営」の一部分に過ぎず、全体像にはなり得ない。「DSR経営」の原理原則論に則り自然体で取り組まれている活動が第一生命の社内には溢れているが、そのほとんどは幻のようで、目に見えず、即「DSR経営」として認識できるものではない。それゆえに職員にその本質を正確に理解させていくには大変な困難が伴う。職員が「DSR経営」を理解することとは、その全体像を理解し、全体の一部を成す己の活動の意義が何かを明確に理解することである。

「DSR経営」の推進事務局であるDSR推進室では、「DSR経営とは？」との問い掛けに対し、「何のためにDSR経営をしているのか？」の目的からまず説明し、認識を合わせていくようにしている【資料1】。

「DSR経営」の目的とは、「お客さまに選ばれ続けること」である。理念体系をすでに理解している職員が相手であれば『「一生涯のパートナー」であり続けること』と言っても同義だ。

ではどうすれば、お客さまに選ばれ続けることができるのか。全活動の基本要件となるものが「経営品質」の最も基本の考え方、「基本理念の四つの要素」である。

「DSR経営」では、社内で通用しやすいようこれを一部置き換え、「お客さま満足（CS）」「強みの発揮」「社員重視（ES）」「社会との調和」の四つと定義している【資料2】。

当たり前に過ぎ、誰も反対のしようが無い社会常識とも言えるこの四項目は、今日の企業経営において、極めて重要な要素である。人・社会との調和を目指すこのようなまっとうな企業理念のない企業・組織が、お客さまや社会を裏切り、社員を使い捨てのように扱い、強みを失い、価格競争で疲弊している事例は数多ある。企業が持続的成長を遂げていくために、「経営品質」の思想はもはや常識なのである。

これら「基本理念の四つの要素」を常に重視した企業活動は、実は大変に難易度の高い作業であることに、やがて気づかされるはずである。例えば、お客さまのためにサービスを強化すれば、社員への負担が増す。この両立は難しく見える。

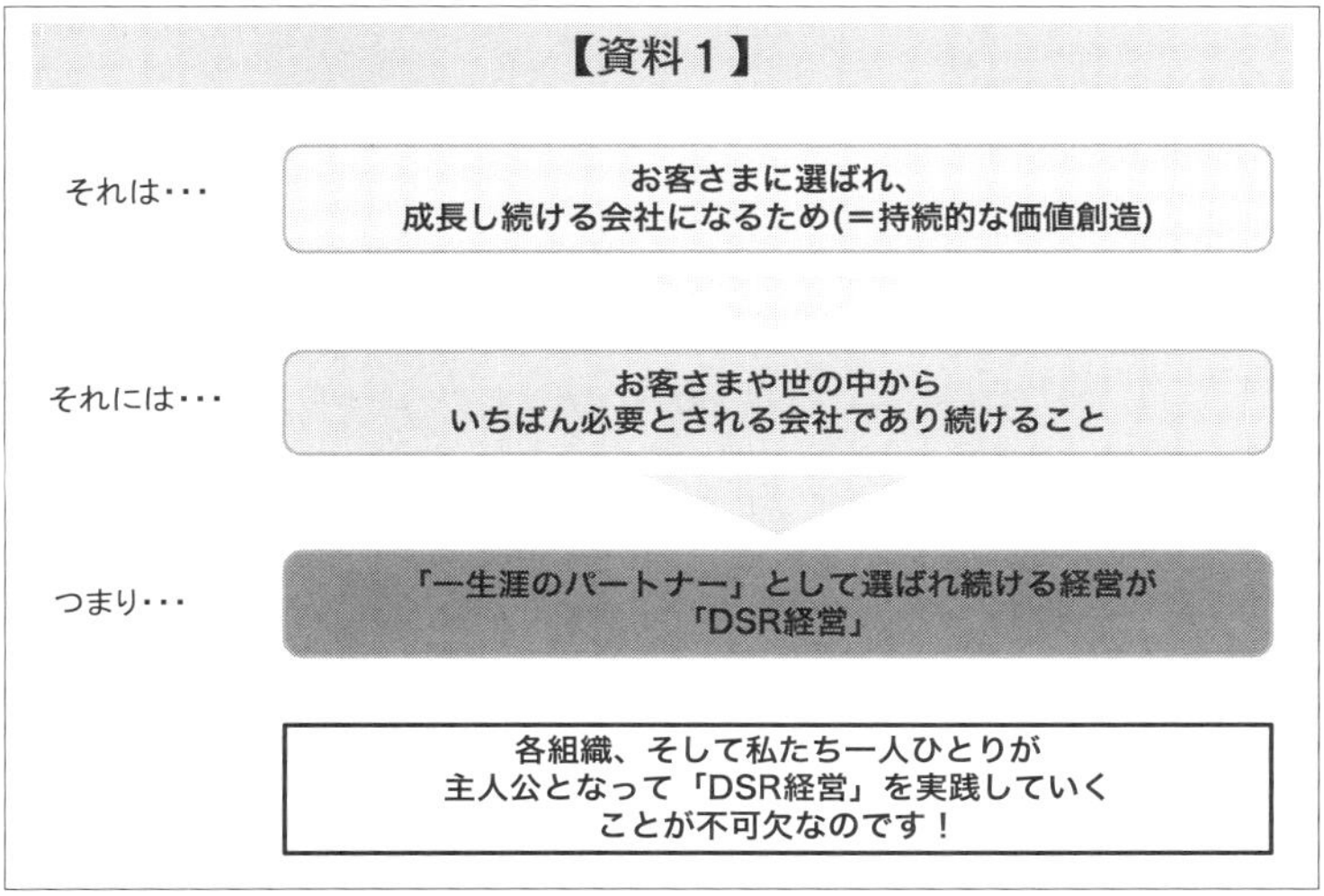
【資料1】
それは・・・
お客さまに選ばれ、
成長し続ける会社になるため(＝持続的な価値創造)
それには・・・
お客さまや世の中から
いちばん必要とされる会社であり続けること
つまり・・・
「一生涯のパートナー」として選ばれ続ける経営が
「DSR経営」
各組織、そして私たち一人ひとりが
主人公となって「DSR経営」を実践していく
ことが不可欠なのです！

なぜ DSR 経営に取り組んでいるのか

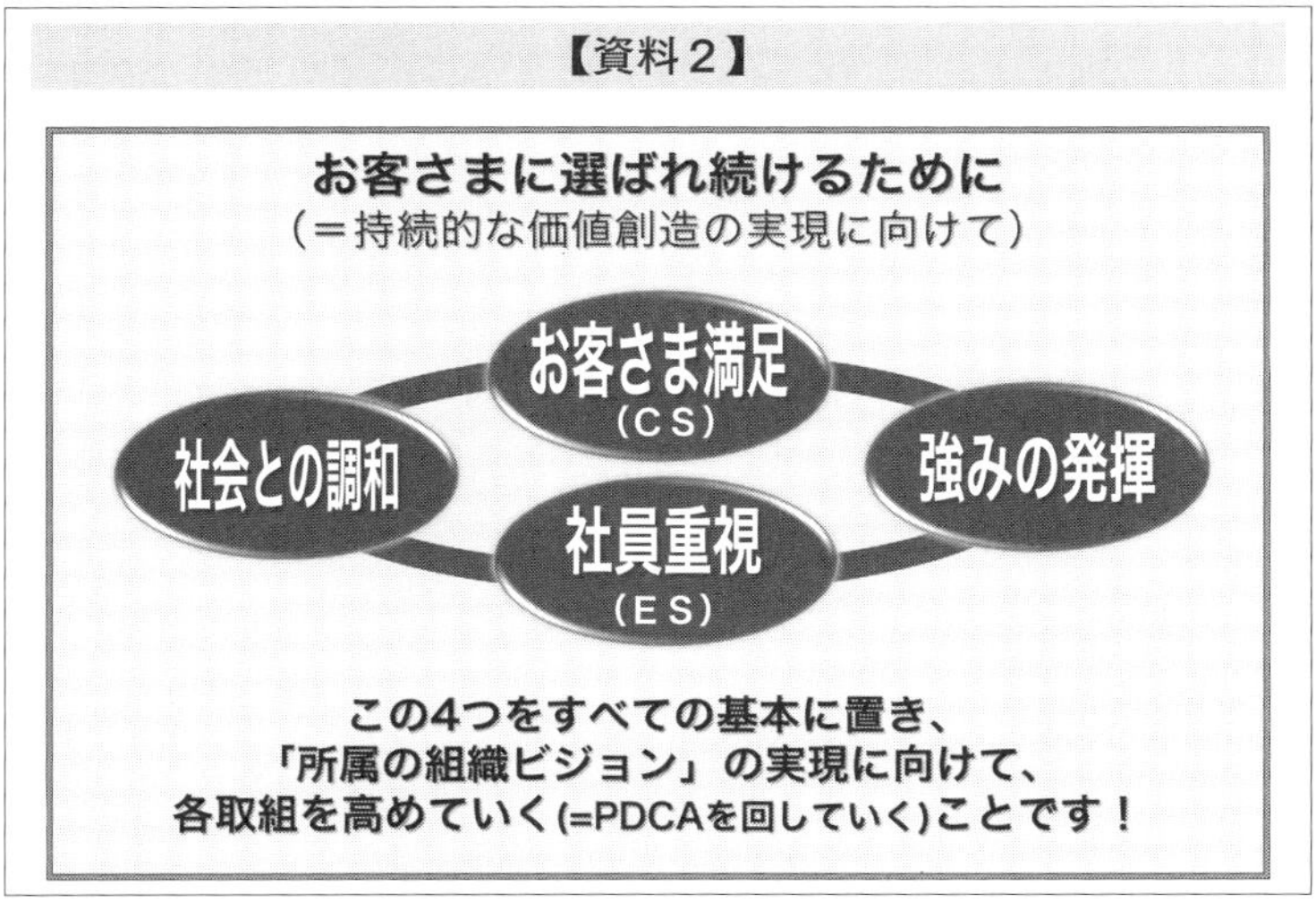
【資料2】
お客さまに選ばれ続けるために
(＝持続的な価値創造の実現に向けて)
お客さま満足
(CS)
社会との調和
強みの発揮
社員重視
(ES)
この4つをすべての基本に置き、
「所属の組織ビジョン」の実現に向けて、
各取組を高めていく(=PDCAを回していく)ことです！

DSR 経営の 4 つの基本理念

これが経営に突きつけられる矛盾であり、この矛盾を第一生命の企業哲学である弁証法経営の思考を用い、工夫・イノベーションで解決していくしか、「お客さまにとっての『一生涯のパートナー』であり続ける」ための道は無い。

つまり、「DSR経営」とは、この四つの視点を基本に置き、あらゆる業務で「あるべき姿」を掲げ、PDCAを回して改善や変革を伴いながら「あるべき姿」に近づけていくことなのである。

これらの考え方を基本に、「DSR経営」の概念や理念体系（ミッション・ビジョン・バリュー）、マネジメントのあり方、好事例の共有の場作りなど、職層に合わせて様々な浸透策を展開している。

（1）全職層への理念体系、「DSR経営」の基本の浸透

各所属において、グループミッション「一生涯のパートナー」の精神や「DSR経営」の原理原則論と活動論についてを理解させていくための諸教育を推進するキーマンとして、本社ではライン管理職の代表、支社では副支社長を「DSR推進責任者」に任命している。DSR推進責任者は【資料3】の資料や映像コンテンツを活用し、各所属の運営形態に合わせ、その現場の言葉に翻訳して、朝礼や研修、会議等の場で「DSR経営」の理解浸透を進める。

最もベーシックなツールである「ビジョン&ルール」【資料4】は、内勤職員・営業職員全員に年一回配布し、全員が共有すべき、理念体系、「一生涯のパートナー」を目指すための考え方、中期経営計画等を極力平易に記載し、朝礼等で手引的に活用が図られている。

また、役員と職員が直接対話を行う「役員と語る」という定例ミーティングは、経営品質への取り組み

【資料3】

項目	ツール・コンテンツ	目的・ねらい
理念・組織ビジョンの共有（ベクトル合わせ）	ビジョン&ルール	当社の理念・価値観の共有
	変革の盾（書籍・マンガ・DVD）	
	保険の原点を考える日（DVD）	
	安心の絆（書籍）	
	ネットワーク社長室（DB）	トップメッセージの共有
DSR経営の理解促進	DSR所属研修資料（DB）	所属員へのDSR経営理解促進
	DSR推進大会DVD	DSR経営好事例の共有
	TIPS！(ティップス)（DB）	
	役員と語る（年1回以上開催）	役職員の双方向コミュニケーション

【変革の盾】

＜原作＞

＜マンガ版＞

【安心の絆】

【ネットワーク社長室】

DSR 経営の理解浸透を図る主要ツール・コンテンツ

【資料4】

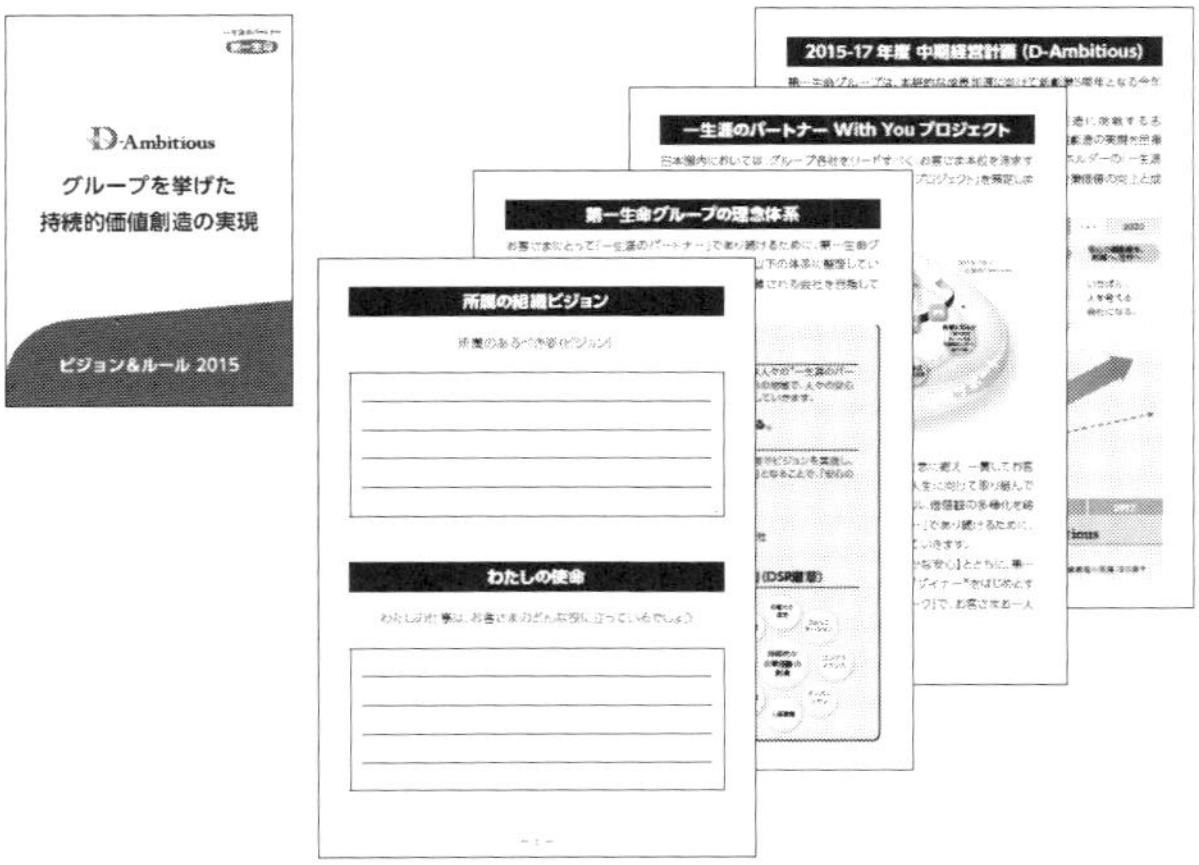

ビジョン＆ルール

を始めたことから生まれたものである。一九九九年より「職員と経営層のコミュニケーションを通じた、経営ビジョンの共有、そして現場の意見を経営判断に役立てること」を目的に、今日まで継続しており、毎年本社・支社の全ての所属で開催されている【資料5】。

(2)「DSR経営」におけるマネジメントのあり方

「DSR経営」を実践していくには、右のような基本的な考え方に加え、「どのような組織運営を目指すべきか」という具体論を全職員に、特にマネジメントを担う組織の長にしっかりと理解させることが不可欠となる。

そのための基本的な教材となるのが「そうだったのか！ DSR経営」【資料6】である。この冊子は「DSR経営」で押さえるべきマネジメントのポイントを四点に絞り、簡潔にまとめて解説している。この冊子は、社内データベース上から、誰でも入手することができる。

【マネジメントの四つのポイント】

・ビジョン（あるべき姿）の設定
・ビジョンの共有（ベクトル合わせ）
・ビジョン実現のための目標設定
・PDCAサイクルの回し方

巨大生命保険会社である第一生命グループにおいて、業務の性質は多種多様だが、右の四つのポイントはあらゆる業務に適用可能な普遍性を備えている。

【資料5】

- 職員と経営層のコミュニケーションを緊密にし、経営ビジョンを共有することを目的として、1999年度から全所属において実施
- 経営ビジョンの共有化を図り、職員と経営層との双方向コミュニケーションを充実させ、DSR経営に対する理解を促している

「役員と語る」の実施風景

【資料6】

そうだったのか！ ＤＳＲ経営

（解説編）

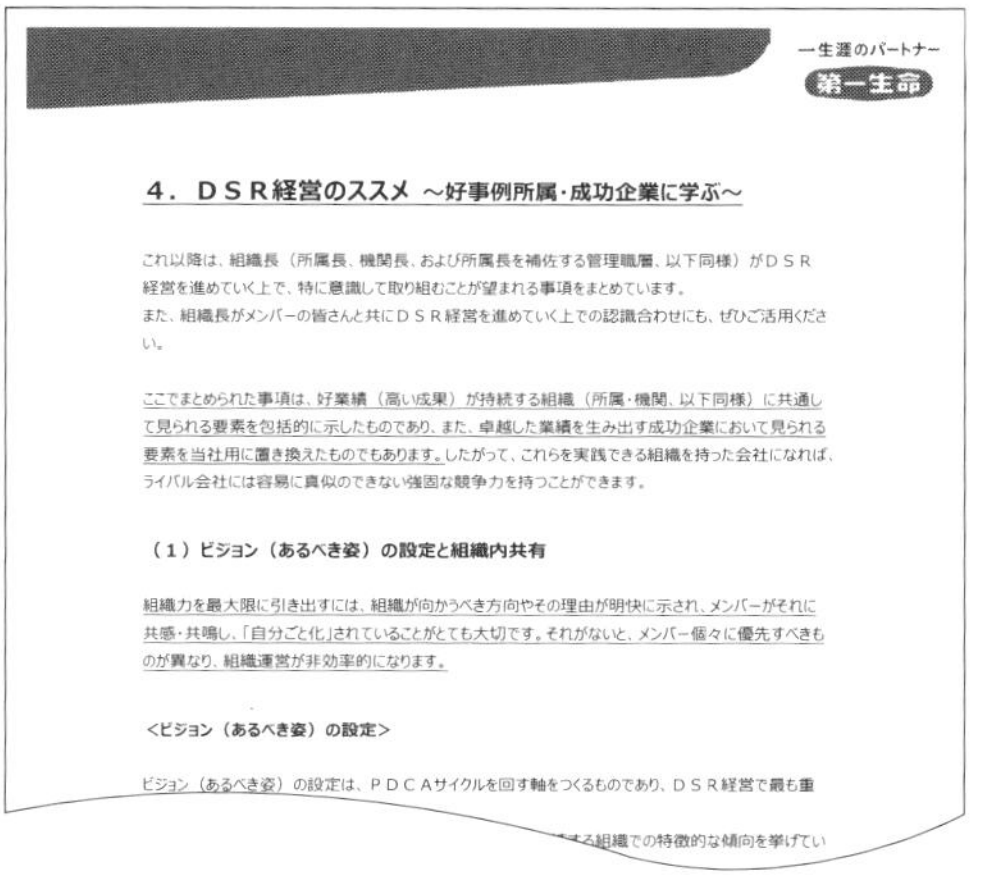

一生涯のパートナー
第一生命

4．ＤＳＲ経営のススメ ～好事例所属・成功企業に学ぶ～

これ以降は、組織長（所属長、機関長、および所属長を補佐する管理職層、以下同様）がＤＳＲ経営を進めていく上で、特に意識して取り組むことが望まれる事項をまとめています。
また、組織長がメンバーの皆さんと共にＤＳＲ経営を進めていく上での認識合わせにも、ぜひご活用ください。

ここでまとめられた事項は、好業績（高い成果）が持続する組織（所属・機関、以下同様）に共通して見られる要素を包括的に示したものであり、また、卓越した業績を生み出す成功企業において見られる要素を当社用に置き換えたものでもあります。したがって、これらを実践できる組織を持った会社になれば、ライバル会社には容易に真似のできない強固な競争力を持つことができます。

（１）ビジョン（あるべき姿）の設定と組織内共有

組織力を最大限に引き出すには、組織が向かうべき方向やその理由が明快に示され、メンバーがそれに共感・共鳴し、「自分ごと化」されていることがとても大切です。それがないと、メンバー個々に優先すべきものが異なり、組織運営が非効率的になります。

<ビジョン（あるべき姿）の設定>

ビジョン（あるべき姿）の設定は、ＰＤＣＡサイクルを回す軸をつくるものであり、ＤＳＲ経営で最も重

…する組織での特徴的な傾向を挙げてい

冊子 「そうだったのか！ DSR経営」

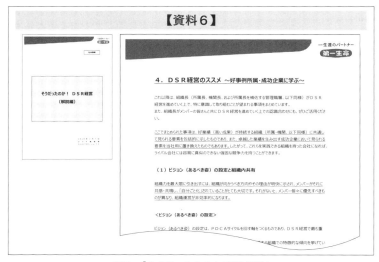

大小あらゆる規模の組織の長は、職位・年齢・経験年数も様々だが、誰にとっても四つのポイントは取り組めるものである。「日本経営品質賞」の認定セルフアセッサー資格研修を受講しなくても、アセスメント基準書を精読しなくても、この四つのポイントにしたがってマネジメントを行えば、その組織・職員が目指すべきビジョンは示され、自分ごと化でき、ボトムアップを引き出すことができる。

「そうだったのか！　DSR経営」で示した四つのマネジメントポイントに加え、背景にある「経営品質」の考え方（組織プロフィール、八つのカテゴリー等）を、マネジメント層へ伝えるための取り組みが、次の各層別の研修である【資料7】。

・経営管理職塾（対象：本社部長・支社長全員）
・経営品質入門編研修（対象：本社管理職代表・副支社長全員）
・各種新任者向け研修（対象：新任管理職・新任副支社長・新任CS推進統括部長）

「DSR経営」が本格展開した二〇一一年度にまず開催されたのは、「DSR経営」を主題とした「経営管理職塾」である。従来から運営していた社長主催のこの「塾」は、これ以後、毎年、本社・支社の全所属長と全役員が参加する定例の教育の場となった。有識者や経営者による基調講演、講義、好取組紹介等の内容を盛り込み、各組織のトップに「DSR経営」の理解・実践を進めるための、第一生命の「DSR経営」推進における重要かつ中心的な場となっている。

（3）好事例共有の場

「DSR経営」では、活気ある組織づくりを行うために、トップダウンとボトムアップをバランス良く融

【資料7】

【経営管理職塾】：年2回

全役員・本社ライン部長・支社長を対象に、社外講師による基調講演、好事例共有などを実施

【経営品質入門編研修】：年7回（2015年度）

本社ライン課長・支社副支社長を中心に、社外講師による終日研修を実施

層別研修

合させていくことを非常に重視している。「やらされ感」を払拭していくこと、「腑に落ちる」「自分ごと化」の意識を醸成することによって、職員一人ひとりが「自律的であること」を尊重している。

同様に、「人から教わる」ことだけでなく、「自ら学ぶ」姿勢を尊重しており、この考えに基づき、好事例共有という「学び」の機会を、多く設けている。

「経営品質」の考え方でもベンチマーキングは重視されているが、国内外に広く展開する第一生命グループの中で、各組織が互いにベンチマーキングし合うには、物理的に限界がある。そこで、多くの組織長や担当者が一堂に会する数多くの場を設け、好事例を集約して紹介している。このような好事例共有の場を設けることで、ベンチマーキングが可能となり、これを契機として、さらに詳しいベンチマーキングを組織間で行うことが出来る仕組みとしている。【資料8】は、全社レベルの規模で行われている好事例共有の場である。

特に、DSR推進大会は、優れたプロセスによって成果

【資料8】

様々な好事例共有大会の実施

を継続している組織をＤＳＲ経営大賞として毎年、本社、支社、営業オフィスの中から選定し、表彰する。さらに大賞所属について、通常では伺い知ることができないような組織運営の内面についても、「ＤＳＲ経営」「経営品質経営」の視点でスポットを当てたＶＴＲを制作し、会場参加者はもちろん、ＤＶＤや社内映像データベースによって、全社でも視聴し共有を図っている。

2. 組織で「ＤＳＲ経営」に取り組むための枠組み

先に紹介した教材や研修、好事例による浸透策によって、職員やマネジメント層が「ＤＳＲ経営」の本質を理解しても、それだけで全社運動による「ＤＳＲ経営」が首尾よく進んでいることを意味するわけではない。

「ＤＳＲ経営」の考え方に沿った行動、マネジメントが、上位組織である部・支社の目指す成果につながり、全社で目指す価値創造に結実して初めて、「ＤＳＲ経営」は成功の道を歩んでいると言えるのである。すなわち、「ＤＳＲ経営」を進めるためには、第一生命の目指す価値創造と全ての組織・個人の取り組みとを連動させ、同期させる枠組みが必要となる。枠組みを用いることで、組織・個人は現実的に目指すべき目標を見据えることができ、活動を正しく、厳格に評価することが可能になるということである。

このように枠組みを機能させることによって、第一生命は「ＤＳＲ経営」が全社でどのように推進されているのかの状況を把握し、評価し、「ＤＳＲ経営」を進化させている。

ここでは、全組織で「ＤＳＲ経営」を推進していくための枠組みを見ていく。

（1）経営計画の策定・遂行・振り返りの枠組み

第一生命の経営の根幹であり、「ＤＳＲ経営」の根幹となる枠組みが、経営計画である【資料９】。全社レベルで毎年策定（見直し）を行う経営計画が、本社事業部門単位の二〜三年計画である「中期経営計画（部門中計）」で、これを本社各部（および支社）の単年度計画にブレークダウンしたものが「業務計画（業計）」である（以下、「業計」で例示）。

業計策定のステップはおおよそ次のとおりである（本社の例）。

・経営環境認識（現状と将来予測）
・組織ビジョン策定
・変革すべき経営課題の明確化

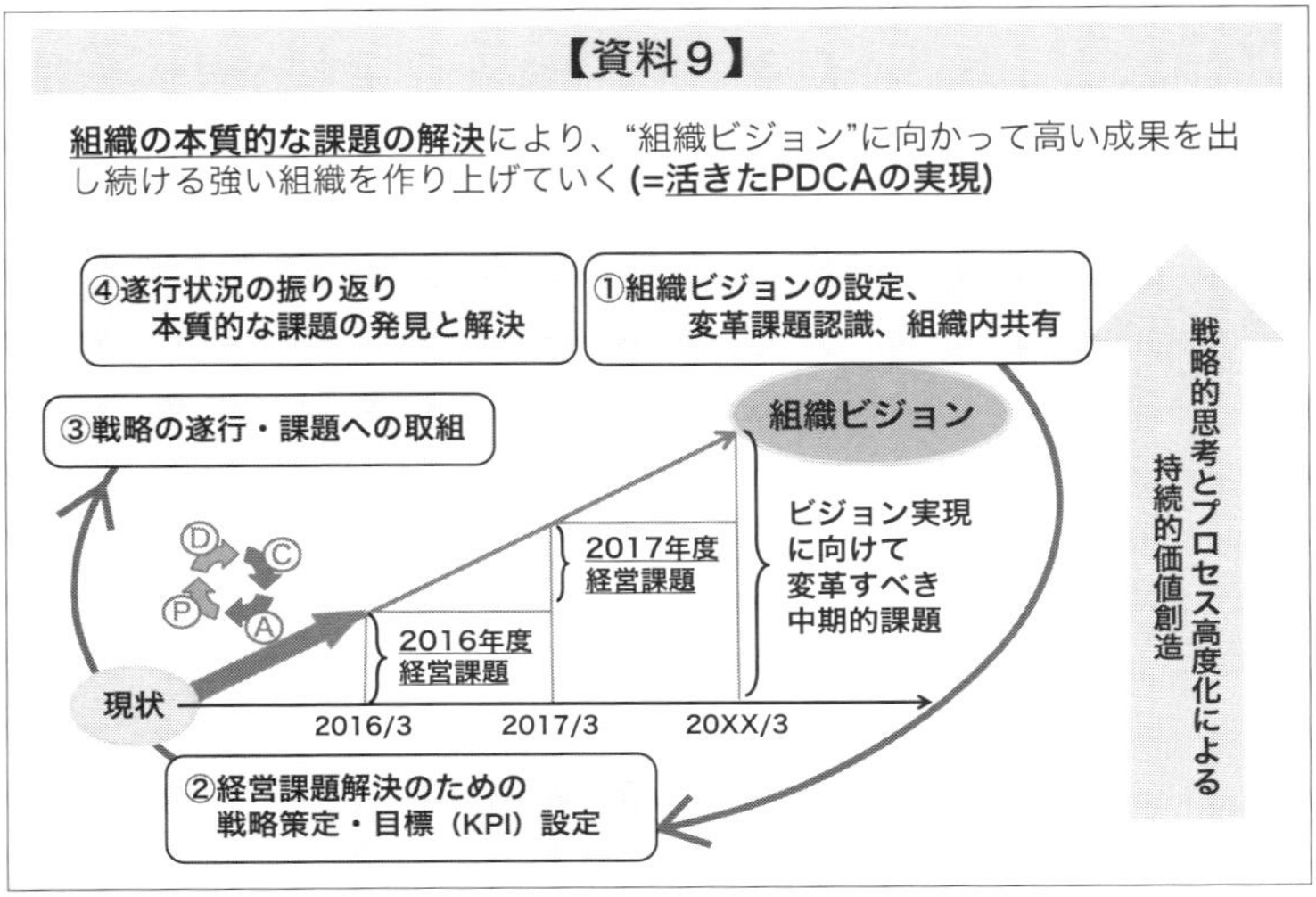

経営計画の基本的な考え方

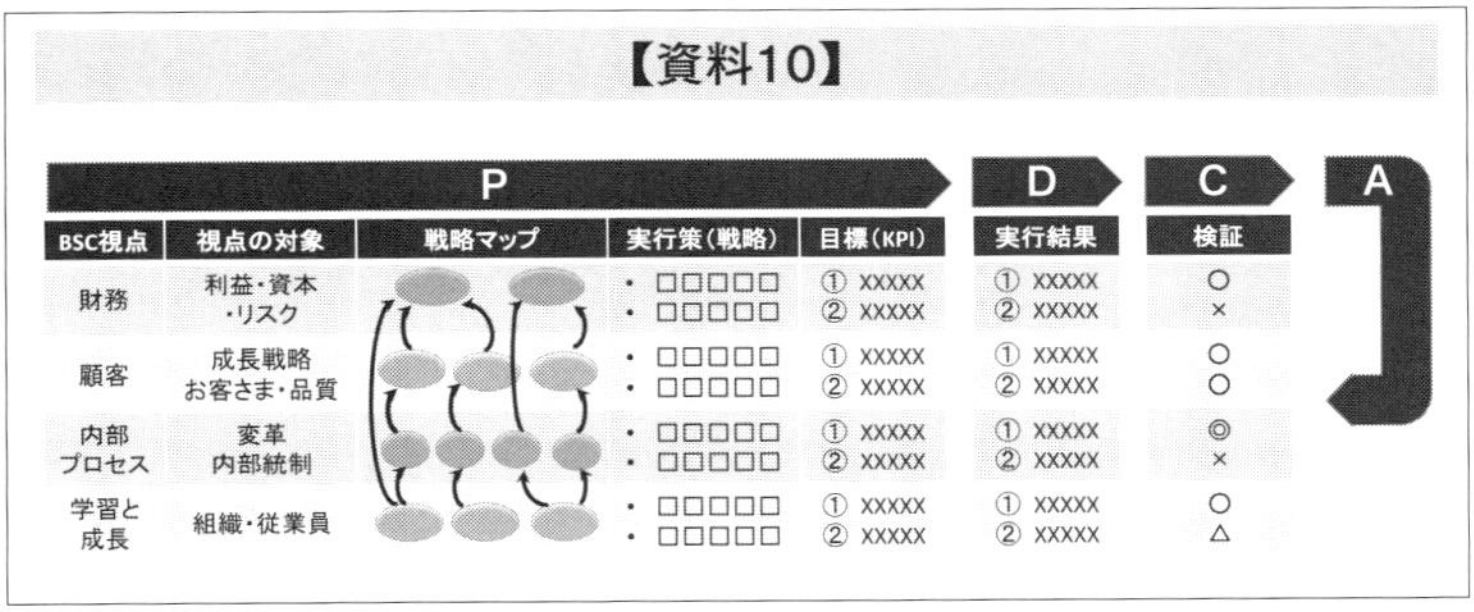

本社アセスメント計画の仕組み

・経営課題達成にむけた課題・取り組みのブレークダウン（戦略マップ策定）
・各課題・取り組みの進捗把握のための、ＫＰＩと目標の設定（バランス・スコアカード策定）【資料10】
この業計策定のステップは、「経営品質」における「組織プロフィールの策定」にならい、運営している。

こうして策定した業計について、各部では毎月、進捗を管理し、組織・個人のＰＤＣＡサイクルを回す活動へとつなげる。さらに、四半期毎と年間で、総括的な振り返りを行い、各部門中計の結果は経営会議・取締役会にレポートされる。

「経営品質」では、原則として経営活動を八つのカテゴリーで見ていくが、第一生命ではバランス・スコアカードの視点を使い、「財務（成果）」「顧客」「内部プロセス」「学習と成長（人財・組織）」の四つのカテゴリーに簡略化して運営している。なお、【資料11】にあるように、第一生命が全社、あるいは本社・支社で展開する様々な制度や活動は、八つのカテゴリーを漏れなくカバーしており、これら制度・活動を進めることで、実際には八つのカテゴリーが求める取り組みを遂行し、振り返ることにもなっている。

つまり、全所属によって毎年実施される経営計画の策定と振り返りのサイクルが、第一生命における最も基本的かつ、重要な「経営品質経営」アセスメントの枠組みなのである。

こういった経営計画の策定・振り返りも含めて、第一生命では【資料12】にあるように、対象所管の範囲や方法に応じて、様々なアセスメントが展開されている。

特に全社アセスメントは「日本経営品質賞・アセスメント基準書」に完全準拠し、年度単位で「経営品質報告書（組織プロフィール・八つのカテゴリーの記述）」を制作のうえ、評価を通じて強みと改善すべき点を明確にする、いわゆるセルフアセスメントである。事務局、関連所管の作業負荷も少なくないため、現在

【資料11】

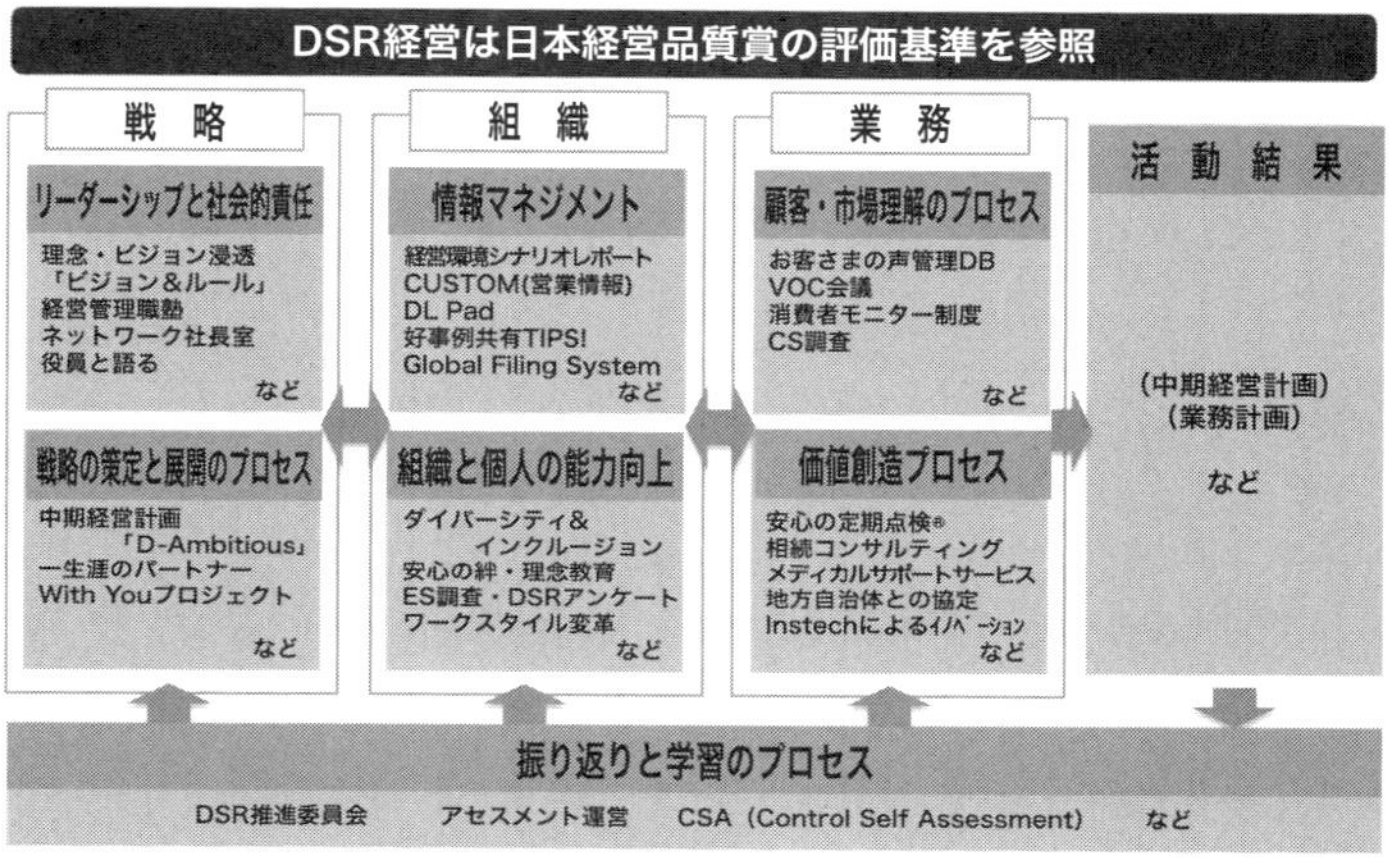

日本経営品質賞の求める枠組みと DSR 経営

【資料12】

種類	対象所管	内容	実施状況
①本社各部・各支社アセスメント	本社各部・各支社（必須）	業務計画・中期経営計画およびCSA*振返りによるアセスメント	毎月・四半期・年間で実施
②簡易アセスメント（事業部門）	事業部門（任意）	事業部門単独、もしくは事業内容の近い複数の部門で、組織プロフィールと一部のカテゴリーについてアセスメントを実施。	必要に応じて事務局を設置し、任意で実施
③簡易アセスメント（部単位）	部単位（任意）	①のアセスメントに加えて、部独自のDSRハンドブック制作（組織プロフィール、一部のカテゴリー）、所属員・ビジネスパートナーへのアンケートを通じたアセスメントを実施。	任意で実施
④全社アセスメント	原則、第一生命全体（一部グループ会社含む）	経営品質報告書（組織プロフィール、8カテゴリー）を制作し、フルアセスメントを実施。	経営判断の下、事務局を設置し2〜3年にわたり実施

*CSA(Control Self Assessment)

アセスメントのバリエーション

は毎年行うこととはしていない。直近では、二〇一四年度に経営品質報告書の制作と評価を行っている。

(2)「DSR経営」を着実に推進するためのフレームワーク

「DSR経営」を着実に推進するためのフレームワークが二つある。

一つは、全社的な共通テーマを推進していくための「タテ串×ヨコ串」のフレームワークである。

(1)で触れた経営計画は、各部門の事業運営を確実に実施することを最優先に策定され、遂行されていく。このいわゆる「職制」の権限による管理・統率は、いわば「タテ串」を刺す制度と言える。

この「タテ串」に加え、重要な全社共通テーマについて部門横断的な連携を行う「ヨコ串」を刺す場がある。「品質保証推進(CS向上)」「ES・ダイバーシティ&インクルージョン推進」「社会貢献・環境活動推進」「健康増進推進(第一生命にとっての強みの発揮)」の四つの専門委員会が、それである【資料13】。

最上位機関であるDSR推進委員会が統括する四つの各専門委員会では、委員長(役員)と事務局所管が主体となり、「DSR経営」で特に重視する全社共通テーマについて、全部門横断で推進する権限を有している。

なぜ、「ヨコ串」を刺す必要があるのか。

各部門の職制による「タテ串」だけでは、もし部門間に認識のズレが生じた場合、それがそのまま取り組みと成果のバラツキとなる。このような事態は、「DSR経営」が最も重要とする「基本の四つの視点(お客さま満足・強みの発揮・社員重視・社会との調和)」に基づく価値創造の実現に支障を来たす。これを防ぐために、各部・部門単位だけでは取り組みが困難な重要テーマについて、部門横断的に「ヨコ串」を刺すの

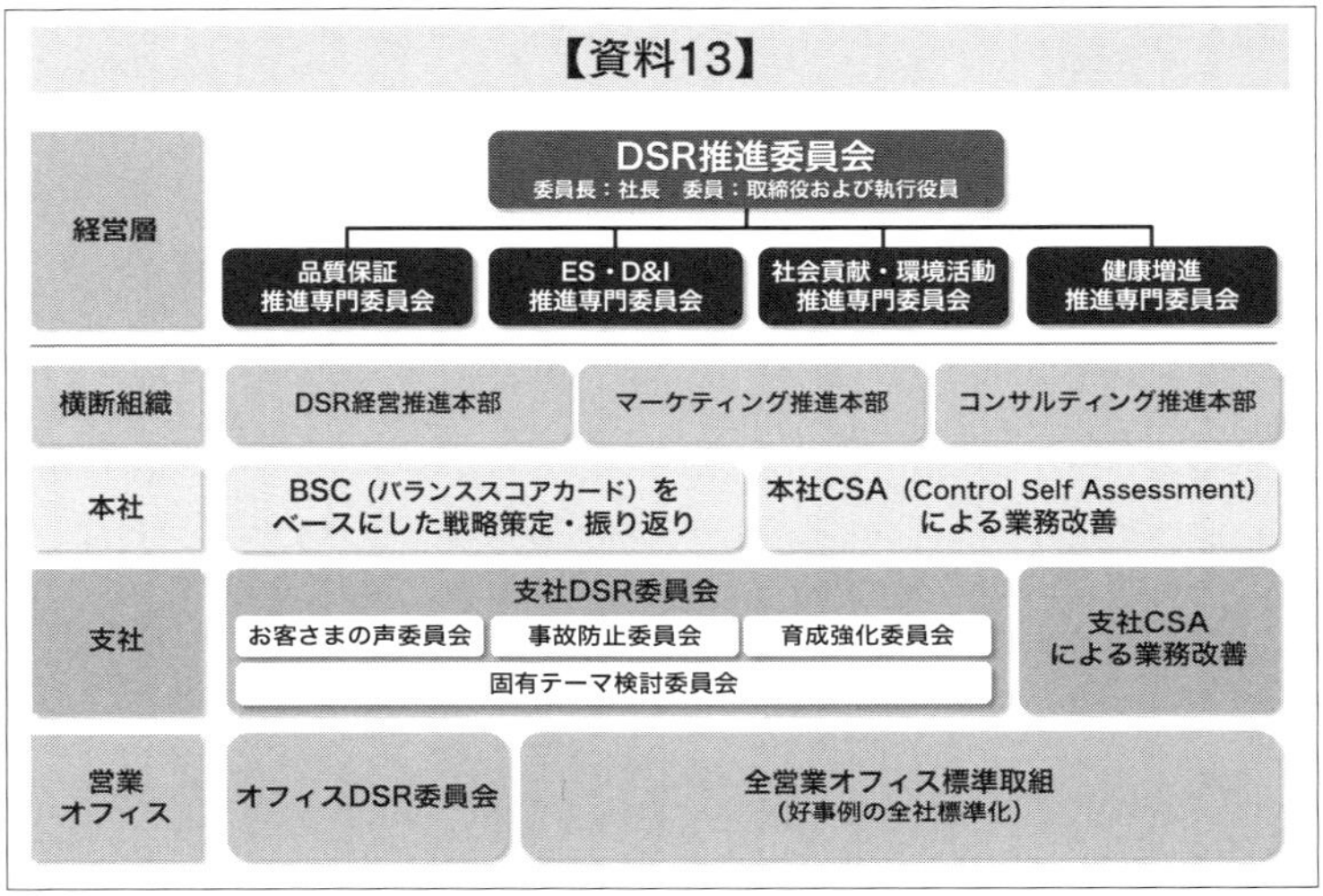

DSR経営を推進する仕組み（体制）

である。

支社におけるヨコ串を通す取り組みを例に挙げれば、最も優先すべき全社共通テーマとして「お客さまの声への対応」「コンプライアンス」「営業職員人財の採用と育成」を定め、「支社DSR委員会」の中で取り組み状況を毎月フォローし、PDCAサイクルへとつなげる枠組みを設けている。

このようなことが、共通テーマを推進していくフレームワークである。

「DSR経営」を着実に推進するためのもう一つのフレームワークは、「DSR経営」の推進主体である本社各部・支社の取り組みについて、その状況を把握し、必要な支援やフォローを行うための枠組みである【資料14】。

本社各部・支社における「DSR経営」の主体、責任者は所属長であり、それを補佐する管理職や副支社長であるDSR推進責任者に対して、DS

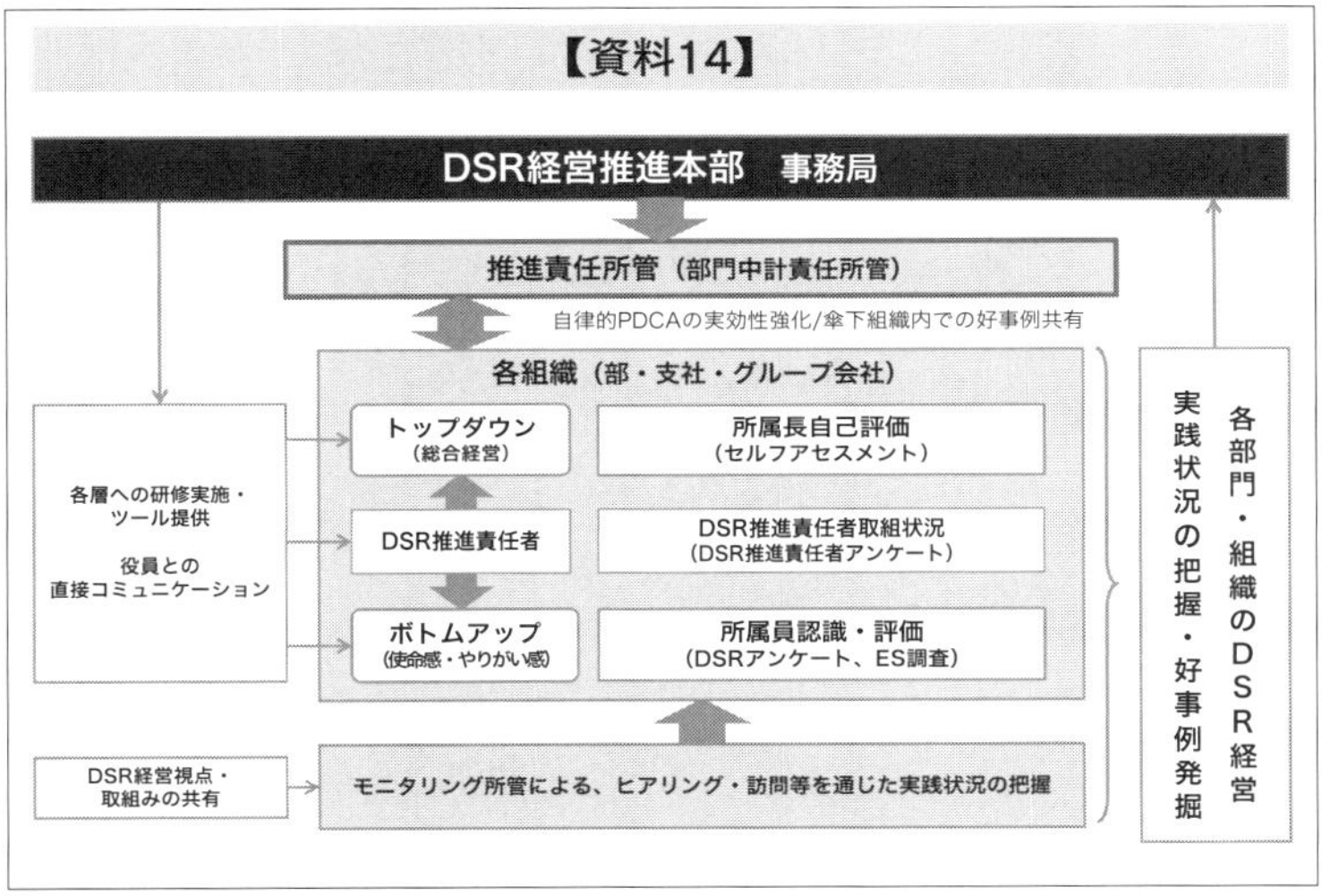

DSR経営実践のフレームワーク

Ｒ推進室を中心とした本社関連所管より、「経営管理職塾」「各層向け研修」「そうだったのか！ＤＳＲ経営」「所属内研修のための資料やコンテンツ」等を提供している。このようにＤＳＲ推進室を中心とした本社関連所管との連携・教育を受けることで、各所属での「ＤＳＲ経営」への理解浸透を進めるとともに、価値創造にむけた取り組みが展開されている。

本社各部・支社における「ＤＳＲ経営」の教育は、直近では、従前の仕組みをさらに進化させている。従来の運営において生じていた所属間での理解浸透や取り組みのバラつきを補い「ＤＳＲ経営」の実効性をより一段高めるために、二〇一五年度からＤＳＲ経営推進本部長（役員）のリーダーシップのもと、「ＤＳＲ経営推進本部」の事務局にＤＳＲ推進室・経営企画部・人事部を位置づけた。同時に、本社各部における部門中計取りまとめ所管、支社における各地域を統括する各マーケット統括部を、「推進責任所管」に定め、本社各部・支社により近い立場で、運営の支援・フォローを行う体制としたのである。

中でも特筆すべき取り組み強化を行っているのが支社である。支社では、「事務」「コンプライアンス」「お客さまの声への対応」「業務全般の監査」等の視点で本社担当所管が業務運営をフォロー・指導し、もっともお客さまに近い営業現場における「お客さま第一主義」の活動を徹底し、その精度を高めるべく努めている。これらの本社所管をモニタリング所管と位置づけ、ＤＳＲ経営推進本部と情報共有し、各支社の「ＤＳＲ経営」推進の支援、フォローを手厚いものとしている。

このように、述べてきたフレームワークによって、推進している各所属における「ＤＳＲ経営」が、果たして所属員にきちんと伝わって、納得感をもって、業務に取り組めているかどうか。これを把握するための仕組みが、年一回、直接所属員に回答してもらう「ＥＳ調査」である。

個人の回答内容は秘され、全体の集計結果が各所属にフィードバックされることで、「ＤＳＲ経営」の観点からより高品質なＰＤＣＡサイクルを回すことにつなげ、各所属のマネジメントに活かされていく仕組みとなっている。

従来「ＥＳ調査」のみであった各所属へのアンケートは、年に一回だけの調査では、年度途中でのＰＤＣＡサイクルへの活用がしづらいとの観点から見直され、設問数を一〇前後に極力絞り簡略化した「ＤＳＲアンケート」を加え、二〇一五年度より導入している。

3. 全社が「DSR経営」で展開する取り組み

(1) ステークホルダーとのコミュニケーション

第一生命は、それぞれの求める欲求が相克し合う全てのステークホルダーへ、高い価値を提供するという「矛盾」に挑戦し、これをイノベーションで解決することによって、持続的な価値創造の実現を目指している。この「弁証法」的思考こそが、第一生命らしい「CSR経営」であり、「DSR経営」の基本精神である。

この取り組みを行い続けていくうえでの大前提となるのが、全ステークホルダーとの十分なコミュニケーションである。第一生命が「マルチステークホルダー型経営」を標榜するうえで、どのようなコミュニケーションに取り組んでいるのか、その全体像を示すものが【資料15】である。

各ステークホルダーとのコミュニケーションを重要視する中でも、「お客さま」とのコミュニケーションについては、「お客さま第一主義」の精神を具現化し続けていくために、徹底した運営を行っている。【資料16】の取り組みの全体像にあるとおり、あらゆる顧客接点で得たお客さまの声を集約し、データベースで一元管理のうえ、自支社で受け付けたお客さまの声の分析と改善を支社DSR委員会（お客さまの声委員会）で行い、本社によって、全てのお客さまの声について把握したうえで商品・サービス・お手続きの改善へつなげている。これらのプロセスは、「品質保証推進専門委員会」が主体となって運営し、経営会議・

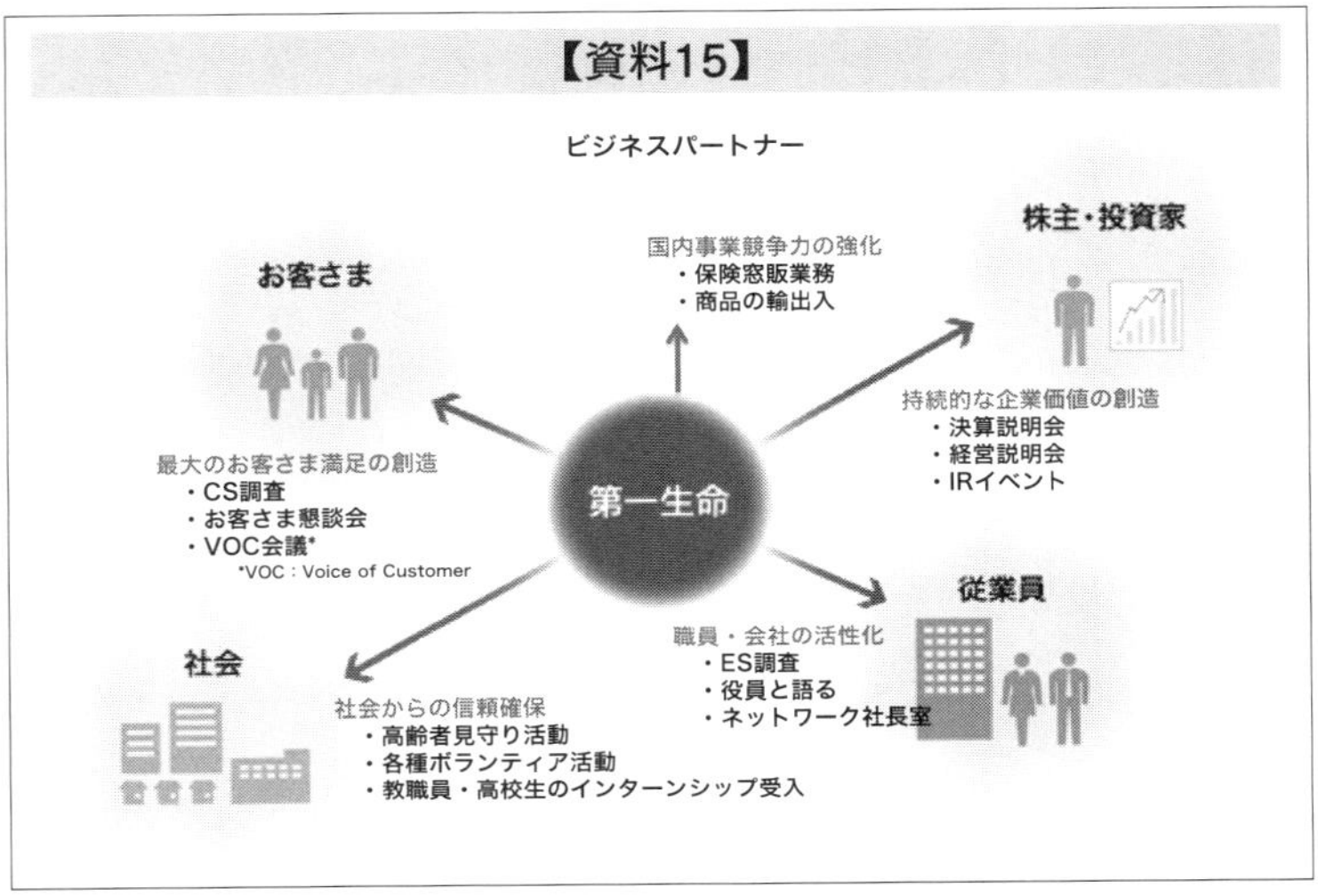

ステークホルダーとの関係

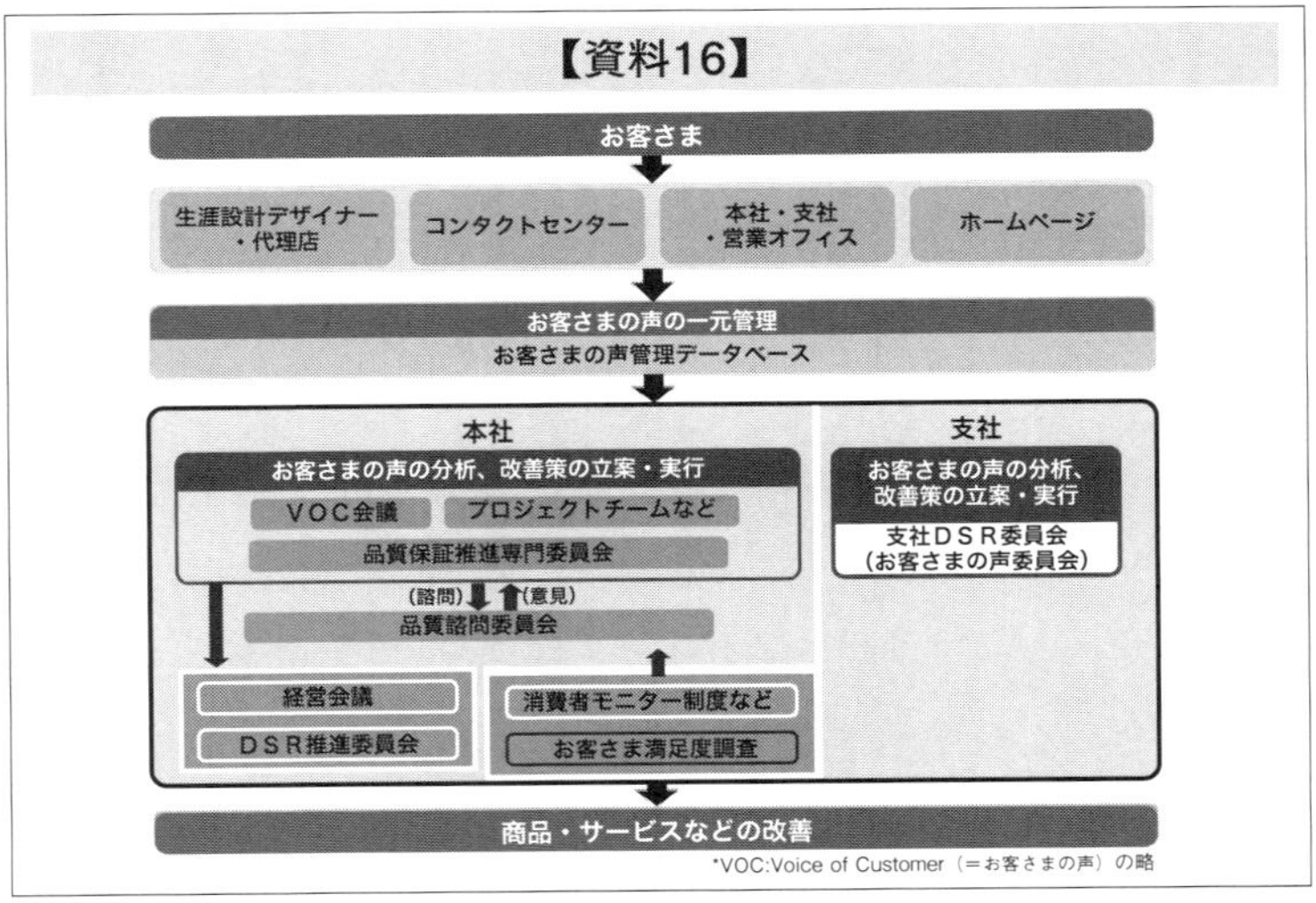

お客さまの声を経営に活かす取り組み

DSR推進委員会へレポートされるという流れによって、大きなPDCAサイクルの活動が展開されている。また、集約された声の件数、苦情・感謝・意見・要望の内訳、主な声と改善結果については、ホームページ上で公開もしている。

さらに、お客さまからのお申し出による声だけでなく、【資料17】にあるような、第一生命からの能動的かつ多方面へのコミュニケーションをとることによって、消費者やお客さまの視点での一層の業務改善を目指している点は、際立った独自性と言えるだろう。

次に、「株主・投資家」とのコミュニケーションについても触れたい。第一生命は二〇一〇年四月に、「新創業」を迎え、株式会社化・上場を果たした。株式会社としての第一生命は、「相互会社からの転換であること」「株主数が多いこと（二〇一五年九月末で約八十四万名）」「自らも機関投資家であること」など、幾つかの点で特徴的であるが、「株主・投資家とのコミュニケーションを重視していること」も大きな特徴と言えるであろう。株主総会はもちろん、機関投資家・アナリストを対象とした決算説明会、経営説明会、国内外での面談・ミーティング、また個人投資家向けのイベント、会社説明会等々。多くの機会を積極的に設けるとともに、経営幹部が直接対話することを大切にしている。第一生命を理解してもらうだけでなく、株主・投資家の声や意見を、経営へ活かし、企業価値向上へ役立てようと努めている。これらの株主・投資家への手厚い取り組みは、一般的なIR活動という意図を超越したものである。第一生命の「経営品質経営」「DSR経営」の一環としての「ステークホルダーとのコミュニケーション重視」の卓越した姿勢の表れ、と考えると合点がいくべきものである。

【資料17】

品質諮問委員会

社外委員からの消費者視点でのご意見を、業務改善に反映させている。2006年設置。

消費者モニター

1984年から、全国の消費者問題の有識者、消費生活センターの相談員、消費生活アドバイザー等に消費者モニターとしてご協力いただき、全国主要都市で懇談会を開催。ご意見・アドバイスを商品・サービスの改善に反映させている。

お客さま懇談会

全国の支社で定期的に開催し、お客さまのご意見・ご要望を直接お伺いしている。

消費生活センターへの訪問と対話

全国約180カ所の消費生活センターへ、支社長・CS責任者を中心に、定期的に訪問。
当社からの生命保険や当社に関する情報や、センターに寄せられた生命保険関連の苦情・相談や相談員の方々からのご要望等を元に、対話を重ねている。

消費者・お客さまとのコミュニケーション

(2) 社会への貢献

第一生命は一九〇二年の創業以来、一貫して生命保険業界における変革者であり、生命保険によって社会を守り続けてきた稀有な社会事業家だと私は考えている。

第一生命における社会への貢献とは一体、何であるのか。どのような意思で為されているのだろうか。第一義的に、本業の「生命保険事業」による「社会保障制度の補完」が己の存在理由であり、最大のエネルギーを注ぐべき取り組みであると第一生命は認識している。この生命保険事業という本業を「経営品質」で磨き上げていくことが、第一生命のCSR、つまり「DSR経営」の本懐である。

さらに、本業そのもの以外の社会貢献として、第一生命は、次のように位置づけている。

●第一生命のリソース・ノウハウ活用による「社

【資料18】

第一生命のリソース・ノウハウ活用による効果的な社会課題の解決

健康の増進	健康寿命の延伸 （予防・早期発見） 国民病への挑戦	● がん研究センターや自治体と協働したがん検診啓発 ● 「保健文化賞」 ● 心臓血管研究所　等
少子高齢化対策	待機児童対策 ワークライフバランス推進 高齢者支援	● 所有不動産への保育所誘致、保育所助成 ● 自治体との協働による 　– 中小企業ワークライフバランス推進 　– 高齢者見守り、認知症サポーター
金融保険教育	若年層における 保険リテラシー強化	● 「ライフサイクルゲームII」の無償提供 ● 出張授業の実施　等
環境の保全	環境意識啓発 都市緑化推進	● 「緑の環境プラン大賞」「緑の都市賞」 ● 環境ファイナンス　等

第一生命らしい社会課題への挑戦

会課題の解決」

●「芸術・文化の支援」（いわゆるメセナ）

●各職場、あるいは職員個人の自発的活動としての「ボランティア活動」

これらのそれぞれの取り組みには特長があるが、特に第一生命らしさを感じられるのが、【資料18】にある「社会課題の解決」への取り組みである。

生命保険事業との関連性も高い「健康の増進」「少子高齢化対策」「金融保険教育」「環境の保全」という課題は、まさに今日の日本にとって喫緊かつ重要な社会課題であり、この課題へ第一生命としてのリソース・ノウハウを惜しみなく活用して、取り組もうとしている。まさに、創業以来の社会事業家たる第一生命らしい姿勢だと私は考える。

これらの社会課題解決テーマへの取り組みの中でも、本業中の本業である生命保険営業と、各地域における社会課題解決を結びつけている点、そ

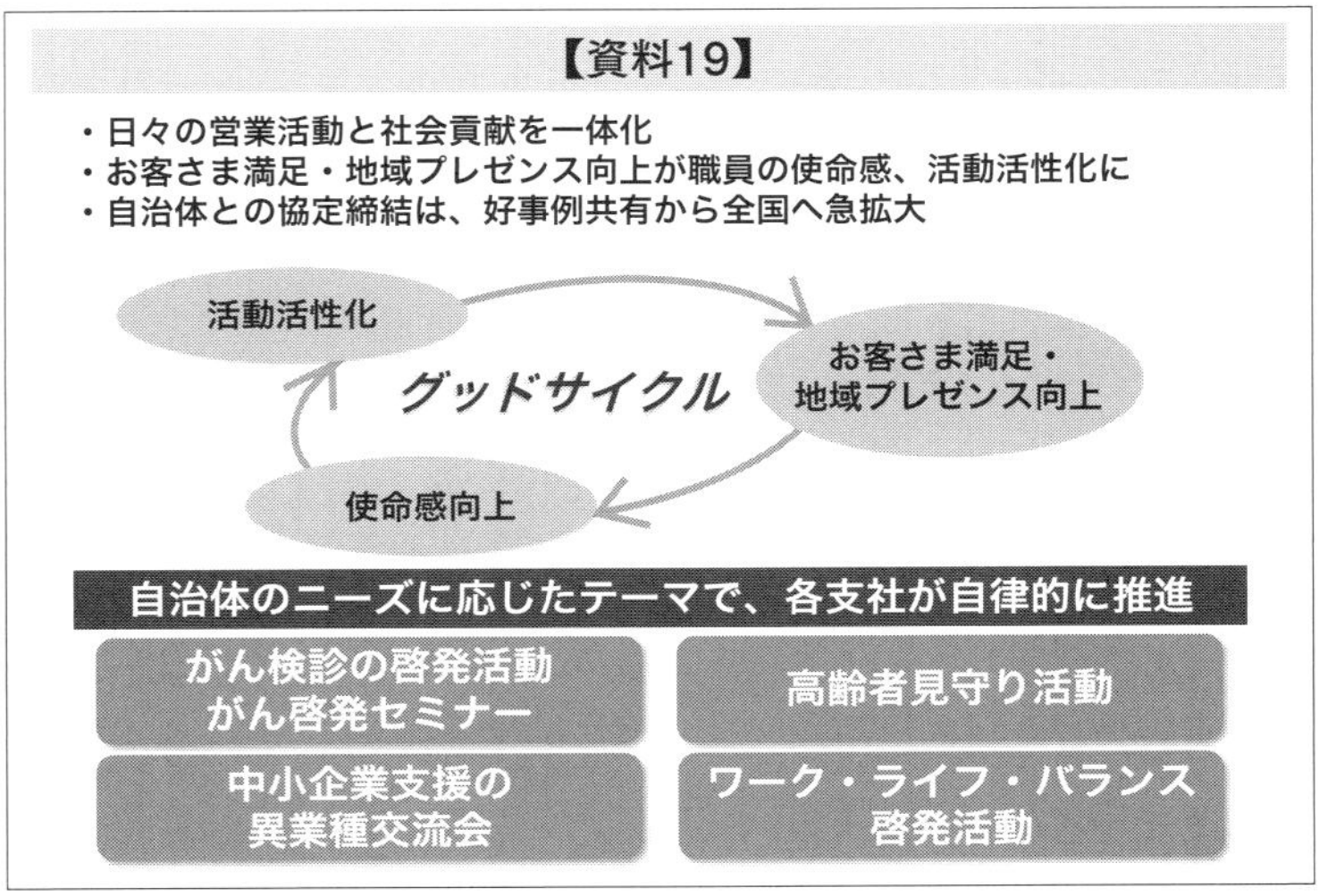

地域との結びつき推進（第一生命のCSV）

して全社一律でなく各支社の自律性を尊重している点で、日本各地で行われている「地域との結びつき推進」の活動は特にユニークであり、価値の高い活動だと感じる【資料19】。

詳しい一例は、第二部の「成田支社」の項に記載しているが、地域で求められる課題――がん罹患率を下げるために検診受診を広めたい、高齢者の見守りを強化したい、女性の活躍推進のために中小企業へワーク・ライフ・バランスを周知したい等は、現実には、決して自治体だけで解決できるものではない。行政が推進する制度や活動を広め、実践する地域の人々の協力があって、初めて効果を発揮する。

第一生命は、地域に密着し、家々を訪問し、職員の多くを占める女性ゆえのしなやかさと感性で、生命保険営業という職業の機動性を活かし、自治体だけで解決できない社会課題を解決しようと取り組んでいる。自治体からの信頼を得て、地域の人々に喜ばれる活動は、営業職員の喜びや使命感、そして働くことへの新たな価値を見出すことにもつながる。こういった価値の連鎖は、いずれ日々の営業活動の質と量の向上や、地域における存在感向上に必ずつながり、営業成果にも裨益するであろう。こうした社会貢献活動は、まさに、今、社会で注目されているCSV（共有価値の創造：Creating Shared Value）に他ならず、第一生命はその分野での先駆者だと言える。

こういった姿勢から第一生命は、各種のCSR関連のイニシアチブへ積極的に署名し、また、外部からもCSRの面で高く評価されている【資料20】。

(3) ダイバーシティ&インクルージョン

第一生命は「DSR経営」における大切な四つの基本として、「社員重視（ES）」をあげている。この社員重視の姿勢を保ち、社員とのコミュニケーションを実に大切にしているが、その中でも今日の第一生命の「社員重視（ES）」の姿勢を際立たせているものが、ダイバーシティ&インクルージョンへの取り組みだと言える【資料21】。

第一生命のダイバーシティ&インクルージョンの取り組みにおいて特筆すべきは、特に女性活躍推進を、自社内での人財活性化策ととらえるだけでなく、「女性の結婚・出産・子育ての障害の除去」や「柔軟で多様性のある働き方の環境整備」といった日本の社会課題に対しても、自社が関わって解決すべきテーマとしてとらえ、積極的に取り組んでいる点である【資料22】。

今日、各企業が力を入れているダイバーシティ&インクルージョンの活動でも、他の金融機関とは異な

【資料20】

国内外のイニシアティブへの参加を通じ、持続可能な社会を実現するための取組を推進

国連グローバルコンパクト（UNGC）	女性のエンパワーメント原則（WEPs）	責任投資原則（PRI）	持続可能な社会の形成に向けた金融行動原則（21世紀金融行動原則）
THE GLOBAL COMPACT Network Japan WE SUPPORT	We Support	PRI	21世紀 金融行動原則

外部CSR評価

■東洋経済CSRランキング（金融部門）

調査年度	金融ランク
2013	2位
2014	3位
2015	3位

■DJSI(Dow Jones Sustainability Index)

調査年度	調査結果
2014	Yearbookメンバー(上位25%)
2015	Yearbookメンバー(上位25%)

各種イニシアティブ・外部 CSR 評価

【資料21】

女性の活躍推進

■2014年度なでしこ銘柄 に選定

■女性の力を最大発揮
により
グループの飛躍へ

■女性管理職比率目標
2018.4 25%以上（2015.4時点 22.5%）

NADESHIKO BRAND 2015

障がい者の活躍推進

■第一生命チャレンジド株式会社（特例子会社）
2014年度「障害者雇用職場改善好事例」
最優秀賞「厚生労働大臣賞」受賞

健康増進

■2014年度健康経営銘柄に選定

■地域の皆さまの健康増進に寄与する経営

■職員の心と身体の健康増進

健康経営銘柄

グループ人財戦略

■グローバルマネジメントカンファレンス開催
（国内外幹部の交流・育成）で好事例共有

■グローバル標準の人事制度導入等、
グローバル人財ストックを拡充

ダイバーシティ＆インクルージョンの推進

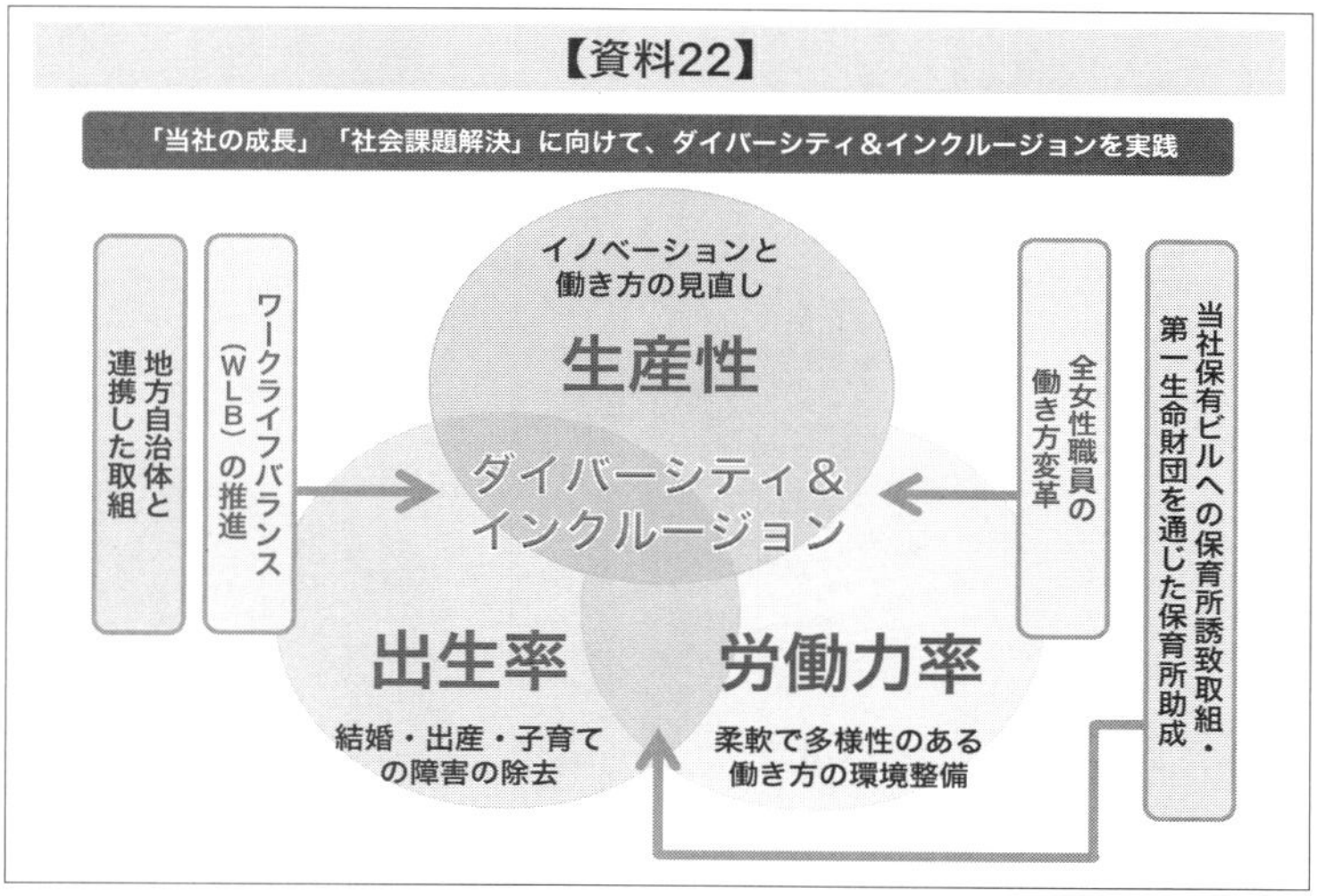

ダイバーシティ＆インクルージョンの実践

る「社会事業家」ならではの第一生命独自の世界観が見て取れる。

また、第一生命は、職員の九割を占める女性の活躍なくしては、企業としての持続的成長は考えられないとの考えのもと、古くから女性の活躍推進に取り組んできた長い歴史を有している。一九七四年には、女性営業部長の登用制度をスタートさせ、その後、家庭と仕事の両立支援策や能力開発体系の強化、ダイバーシティ推進取り組みを通じた女性の意識・風土改革を経て、現在は女性リーダーの育成に特に力を入れている。このような取り組みを背景に、営業職員、内勤職員とも、他の金融機関では類を見ないほどに職務分野の拡大やキャリアアップが進んできた。数十年にわたる第一生命の取り組みの経験は蓄積し、それが役職者、管理職、経営層まで続く人財層の厚みとなって現れているのである【資料23】。

女性活躍推進の活動は、今日では、一層高い基

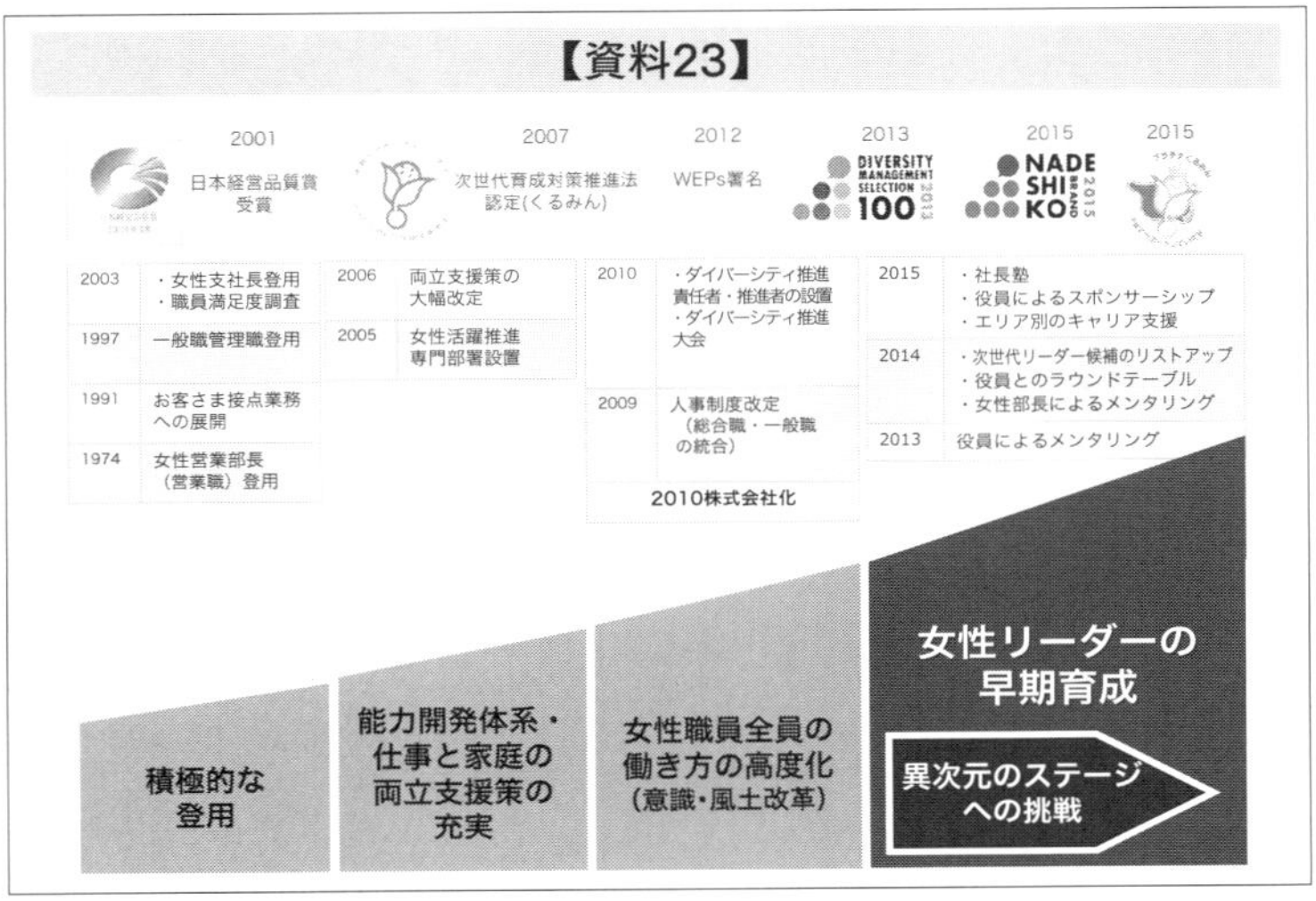

個性と能力を発揮できる環境づくり——段階的な女性活躍推進による人財価値向上

準を目指した取り組みが展開され、【資料24】のように、ダイバーシティ&インクルージョンの分野で、社外から極めて高い評価を第一生命が得ていることを付記したい。

(4) グローバルに進めるシナジー

第一生命は現在（二〇一六年二月時点）、日・米・アジアパシフィック三極、七カ国で九つの生命保険会社、日・米で二つの資産運用専門の会社を第一生命グループとして事業展開している【資料25】。

先般、株式市場から調達した資金を活用して行われた米国プロテクティブ生命買収は、相互会社によって相次いだ買収劇の引き金を引いた格好となり、社会、生命保険業界に大きなインパクトを与えた。

グループの一員となったプロティティブ生命と第一生命との関係性は、従来のM&Aにおける企

【資料24】

社外団体	評価
厚生労働省	「均等・両立推進企業表彰　ファミリー・フレンドリー企業部門」厚生労働大臣優良賞（2011年）
NPO法人　J-Win	「J-Winアワード」大賞（2011年）、継続賞（2012年）
東洋経済新聞社	「ダイバーシティ経営大賞」大賞（2012年）
内閣府	「カエルの星」認定（団体保障事業部の取組）（2012年） （団体年金サービス部の取組）（2014年）
経済産業省	「ダイバーシティ経営企業１００選」選定（2013年）
厚生労働省	「イクメン企業アワード」特別奨励賞（2014年）
日経ＮＩＣＥＳ	「女性活用ランキング」第9位（2014年）
日経新聞社・日経HR・日経ﾘｻｰﾁ	「人を活かす会社」調査「ダイバーシティ経営」1位（2014年）
日経WOMAN	「女性が活躍する会社ベスト100」第5位、業界別第1位（2014年）
経済産業省 ・東京証券取引所	「なでしこ銘柄」　「健康経営銘柄」選定（2014年度）
厚生労働省	改正次世代育成支援対策推進法に基づく特例認定（プラチナくるみん認定）（2015年度）
内閣府	「女性が輝く先進企業彰」「内閣府特命担当大臣賞」（2015年度）

第一生命のダイバーシティ＆インクルージョン取り組みの社外評価

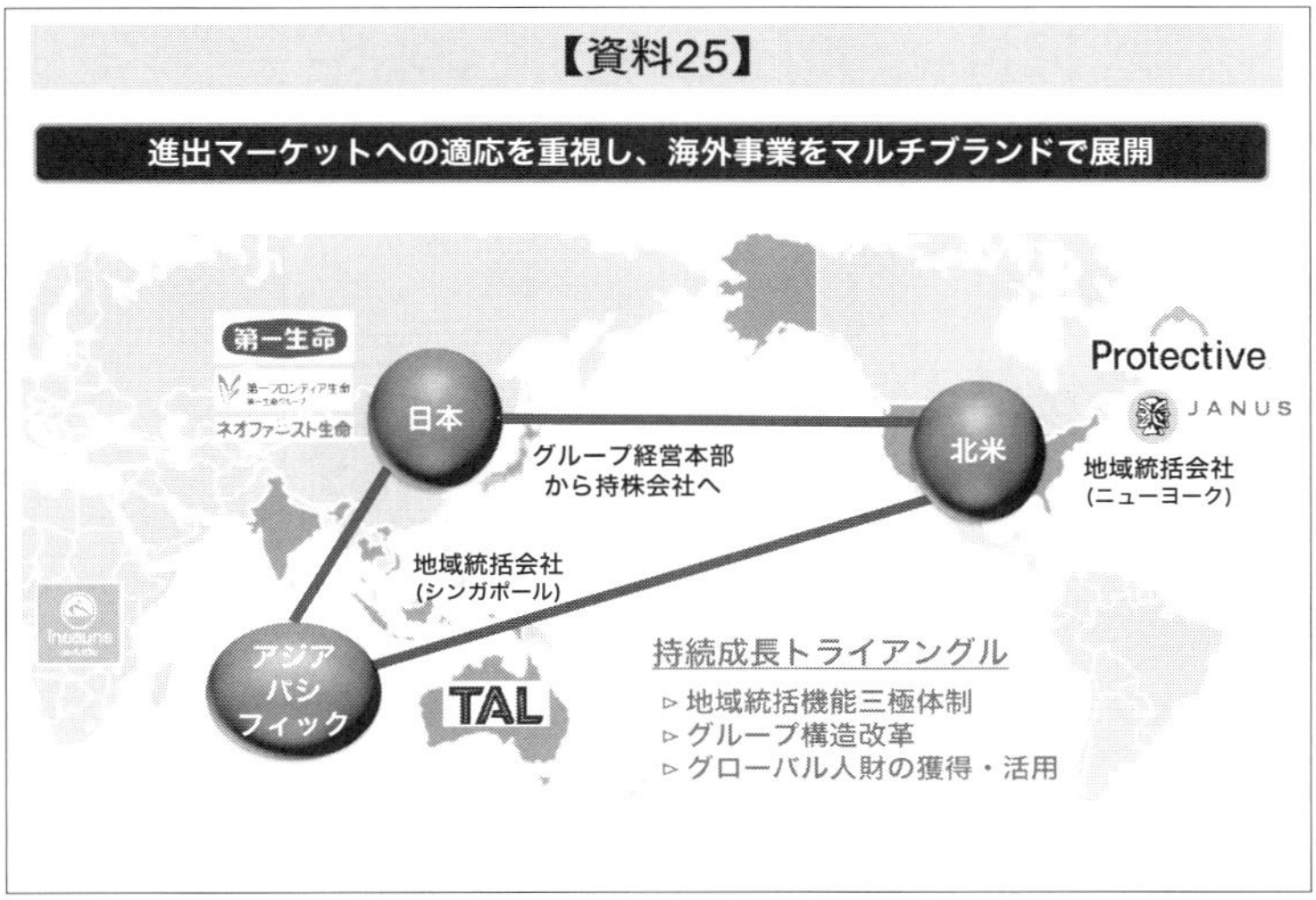

世界三極体制で進めるマルチブランド展開

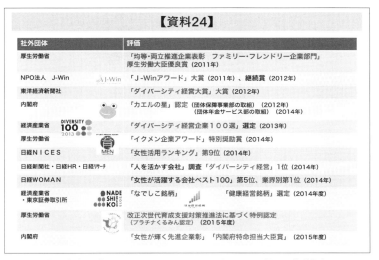

業間の関係の常識を覆すもので、注目に値する。第一生命とプロテクティブ生命が築いてきた関係性は、いわゆる「親会社と一〇〇％子会社」の上下関係ではなく「パートナーシップ」そのものである。両社の経営に対する基本姿勢は見事に親和し、「お客さまを守り、地域社会を発展させるために、ともに成長し、変革に挑戦していく」ことを両社は明言している。

「お客さまを守り、地域社会を発展させるために、ともに成長し、変革に挑戦する」という想いをともに抱き、信頼とともに協調していくグループ会社との関係性は、二〇〇七年から始まった第一生命の海外進出において常に一貫する姿勢である。一足先に第一生命傘下となり、シェア首位になるまで成長を遂げた豪州ＴＡＬも、一〇〇％子会社であるにも関わらず、まさにパートナーとしての信頼関係を築き、第一生命とともに成長への歩みを進めている。

プロテクティブ生命のジョンズＣＥＯが買収完了後に、次のような言葉を打ち明けていることは、第一生命のグループ会社への一貫した姿勢を明快に物語っている。

「豪州ＴＡＬにおける第一生命のマネジメントを事前に研究し、第一生命なら一緒にやれると確信した」

この発言は、第一生命の豪州ＴＡＬへの誠実さと自主性を尊重する姿勢を表すとともに、両社の信頼の絆の強さが客観的な視点で確認されたことに他ならない。

つまり、第一生命において、海外グループ会社とはパートナーそのものの存在であり、親密なコミュニケーションを重ねるべき大切な「ステークホルダー」としてとらえているのである。

グローバル展開を進める第一生命のダイバーシティの推進は、先で見たようにグローバルなレベルでも累進的に成長し続け、グループ各社とのコミュニケーション強化への意気込みはますます熱を帯びている。

【資料26】

"Growing Together"　グループ内でのシナジー発揮にむけ、海外各社と共に学びあい成長する場

エグゼクティブ・サミット

メンバー	海外グループ各社の経営層
目的	海外グループ会社経営層との意見交換・討議を通じたグループシナジーの追求・創造
頻度	年１回
テーマ	グループの目指すべき姿・ビジョン等の共有

グローバル・マネジメント・カンファレンス（GMC）

メンバー	海外グループ各社の部門トップ層
目的	各国のノウハウ・ベストプラクティスの共有、人財交流の促進・各国間ネットワークの強化
頻度※	年６回
テーマ※	商品戦略、ブランド・広報戦略、ERM 内部統制、人事、チャネル戦略

※2015年度実績

フェイス・トゥ・フェイスの価値創造シナジー

語学力向上や外国人採用などはもちろんのこと、互いを尊重し認め合い、ビジネスにおける価値創造シナジーを発揮していくためのエグゼクティブ・サミット、グローバル・マネジメント・カンファレンスといった人財交流の場を設けている。こうした機会を通じて直接、国内と海外の幹部クラスの人財が交流し、ともに体温を伝え合いながら相互に成長する機会として、各社共通の経営テーマについてディスカッションする会議を開催している【資料26】。

第一生命が価値創造シナジーへの確信を深めるに至った興味深い話を渡邉社長から伺った。海外生保の経営やM&Aを知る人たちの、第一生命が重視する価値創造シナジー強化への反応は、「このような取り組みはシナジー効果につながらない」「コストに見合わない」「欧米生保はこんなことはやらない」とネガティブな声が多かったという。

このような声を聞くにつれ、「グローバル競争で第一生命グループが強みを発揮できるものはこれだ！」と渡邉社長は「価値創造シナジー」戦略への自信を強固に深めるに至ったのである。すなわち、他がやらない、やろうともしない、好事例共有でPDCAを強力に回していくという価値創造シナジー型の「DSR経営」を、グローバルベースで実践できるならば、必ずや第一生命グループの強靭なる強みになるとの確信である。

海外生命保険のM&Aとは、ヘッドハンティングで経営者を送り込み、成功すれば報酬を与え、ダメなら更迭という手法が通例である。

このような手法がM&Aにおける定石であると欧米生保では考えられているが、第一生命の進めるグローバル戦略は、欧米生保のコストシナジー要素のうち、取り入れるべきものは取り入れ、そこに人財シナジーをも綜合したものである。

つまり、より大掛かりな価値創造シナジーをグループ全体の原動力として発揮させて歩むグローバルへの挑戦である。未だ世界のどの生命保険グループも試みたことのないこの価値創造シナジー主体の「DSR経営」に、第一生命は大いなる潜在力を見出しているのである。

グループ会社において、価値創造シナジーを発揮させていこうとする第一生命のこれまでの取り組みは、実は、挑戦と失敗があり、様々な経験を積む中で磨きがかけられてきている。

当初は「第一生命が核となって」シナジーを生み出すという思想で取り組まれたが、やがて、世界各地の国民性、地域性、価値観を尊重し、ローカルの人の個性を活かす中で生まれるノウハウや好事例をグループ内で共有していくことで、潜在するシナジーを最大限に創出していくという方針に転換していった【資

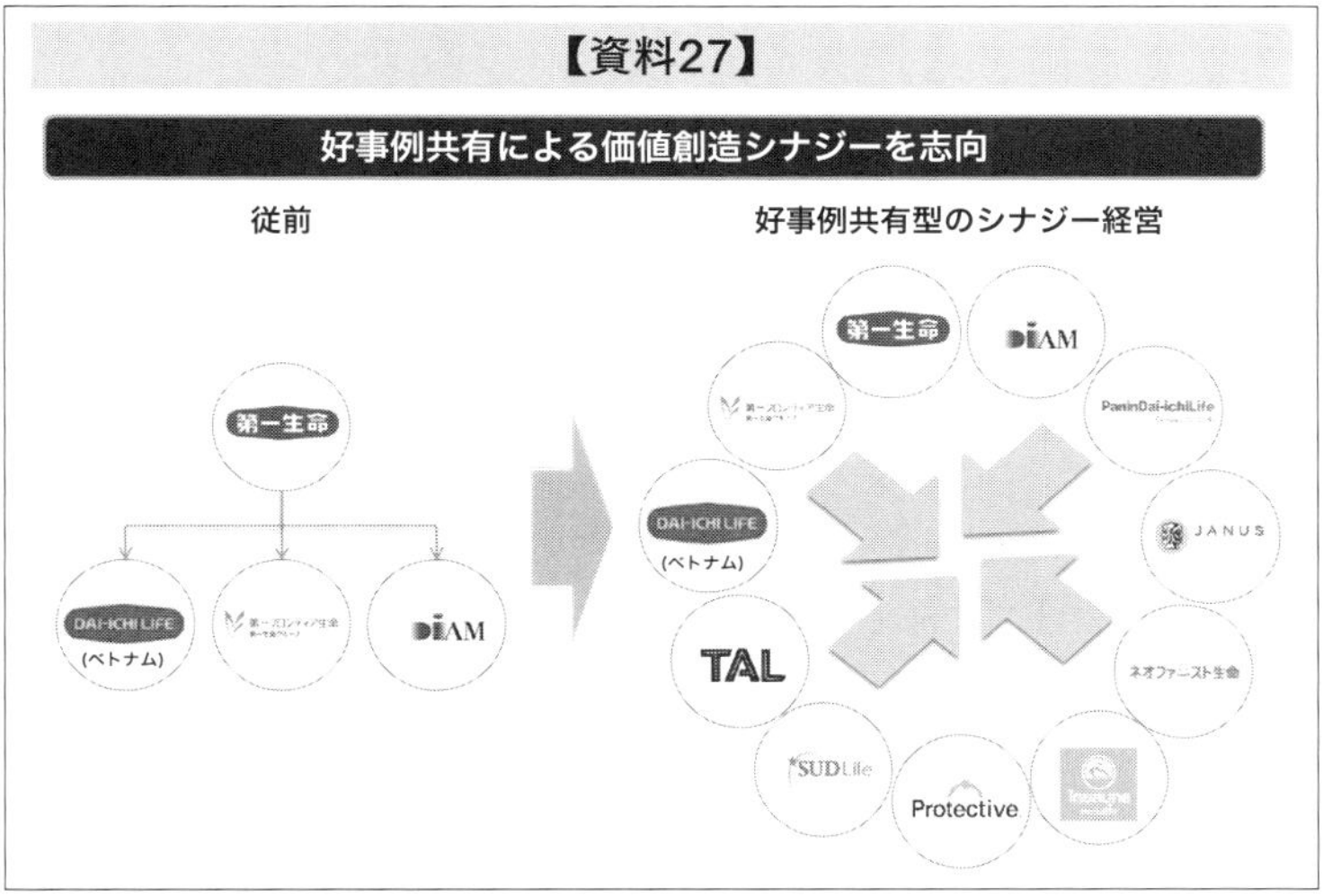

グループ全体で展開する好事例共有

料27】。

第一生命は、グループ全体で共に尊重し、学び合い、成長することで、グローバル他社にはない第一生命独自の強みを磨き上げようと取り組んでいる。言うなれば、「人の力の総和」による経営である。

これまで見てきたように、価値創造シナジー型の「経営品質経営」である「DSR経営」でグローバル生命保険グループを目指す第一生命がこれから歩む道筋は、未だ世界のどの保険グループが歩んだことのない道無き道である。

その道を行き、第一生命が掲げるビジョン「安心の最高峰を、地域へ、世界へ」の実現とは、生命保険という商品とサービスを提供することによる一つの目的地点を指している。だが、それが第一生命の想いの全てではないと私は考える。

第一生命が、「経営品質経営」「DSR経営」という価値創造シナジー型の経営戦略をその背骨に据えて経営を為していくことの目的とは、「お客さま第一主義」の精神で各地のお客さまを生命保険で一生涯守り続けるとともに、多種多様な人の力で企業を成長させ、世界の国、社会、地域の健康と安心、幸福に資していくことができることの可能性を「地域へ、世界へ」広げることであると言えよう。

生命保険業界で百余年、「最良」の経営を決して手放すことなく伝統と歴史を築いてきた第一生命は、二十一世紀に入った今、今日の「最良」の最高峰を目指すための「経営品質経営」「DSR経営」という経営戦略を携え、世界の、日本のどの保険会社も挑んでいない未知なる頂へ挑戦し続けている。明るい社会の未来を築こうとする意思をいつも「第一」番目に抱き、変革に挑む社会事業家の執念に私は敬意を抱く。

参考文献

『矢野恒太伝』　矢野恒太記念会（一九五七年）
『どんぐり帖』　矢野一郎　実業之日本社（一九六〇年）
『濛眼閑語　續どんぐり帖』　矢野一郎　国勢社（一九八三年）
『第一生命百年史』　第一生命保険相互会社（二〇〇四年）
『人口減少時代の保険業』　田畑康人、岡村国和　慶応義塾大学保険学会業書（二〇一一年）
『第一生命　株式会社化への決断』「財界」編集部　財界研究所（二〇一〇年）
『矢野恒太　一業一人伝』　稲宮又吉　時事通信社（一九六二年）
『戦略の本質』　野中郁次郎 、戸部良一、鎌田伸一、寺本義也、杉之尾宜生、村井友秀　日本経済新聞社（二〇〇五年）
『強い会社の教科書』　小山昇　ダイヤモンド社（二〇一二年）
『知識経営のすすめ』　野中郁次郎、紺野登　ちくま新書（一九九九年）
『意思決定の思考技術　ハーバード･ビジネス･レビュー･ブックス』　ダイヤモンド社(二〇〇一年）
『ものづくり経営学』　藤本隆宏、東京大学21世紀COEものづくり経営研究センター　光文社新書（二〇〇七年）
『トヨタのCSR戦略』　佐久間健　生産性出版（二〇〇六年）
『経営品質の理論』　寺本義也、原田保、岡本正耿、水尾順一　生産性出版（二〇〇三年）
『コンプライアンス経営』　田中宏司　生産性出版　（二〇〇五年）
『CSR 企業価値をどう高めるか』　高巌､日経CSRプロジェクト　日本経済新聞社（二〇〇四年）
『CSRマネジメント』　水尾順一、田中宏司　生産性出版（二〇〇四年）
『見える化』　遠藤功　東洋経済新報社（二〇〇五年）
『プロフェショナルの条件』　P・F・ドラッカー　ダイヤモンド社（二〇〇〇年）
『実践するドラッカー行動編』　佐藤 等　ダイヤモンド社（二〇一〇年）
『仕事の哲学』　P・F・ドラッカー　ダイヤモンド社（二〇〇三年）
『ネクスト・ソサエティ』　P・F・ドラッカー　ダイヤモンド社（二〇〇二年）
『ドラッカーの講義（一九九一～二〇〇三)』　P･F･ドラッカー　アチーブメント出版（二〇一〇年）
『明日を支配するもの』　P・F・ドラッカー　ダイヤモンド社（一九九九年）
『マネジメント【エッセンシャル版】』　P・F・ドラッカー　ダイヤモンド社（二〇〇一年）

「原爆当時の私の周辺――日誌と記憶による収録」　植田秀嶺　広島市医師会だより
「第一生命相互通信昭和23年10月5日」収録記事
「日銀広島支店長の被爆直後の行動記録」
「昭和生命保険史別巻（1）業績統計」

本書は、著者が登場する方々に取材をし、執筆・構成したものです。
登場する方々の役職は、取材当時のものです。

【著者紹介】
高橋利雄（たかはし・としお）

生命保険業界の専門記者として、直販生命保険会社の経営者、機関長、個人優績者、総合代理店等の取材、執筆、編集に携わる。約2000名の取材経験を元に、生命保険事業の本質である「契約者第一主義」の活動に焦点を合わせた記事は各社から評価を得る。第一生命の社報「生涯設計通信」に記事を執筆するほか、同社の徹底的顧客主義に基づく営業現場の活動の姿を描いた書籍「安心の絆」、社会貢献の歴史を綴った書籍「変革の盾《シールド》」を執筆した。

第一生命　最大たるより、『最良』たれ
「人」と「経営品質」で挑む変革の物語

2016年4月27日　第1版　第1刷
2018年6月26日　　　　　第3刷

著　者　高橋　利雄
発行者　高松　克弘
発行所　生産性出版

〒102-8643　東京都千代田区平河町2-13-12
日本生産性本部
電話03(3511)4034

印刷・製本　文唱堂印刷株式会社
ISBN 978-4-8201-2052-0　C2034